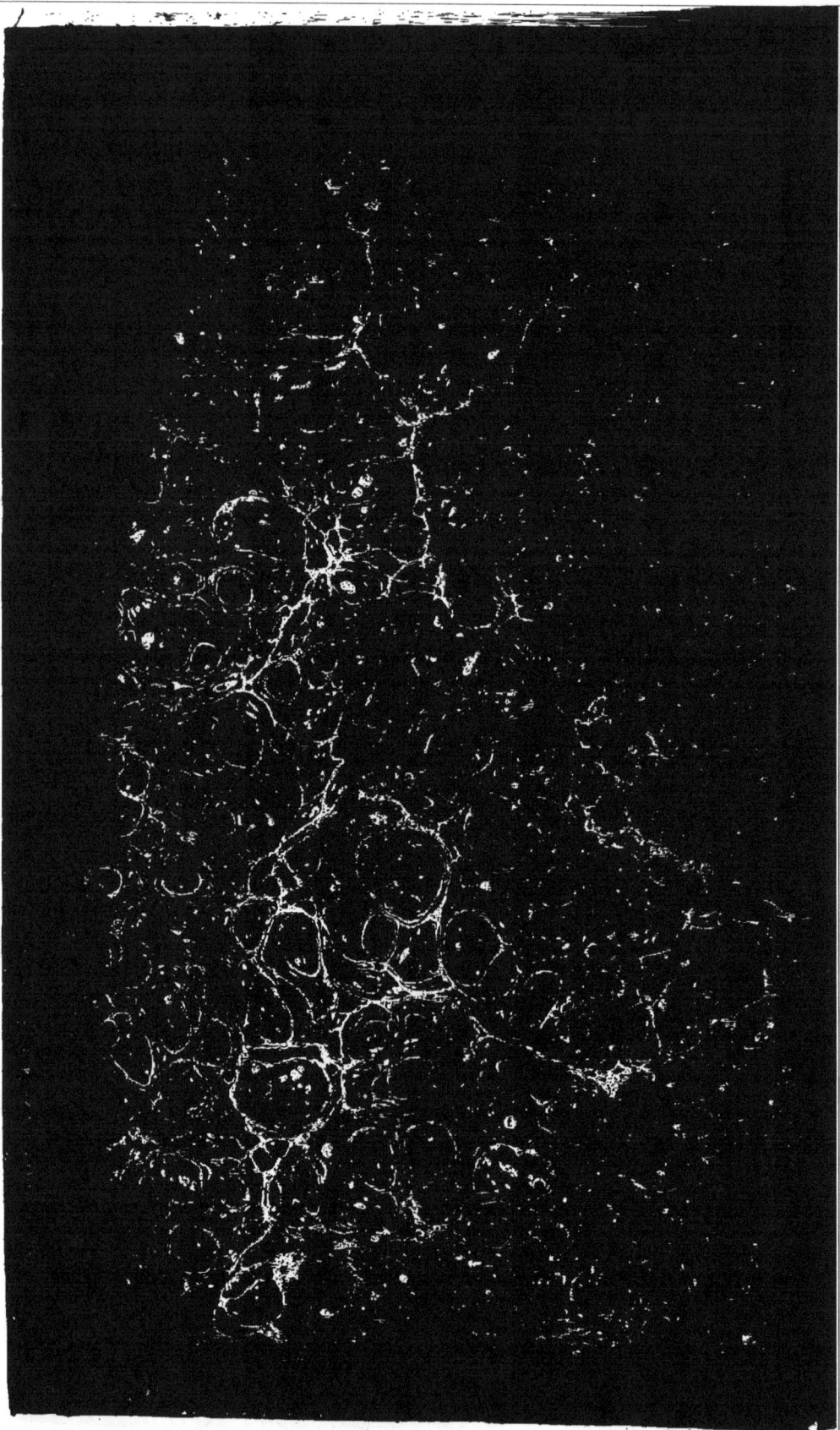

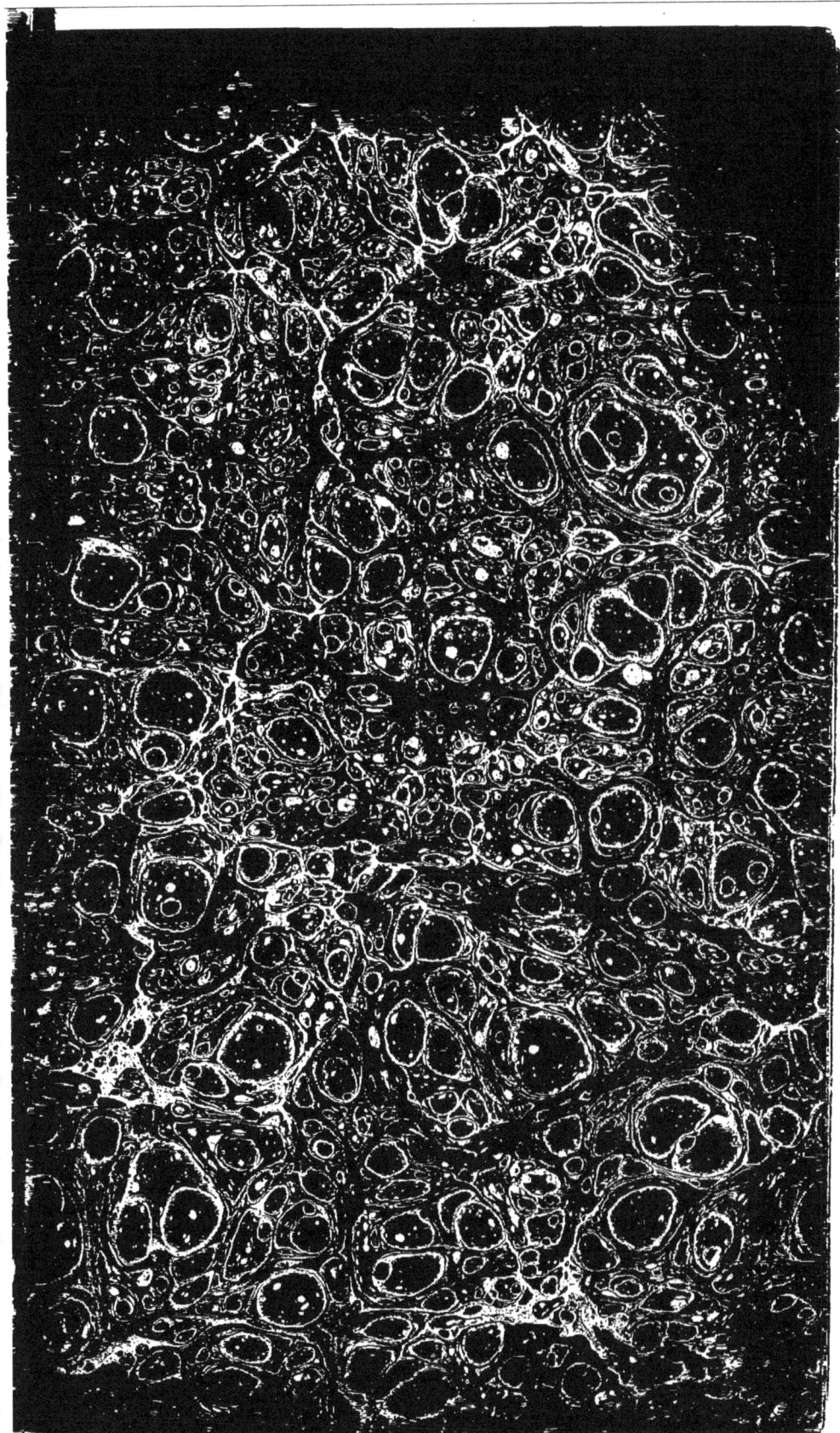

F

C

COURS

DE

DROIT COMMERCIAL.

DE L'IMPRIMERIE DE I. JACOB, FILS AÎNÉ, A VERSAILLES.

COURS

DE

DROIT COMMERCIAL,

PAR J.-M. PARDESSUS,

AVOCAT A LA COUR ROYALE, PROFESSEUR DU CODE
DE COMMERCE A LA FACULTÉ DE DROIT DE PARIS,
MEMBRE DE LA CHAMBRE DES DÉPUTÉS.

TOME TROISIÈME.

PARIS,

GARNERY, LIBRAIRE, RUE DU POT DE FER, N.º 14.

1815.

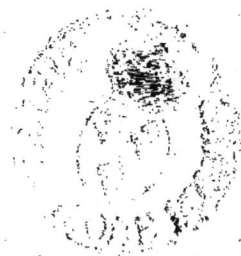

TABLE DES TITRES,

CHAPITRES, SECTIONS ET PARAGRAPHES

CONTENUS DANS CE VOLUME.

QUATRIÈME PARTIE.

CINQUIÈME PARTIE.

FIN DE LA TABLE DES CHAPITRES.

COURS

DE

DROIT COMMERCIAL.

QUATRIÈME PARTIE.

DES SOCIÉTÉS COMMERCIALES.

966. Le mot *société* a deux sens dans le langage du commerce. Quelquefois il sert à exprimer la convention par laquelle plusieurs personnes s'obligent à conférer quelques objets, ou à faire quelque chose, en commun pour en obtenir un profit licite. Quelquefois il signifie le corps moral formé par la réunion de ces personnes.

Civ. $\begin{cases} 1832. \\ 1833. \end{cases}$

Quoique le contrat de société ait des caractères propres, et qui servent à empêcher qu'on ne le confonde avec d'autres conventions, il peut être regardé comme d'un genre en quelque sorte accessoire, en ce sens, qu'il n'est point d'opération commerciale qui ne soit susceptible d'être faite en société.

Tome III.   I

Ainsi, les règles générales sur les engagemens de commerce et les principes particuliers à chacun de ces engagemens, n'éprouvent aucune modification lorsque plusieurs
personnes s'associent pour s'y livrer ; mais
cette circonstance établit entre ces personnes
qu'on nomme *associés*, ou entr'elles et ceux
envers qui elles s'engagent, des rapports
spéciaux qui naissent de cette société.

Nous diviserons cette partie en quatre
titres.

Le premier traitera des principes généraux et communs à toutes les sociétés de
commerce ; le second des diverses sortes de
sociétés et des règles qui leur sont propres ;
le troisième de leur dissolution ; le quatrième des suites et effets de cette dissolution.

TITRE PREMIER.

PRINCIPES GÉNÉRAUX SUR LES SOCIÉTÉS DE COMMERCE.

967. On doit considérer avec soin les caractères essentiels du contrat de société commerciale, de manière à ne pas le confondre

avec d'autres conventions ; ce sera l'objet du premier chapitre : nous consacrerons le deuxième à donner quelques principes sur la mise des associés : le troisième offrira des règles sur la détermination des parts dans les profits et pertes : dans le quatrième nous traiterons de la forme et de la publicité que doivent avoir les actes qui constatent la formation des sociétés de commerce : dans le cinquième, de l'obligation des associés de soumettre à des arbitres le jugement de leurs contestations.

CHAPITRE PREMIER.

Caractères essentiels du Contrat de Société.

968. On ne peut résoudre un grand nombre de difficultés que présentent les sociétés commerciales, si l'on ne connoît clairement comment une société diffère de la simple communauté d'intérêts ou de la copropriété de quelque chose ; comment peuvent avoir lieu l'admission des associés et les cessions de parts d'intérêts ; comment une société forme un être distinct des individus qui la composent ; ce que c'est que la

raison sociale d'une société ; comment les délibérations doivent être prises.

Nous allons en faire l'objet des cinq sections de ce chapitre.

SECTION PREMIÈRE.

En quoi la Société diffère de la Communauté d'intérêts, ou de la copropriété.

969. Il n'y a point de société sans volonté de s'unir. Ce caractère distingue la société de certaines conventions qui pourroient avoir des traits de ressemblance avec elle.

Ainsi la communauté qui résulte de la copropriété d'une chose ou de la participation à des droits dont le partage n'a pas encore déterminé les effets entre les intéressés, n'est pas une société. Cette communauté a lieu presque toujours par un fait qui ne naît pas de la volonté des parties de s'unir entr'elles ; et, lors même que le concours de leurs volontés y a donné naissance, elles n'ont pas eu l'intention originaire d'être en d'autres rapports que ceux qui naissent du fait de cette copropriété ; en un mot, c'est la chose plutôt que les personnes qu'on y envisage.

Ainsi, des ouvriers qui, à la réquisition des magistrats, ou même spontanément se rassemblent et travaillent pour arrêter les progrès d'un incendie, d'une inondation, ou de tout autre semblable accident, ne sont pas associés, quoiqu'il puisse arriver que leur salaire consiste dans une somme totale, consacrée à payer les services qu'ils ont rendus ensemble, et qui doit être partagée entr'eux. Ainsi, deux ou plusieurs enfans, héritiers d'un commerçant, ne sont pas associés, quoique toute la succession ne consiste que dans des objets de commerce. Ainsi les créanciers d'un failli, unis par une communauté d'intérêts, telle que toute perte qu'éprouve la masse de l'actif, diminue les droits de chacun d'eux, ne sont pas cependant associés. Ainsi, comme on l'a vu, n. 304, lorsqu'une personne confie à une autre des objets à vendre, en lui promettant tout ou partie de la portion du prix qui excédera *telle* somme, il n'intervient pas de société, mais seulement un mandat salarié, et, pour nous servir, des termes du commerce, une *commission*, un *courtage*, par l'effet desquels celui qui loue ses peines et son entremise pour faire opérer la vente, n'obtient un salaire qu'éventuellement et sous une chance aléatoire. Il faudroit pour qu'il intervînt une société, que les parties s'en expliquassent clairement, et que leur volonté manifestât que leur intention a été que la chose à vendre formât une partie du fonds social. Ainsi, lorsqu'un commerçant, au lieu de donner des appointemens fixes à un employé, lui promet une part quelconque des bénéfices annuels, ce commis est locateur de services sous condition aléatoire ; mais il n'est pas associé, et ne peut prétendre, en cette qualité, aucune copropriété dans les marchandises achetées des fonds de son commettant, quoiqu'il en partage le bénéfice.

970. De même, on ne doit point confondre, avec les sociétés, les tontines, genre de réunion formée de rentiers, qui conviennent que les rentes dues aux prémourans, accroîtront aux survivans, soit en totalité, soit jusqu'à une certaine concurrence.

Une tontine ne présente ni travail, ni produit ; c'est une simple convention par laquelle les co-intéressés sacrifient à la chance d'un avantage personnel, ce qu'ils auroient pu laisser à leurs héritiers. Le travail des administrateurs consiste à assurer l'exécution de cette convention ; il ne produit et n'apporte aucun profit social.

Dans une tontine, la somme des capitaux une fois déterminée reste toujours la même ; l'industrie, le temps, les spéculations n'y peuvent rien changer ; seulement les chances de survie, chances qui ne dépendent ni du travail, ni d'aucune industrie commerciale, favorisent quelques-uns des co-intéressés, par des événemens indépendans des volontés et des efforts humains.

A la vérité, l'établissement de ces sortes d'aggrégations, est soumis à des formes à peu près semblables à celles que nous verrons être exigées pour les sociétés anonymes. Mais nous en avons indiqué la raison n. 35. Ce seul rapport de ressemblance n'est qu'accidentel, et ne peut fonder une confusion que repousse la nature des choses.

971. Ces mêmes règles servent à reconnoître que le contrat à la grosse, dont nous avons parlé, n. 756 et suiv., n'est point une société. S'il produit une espèce de communauté d'intérêts entre le prêteur et l'emprunteur, puisque le premier n'est payé qu'autant que son débiteur ne perdra pas par fortune de mer les choses affectées au prêt, ce n'est qu'une circonstance particulière qui tient à la nature aléatoire de la convention. Ce que le prêteur reçoit au-delà des intérêts légaux, n'est point l'effet d'une participation aux profits de l'expédition, car il ne se mêle pas de la diriger; il peut même se faire que les marchandises, tout en arrivant à bon port, se vendent moins qu'elles n'ont coûté,

ce qui diminue évidemment la fortune de l'emprunteur, sans nuire aux droits du prêteur. Ce profit est simplement le prix du risque qu'il a couru de tout perdre, et de la condition qu'il a souscrite, de n'être payé qu'en cas·d'heureuse arrivée.

972. La différence que nous venons d'indiquer et de rendre sensible par quelques exemples, est extrêmement importante. Nous verrons plus bas que dans une société, si la mise de l'un des associés vient à périr, elle périt pour le compte de tous, sans que celui qui l'avoit apportée perde son droit aux avantages communs, et que même il peut quelquefois reprendre, lors de la liquidation, le prix de cette chose, comme si la société l'eût aliénée d'une manière profitable. Dans la communauté, au contraire, chaque part périt pour le compte individuel de celui à qui elle appartient. Ainsi, pour prendre un exemple dans les faillites, si un créancier figuroit dans la masse pour une créance que la loi viendroit à supprimer, cette extinction lui enlevant tous ses droits, lui ôteroit toute participation ultérieure aux produits de l'actif.

Section II.

Des Admissions d'Associés et des Cessions d'intérêts dans une Société.

973. Il est de l'essence de la société que les associés se choisissent. Ainsi nul associé ne peut forcer les autres à recevoir en sa place une personne à qui il céderoit tout Civ. 1861. ou partie de ses droits, ni, même quand il seroit administrateur, admettre un nouvel associé. L'admission d'un associé, à quelqu'époque que ce soit, doit, en principe, être l'effet de la volonté unanime. La majorité ne pourroit l'ordonner malgré la minorité, quand même ceux ou celui qui la composent ne voudroient donner aucun motif de refus.

Mais les clauses de l'acte de société ou des conventions postérieures, peuvent modifier cette règle, et permettre aux administrateurs de la société, d'admettre de nouveaux associés, sans qu'une délibération expresse et spéciale soit nécessaire, ou à des associés de céder tout ou partie de leurs droits sociaux. Souvent cette faculté n'est accordée que sous la condition que les nouveaux associés auront, soit dans l'administration de la société, soit dans la faculté de prendre con-

noissance des registres ou de l'état des affaires, etc., moins de droits que les associés
primitifs. Dans ce cas, les nouveaux admis
sont présumés avoir constitué les anciens
mandataires irrévocables : et cette stipulation
n'a rien de contraire à l'essence du mandat,
parce qu'elle est censée la condition de l'admission des nouveaux associés.

Civ. 1856.

Ces personnes deviennent alors membres
de la société, dans la proportion de l'intérêt
qu'elles ont acheté, et sous les seules restrictions qui ont pu être mises à la faculté de
céder ainsi des droits sociaux.

Ces principes suffisent pour montrer combien seroit licite la clause d'un acte social,
par laquelle on stipuleroit qu'un associé ne
pourra vendre sa part à des étrangers,
qu'après l'avoir offerte à ses co-associés : on
suivroit les règles que nous avons données,
n. 270.

La faculté de céder tout ou partie de
l'intérêt qu'on a dans une société, n'a pas
toujours besoin d'être fondée sur une stipulation expresse ; quelquefois la nature de l'association suffit pour assurer ce droit. C'est
sur-tout quand la réunion d'intérêts entre
diverses personnes, tient plus de la simple copropriété ou communauté que de la société,
et qu'elle est, si l'on peut s'exprimer ainsi,
plus réelle que personnelle. Les associations

en présentent des exemples fréquens. Ainsi
nous avons vu, n. 620, que des copropriétaires de navires pouvoient vendre leur
part sans avoir besoin du consentement
des autres.

Assez souvent, c'est la nature des conventions primitives, qui annonce que les
associés ont consenti que chacun d'eux
pût vendre tout ou partie de son intérêt,
sans autorisation nouvelle, et sans que
les autres eussent besoin d'être consultés
sur l'admission des cessionnaires. Cette présomption a lieu lorsqu'en s'associant, les
parties ont divisé l'intérêt social en actions.
Une action étant, comme nous le développerons dans le chapitre suivant, une part dans
la société, chaque associé, que dans l'usage
on nomme *actionnaire*, est réputé autorisé
par les autres à vendre celles qui lui appartiennent, et à rendre l'acheteur membre de
la société.

Com. { 34.
35.
36.

Par suite de ces principes, le cessionnaire,
quelles que soient les clauses de la cession,
est tenu de toutes les charges dont la part de
son cédant est où se trouve grevée par suite
d'opérations relatives à la société, faites sans
fraude, sauf son recours contre lui, s'il n'en
a pas été chargé.

974. On voit en quoi cette faculté, qui doit

avoir été stipulée, ou dériver de la nature de la convention sociale, est différente du droit que tout associé a d'associer quelqu'un à sa part, droit qu'il peut exercer, tant qu'il n'y a pas formellement renoncé, et pour lequel aucune permission des autres n'est nécessaire. Ainsi *Pierre*, *Paul* et *Jacques* se mettent en société, et y versent chacun 10,000 fr.; ils conviennent de diviser leurs intérêts en actions de 1000 fr., et par conséquent ils en ont chacun dix. Si *Paul* vend partie de ses actions, tandis que les autres les conservent toutes, les acheteurs ne sont pas seulement associés à la part du vendeur, ils sont devenus membres de la société, dans la proportion qu'indiquent les actions qu'ils ont achetées, et le droit de *Paul* diminue dans la même proportion. Si, au contraire, il n'avoit pas été permis à *Paul* de vendre tout ou partie de son intérêt, il seroit toujours considéré comme seul associé pour la part déterminée dans l'acte constitutif de la société, et celui ou ceux à qui il auroit cédé une partie de ses droits, ne seroient qu'associés à sa part, sans être devenus membres de la société.

C'est ce qu'on nomme être participant ou *croupier*. Il se forme alors entre l'associé et son croupier, une véritable association distincte de la société, et soumise aux règles particulières qui résultent de la nature ou des termes de leur convention. Ces sortes de sociétés rentrent assez généralement dans ce que nous appellerons *associations en participation.*

La cession d'intérêts peut être de la totalité des droits du cédant, et, dans ce cas, il faut concilier, avec le principe qui ne permet pas au cessionnaire de se dire membre de la société et d'agir en cette qualité, cette autre règle, que toute convention qui n'est pas prohibée doit recevoir son exécution. Il est évident que celui qui a cédé sa part doit procurer à son cessionnaire la jouissance de ce qu'il lui a cédé. Celui-ci n'ayant pas droit de se mêler de la société, le cédant est donc tenu de figurer dans toutes les opérations comme s'il étoit resté associé, pour que les répartitions soient faites suivant les règles primitives. Il est réputé s'être constitué mandataire de son cessionnaire et tenu envers lui des obligations de tout mandataire salarié.

Civ. 1861.

Par suite du même principe, le cessionnaire pourroit agir contre lui pour cause de fraude, s'il avoit consenti dans l'intérêt des autres associés, des choses capables de diminuer sa part, et que, sans doute, il n'eût pas consenties s'il avoit conservé ses droits.

Du reste, ce cessionnaire n'a, pour intervenir aux comptes annuels ou périodiques et à la liquidation définitive, que les droits qu'auroit contre la société le créancier d'un associé, conformément aux règles que nous donnerons par la suite. A son tour, il n'est tenu d'aucune obligation envers les associés du cédant. Si ce dernier avoit tiré quelque chose de la société, pour donner à son croupier, ce ne seroit pas à celui-ci que les membres de la société devroient s'adresser, ils ne pourroient agir que contre leur associé. Il en seroit de même si le croupier, en faisant quelqu'affaire de la société, dont l'auroit chargé celui qui se l'est associé, avoit commis quelque faute; les autres associés n'auroient une action directe contre lui qu'autant que ce qu'il auroit fait seroit un délit ou un quasi-délit.

SECTION III.

Comment une Société est distincte des individus qui la composent.

975. Il résulte de la définition que nous avons donnée, qu'une société est une personne morale, qui, dans un grand nombre de circonstances, peut, par toutes sortes de contrats, ou quasi - contrats, s'engager ou engager à son égard. Ceux même qui la composent ont quelquefois avec elle des

rapports qui les font considérer, à cet égard, comme des tiers, et acquérir les mêmes droits, ou subir les mêmes obliga- tions que des tiers, en de semblables cir- constances, sans que leur qualité d'associés opère aucune confusion. Il n'est point, en effet, contre la nature des choses qu'un associé ait des droits individuels distincts de ses droits communs, et que ces droits soient opposés les uns aux autres. Les créances qu'un associé acquiert contre la so- ciété, pendant qu'elle subsiste, ont même, dans certains cas, l'avantage particulier de porter intérêt de plein droit, parce qu'il est présumé avoir agi en qualité de manda- taire.

Un associé peut même acquérir les droits d'un tiers contre la société, et diriger contre elle les poursuites que ce tiers auroit pu exercer; il peut vendre à la société dont il fait partie, lui prêter, etc., comme il le pourroit à des tiers, sauf aux tribunaux à juger d'après le caractère particulier de la société, ou d'après les circonstances, s'il ne doit pas être tenu d'attendre l'époque des règlement et liquidation, pour l'exer- cice de ses droits, ou si cet exercice n'est pas susceptible de quelques autres modifi- cations.

L'importance de cette règle est grande, et

Civ. { 1845. 1846. 1847. 1852.

Civ. 2001.

si l'on s'en écartoit, on pourroit tomber dans de graves erreurs. Par exemple, *Pierre*, comme membre d'une société, y a conféré 20,000 fr. de mise. Sans doute ces 20,000 fr. sont dévolus aux créanciers de la société par exclusion à ceux de *Pierre* personnellement, suivant les principes que nous donnerons dans la suite ; mais il a en outre prêté 20,000 fr. à cette société, ou lui a vendu pour 20,000 fr. de marchandises. Ses créanciers particuliers pourront se faire colloquer, comme exerçant ses droits dans le passif de la société, pour le dividende que produiroit cette créance, si elle appartenoit à un autre : et si, par exemple, la société donne cinquante pour cent, ces 20,000 fr. produiront 10,000 francs qui seront réunis au reste de l'actif de *Pierre*, et sur lesquels ils viendront par contribution, avec les créanciers de la société. Le droit civil admet la

Civ. 1852. possibilité qu'un associé, outre sa mise, ait des créances contre la société ; ce qui est, à plus forte raison, conforme aux principes du droit commercial.

Cette distinction de qualités dans le même individu, est utile dans bien d'autres cas. Ainsi une assurance faite au nom de la société connue sous le nom de *Pierre et compagnie*, pour marchandises chargées sur *tel* navire, ne concerneroit pas des marchandises appartenant à *Pierre* seul, quelque générales que fussent les expressions de la police d'assurance. Ainsi, nous verrons que certains actes, faits par un failli, dans les dix jours qui précèdent sa faillite, sont nuls ; si quelqu'un, membre d'une société, faisoit pour elle un acte de cette espèce, et tomboit ensuite personnellement en faillite, cette circonstance n'influeroit en rien sur la validité de l'acte fait pour la société, et réciproquement.

Une autre conséquence de ce principe, est que le créancier ne pourroit venir faire saisir les effets et autres choses formant l'actif de la société, sous prétexte qu'une partie indivise appartient à son débiteur. Il doit attendre la liquidation, se borner aux oppositions capables de conserver ses droits, et exercer seulement ceux de ce débiteur, dans le partage des profits annuels. De même, celui qui seroit créancier d'un des associés, et débiteur de la société, ne pourroit, ni invoquer, dans son intérêt, la compensation, pour se libérer, ni être repoussé dans les poursuites qu'il exerceroit contre son débiteur, par l'exception de compensation que feroit valoir celui-ci.

Civ. $\begin{cases} 1166. \\ 1167. \end{cases}$

976. Chaque associé étant donc considéré individuellement comme distinct du corps

social dont il est membre, les accidens qui arrivent à l'un n'influent pas sur l'autre. Si *Pierre* est membre d'une société qui fait faillite, ce n'est pas une raison pour le déclarer lui-même en faillite.

Il doit être traité suivant les obligations qu'il a contractées. Si la manière dont il s'est associé ne l'oblige au paiement des dettes que jusqu'à concurrence d'une certaine somme qu'il n'auroit pas encore versée dans la caisse sociale, il doit être poursuivi pour ce paiement, et n'est constitué personnellement en faillite, que si sa fortune est insuffisante pour s'acquitter.

On suivroit cette règle, quand même la manière dont il s'est associé auroit pour effet de l'obliger au paiement de l'universalité des dettes. La faillite de la société n'empêche pas qu'il ne puisse être solvable, même en se chargeant de tous les engagemens de la société. Par exemple, *Pierre*, *Paul* et *Jean* forment, pour l'établissement d'une manufacture, une société collective, dont l'effet est, comme nous le verrons dans le titre suivant, d'obliger chaque associé, solidairement, à la totalité des dettes sociales. L'établissement ne prospère pas, et la faillite en est déclarée. Le passif monte à 200,000 fr. *Pierre*, qui demeure à cent lieues, qui ne gère pas, qui ne prend aucune part à la déclaration de faillite, peut, sans doute, être seul poursuivi pour payer cette somme; mais s'il a 600, 800,000 fr. de biens, il a évidemment plus qu'il ne faut pour payer. Si donc, il paie, à bureau ouvert, tout ce qu'on viendra lui demander pour dettes de la société faillie, il ne sera pas lui-même en faillite.

Conformément à ce principe, nous avons vu, n. 212, que les créanciers d'une société ne pouvoient se fonder sur la solidarité, pour attaquer un associé à son domicile particulier, et devoient former leur demande contre la société, au domicile social, pour Pr. 69. 6.e al. obtenir les condamnations auxquelles il auroit droit de prétendre.

Des commerçans peuvent être intéressés dans plusieurs sociétés distinctes; dans ce cas il importe peu que les mêmes individus soient membres de ces différentes sociétés. Chacune a sa masse propre, et les créanciers de l'une ne doivent pas se confondre avec les créanciers de l'autre.

SECTION IV.

De la Raison sociale.

977. On sent, d'après ce que nous venons de dire, qu'une société doit être distinguée, non-seulement de toute autre, mais même

2 *

des personnes qui la composent, par une dénomination qui ne permette aucune

Com. 23. erreur. C'est l'objet de la *raison sociale*, expression plus facile à comprendre qu'à définir.

Pour former cette raison sociale, les associés unissent les noms de tous ou de quelques-uns d'entr'eux, et cet assemblage de mots forme le nom sous lequel la société sera connue dans les engagemens où elle interviendra. C'est en ce nom que les assignations, significations ou tous autres actes semblables, doivent lui être donnés, ou doivent être faits à sa requête. Il en est de même des inscriptions prises sur elle ou en sa faveur; on ne pourroit annuler celles qui n'offriroient que le nom social, au lieu des noms de tous les associés codébiteurs, ou copropriétaires de la créance.

978. Il ne faut pas confondre la raison sociale, appelée aussi quelquefois, raison de commerce, avec la dénomination que peut porter un établissement commercial. La première est le nom qui, seul, peut être pris dans les actes et signé. C'est en quelque sorte le moyen de distinguer *telle* personne morale de *telle* autre, comme les noms de famille distinguent les individus. La seconde est plutôt le nom de la chose que celui de la

personne. Un exemple va l'expliquer. *Pierre,*
Jean et *Jacques* s'associent pour fabriquer
telle espèce de produits, ou pour un établissement qu'ils font dans *tel* local. Ils conviennent que les mots *Pierre*, *Jacques et*
compagnie, réunis, formeront dorénavant
la signature de la société ; voilà la *raison*
sociale. Pour se faire connoître , sur-tout
dans les villes éloignées , ils intitulent leur
établissement, fabrique de *tels* produits,
ou *manufacture du Gros-Caillou*, quartier
dans lequel sont placés leurs ateliers; cette
désignation est le nom de leur établissement. Ainsi , il peut y avoir des sociétés qui n'aient qu'une raison sociale ,
sans nom d'établissement, et c'est le plus
grand nombre ; ce sont toutes celles dont les
opérations sont de nature à être faites dans
le silence, sans appeler, en quelque sorte,
le public, par des affiches. Il en est qui ont,
l'un et l'autre : la raison sociale, parce qu'il
n'est personne qui ne doive avoir un nom
pour signer ses actes et répondre aux actions
dirigées contre lui; la désignation d'établissement, pour appeler, par l'indication de
l'objet du commerce ou du lieu de sa situation, les acheteurs, et tous autres, aux
besoins desquels cet établissement peut fournir. D'autres enfin, ne peuvent jamais être
connues que par le nom de l'entreprise ,

lorsque leur nature étant précisément que
les noms des associés soient ignorés, il est
physiquement impossible qu'ils aient une
raison sociale.

Cette distinction a un autre but. Les
principes que nous avons donnés, n. 169,
apprennent suffisamment qu'on ne peut, par
un contrat quelconque, être autorisé à
prendre pour raison sociale, celle des personnes auxquelles on succéderoit, ni prétendre qu'en achetant leur établissement de
commerce, on a implicitement acheté cette
raison; car, dès qu'elle n'est que la manière
dont les associés placent tous ou quelques-uns
de leurs noms dans la signature des engagemens sociaux, elle ne doit jamais être composée de noms étrangers à la société.

Mais il n'en est pas de même de la dénomination; elle peut être vendue et même
souvent elle est de plein droit vendue avec
l'établissement qu'elle désignoit à la confiance
Civ. 1615. ou aux besoins du public, conformément
aux règles sur les accessoires des choses
vendues.

A plus forte raison, ne peut-on former sa
raison sociale de noms de personnes qui ne
seroient plus associées, quand même elles
Com. 25. l'auroient été primitivement, ou que, de
toute autre manière, elles auroient participé
à la formation de l'établissement. Cette

faculté peut être une source d'erreurs et de surprises. Celui qui avoit accordé sa confiance à une société qu'il savoit composée de *tels* et *tels*, peut être porté, tant que la signature n'est pas changée, à croire que les associés sont toujours les mêmes, tandis que les successeurs de ces personnes ne lui inspireroient pas autant de confiance. Tous les intérêts d'ailleurs peuvent être conciliés par la faculté d'annoncer que la nouvelle raison sociale remplace la précédente.

L'objet de la raison sociale étant de distinguer les actes qui intéressent la société, de ceux qui n'intéressent que certains de ses membres, il est évident qu'un associé, fût-il administrateur, ne peut employer le nom social pour ses propres affaires. Il commettroit une action malhonnête, qui pourroit donner à ses co-associés droit de l'exclure, et même de le poursuivre en escroquerie ; mais ce ne seroit un faux, qu'autant qu'il se serviroit du nom social, après la dissolution de la société.

SECTION V.

Des Délibérations sociales.

979. C'est un principe fondé sur la nature des choses, que tout associé a un droit égal

Civ. 1859. à l'administration de la société ; qu'il ne
peut être privé de ce droit qu'autant qu'il a
voulu s'en dépouiller pour le remettre aux
autres.

Nous verrons, en traitant des diverses
sortes de sociétés , comment ce principe
reçoit son application, ou est modifié par les
règles qui leur sont propres. Il suffit ici de
donner quelques notions sur la manière dont
les délibérations doivent, en général, être
prises, et sur les conventions que les associés
peuvent faire à cet égard.

Une société étant la réunion convention-
Civ. 1832. nelle de plusieurs personnes, dans un but
d'intérêt commun, il est naturel que rien ne
se fasse que du consentement de tous. A la
vérité, lorsque les associés sont nombreux,
ils ne manquent jamais de confier la direction des affaires à quelques-uns d'entr'eux ;
ou même à des mandataires non associés,
dont les droits et les obligations, ainsi que
l'étendue de pouvoirs, sont réglés par ce que
nous avons dit, n. 148 et suiv. Lors même que
les associés n'ont pas pris la précaution de
nommer des gérens, et que chacun d'eux est
présumé, par cela seul, avoir reçu des autres
le pouvoir d'administrer, le droit de s'opposer à ce que l'un veut faire, appartient aux
autres. Dans ces circonstances, dans un grand
nombre de cas, les associés doivent délibérer,

et s'ils sont plus de deux, il ne seroit pas moins difficile d'obtenir l'unanimité des opinions, que déraisonnable de ne rien faire, parce que tous les intéressés ne seroient pas d'accord.

Dans la règle tout associé a voix délibérative; mais des conventions qui limiteroient ce droit et l'interdiroient à quelques-uns, n'auroient rien de contraire aux principes. Ainsi, lorsqu'une société a été formée par plusieurs personnes qui ont divisé leurs parts en actions, afin d'en pouvoir céder quelques-unes, ces personnes peuvent stipuler que le droit de délibérer sur les intérêts communs, n'appartiendra qu'à elles; que les cessionnaires d'actions n'auront point le droit d'être présens, ou de prendre part, avec voix délibérative dans les assemblées, ou que ces cessionnaires n'en jouiront que lorsqu'ils auront *tant* d'actions, ou lorsqu'ils auront été agréés par ceux à qui appartient le droit de délibérer. Chacun des acquéreurs d'actions est présumé n'avoir acheté qu'après avoir connu les conventions primitives et s'y être soumis, comme nous l'avons dit, n. 973. De même, les associés déterminent ordinairement de quelle manière les suffrages seront comptés. Les conventions à ce sujet doivent être suivies, puisqu'elles sont la loi des parties.

Mais les associés peuvent avoir négligé ces précautions; il n'est donc pas hors de propos d'offrir quelques règles pour suppléer à leur silence. On peut d'abord demander si les avis doivent être donnés par tête, ou dans la proportion de l'intérêt de chaque associé. En faveur de cette dernière opinion, il est possible d'invoquer les principes généraux, qui considèrent l'intérêt comme le premier mobile, dont nous avons déjà vu l'application en ce qui concerne les copropriétaires d'un navire.

Com. 220.

Néanmoins on ne doit pas se dissimuler que cet exemple est évidemment une exception aux règles sur les sociétés; exception fondée sur l'objet particulier du commerce maritime. D'ailleurs, la mise n'est pas toujours la base de l'intérêt dans une société, et tout associé qui participe à des délibérations, n'étant pas obligé envers les créanciers dans la seule proportion de sa mise, chacun doit avoir un droit égal à décider ce qu'il faut faire.

980. Il peut arriver que diverses propositions, excédant le nombre de deux, partagent les associés : par exemple, que, sur douze délibérans, cinq soient d'un avis, quatre d'un autre, et les trois autres encore d'un différent. L'opinion des premiers a pour elle la

pluralité des suffrages, c'est-à-dire est soutenue par un plus grand nombre d'associés que chacune des deux autres ; mais elle n'a pas la majorité absolue, c'est-à-dire la moitié plus un. Il ne paroît donc pas convenable de la préférer, car il est évident qu'elle n'est pas celle de la majorité, puisque huit des associés la rejettent, quoique par des motifs différens. Il faut donc que les associés continuent leur délibération, en prenant de nouveau les voix ; ceux dont l'avis est le plus foible en nombre seront tenus de se réunir à l'un des deux plus forts, de manière à ce que la délibération ne soit plus partagée qu'en deux avis ; et s'ils s'y refusoient, ou s'il y avoit nombre égal de chaque côté, on feroit juger comme en cas de contestation.

Au reste, il faut remarquer que ces principes n'ont pour objet que de suppléer aux conventions sur le mode de délibérer, qui doivent être rigoureusement observées. L'acte de société n'est pas seulement un résultat de volontés, qui peuvent être changées par des délibérations subséquentes, ce sont autant de conditions sans lesquelles l'association n'auroit pas eu lieu, et qui doivent être exécutées, quelques nombreux que soient ceux qui veulent y apporter une dérogation. Celui ou ceux qui forment la

minorité, sont fondés à prétendre que ce
n'est que sous la foi de l'invariable exécution des conditions relatives au mode de délibérer qu'ils se sont associés.

981. Néanmoins, lors même que la majorité a pris une résolution, la nature des
choses peut permettre encore que des associés soient admissibles à faire, à leurs risques
périls et fortune, ce que cette majorité a
refusé. Supposons en effet qu'une société
ait été condamnée, et que la majorité ne
juge pas convenable d'attaquer, par une
voie légale, la condamnation prononcée,
un seul associé, quoique non administrateur, a cette faculté. L'intérêt est la mesure
de toutes les actions ; et puisque tout associé doit supporter, dans une proportion
quelconque, les dettes de la société, comment pourroit-il n'avoir pas droit de concourir, par tous les moyens qui sont en
lui, à les diminuer ? Il est bien vrai que
celui qui a obtenu la condamnation, n'en
aura pas moins ses droits entiers contre
la société pour toute sa créance intégrale ;
mais dans le cas où l'actif n'étant pas suffisant
pour acquitter les dettes, ce créancier voudroit agir contre les associés en particulier,
il n'auroit pas d'action contre celui qui auroit
fait infirmer la condamnation. Ce dernier

seroit, en outre, déchargé de sa part contri-
butoire envers ses co-associés, qui auroient à
s'imputer l'acquiescement par eux donné à la
condamnation.

CHAPITRE II.

De l'Apport des Associés.

982. La définition de la société établit suffisamment que chacun des associés y confère
ou s'oblige d'y conférer certaines choses
susceptibles de procurer les bénéfices qu'on Civ. 1832.
se propose de partager; c'est ce qu'on nomme
apport ou *mise*. La réunion des mises forme
le fonds social.

Nous allons faire connoître, dans une première section, la nécessité de cet apport;
dans la seconde, en quoi il peut consister;
dans la troisième, comment la quotité en
doit être établie; dans la quatrième, en quoi
consiste l'obligation de le réaliser; dans la cinquième, aux charges et risques de qui reste
cet apport quand il a été effectué; comme
souvent les droits d'un associé, dans une
société, sont représentés par un titre qui
porte le nom d'*action*, nous en ferons

l'objet d'une sixième section; la septième traitera des supplémens ou remplacemens d'apport.

SECTION PREMIÈRE.

Nécessité d'un Apport social

983. La nature du contrat de société commerciale, ne permet pas qu'on puisse être membre d'une société, sans y rien conférer. La convention par laquelle des personnes qui contractent une société, consentiroient qu'une d'elles ait *telle* portion d'intérêt, sans faire aucune mise, seroit, en général, un don des biens à venir, dépendant, pour sa validité, des règles particulières du droit civil, sur les donations.

Civ. 1832.

Mais ce principe doit être sainement entendu et appliqué. Si celui qui a formé un établissement, une entreprise, ou commencé une opération de commerce quelconque, faisoit donation à un ami d'un quart, de moitié ou de toute autre quotité, dans cette affaire, la portion d'intérêt ainsi donnée, quoique destinée à procurer des produits futurs, n'en seroit pas moins une chose présente, un droit certain à des profits éventuels. On ne pourroit y voir une simple donation de biens à venir.

Une telle part peut être vendue, on en a de fréquens exemples, et c'est sur ce droit qu'est fondée la théorie des actions, dont nous avons parlé, n. 973. Il n'y a aucune bonne raison pour qu'elle ne puisse être donnée. Cette manière de disposer n'est pas plus une donation de biens à venir, que ne le seroit celle d'un billet de loterie, qui a l'effet d'assurer au porteur le produit de ce que le sort fera échoir aux numéros portés sur ce billet. La seule condition nécessaire, mais qui ne tient ni à la nature des choses, ni aux principes du droit commercial, seroit qu'une telle donation n'eût pas pour objet d'éluder les lois qui prohibent ou limitent la faculté de donner à certaines personnes.

Section II.

En quoi l'Apport des Associés peut consister.

984. Tout ce qui est appréciable et susceptible d'être l'objet des conventions, peut fournir une mise en société. Ainsi, un associé peut apporter des marchandises, effets, sommes d'argent, créances. Il n'est pas même nécessaire que ce qui est déboursé par une personne, pour devenir membre d'une société, y entre effectivement, et concoure à en former l'actif. Un commerçant pourroit

donner en paiement d'immeubles qui lui sont vendus, l'intérêt d'un *tiers*, d'un *quart*, de *moitié*, dans son commerce, ou dans *telle* de ses opérations commerciales.

Des productions de l'esprit, telles que le droit d'exploiter un brevet d'industrie, de publier exclusivement un ouvrage, la communication de quelques découvertes importantes, de quelque secret d'arts, de sciences, etc., peuvent aussi former une mise sociale, suivant les règles ou restrictions d'après lesquelles nous avons vu, n. 155, que les fruits du talent pouvoient être la matière d'opérations commerciales. Par la même raison, l'industrie individuelle, le travail manuel, ou les soins, la surveillance, l'habileté dans la conduite des affaires, seroient susceptibles de former une mise sociale, puisque nous avons vu, n. 531 et suiv., que ces choses pourroient être louées.

Souvent, en effet, des associés s'unissent Civ. 1833. pour une opération dans laquelle l'un fournit des fonds, et l'autre ne confère que des soins sans lesquels la société n'auroit aucun succès. On a été jusqu'à considérer le courage comme une sorte de mise, ainsi que nous l'avons vu, n. 656.

Le crédit lui-même, lorsque, par là, on n'entend pas la protection ou l'influence que

lé rang et les fonctions publiques donnent
à une personne, pour obtenir justice de
l'autorité supérieure, le crédit, peut devenir
une mise sociale. Pourquoi celui dont le
nom est connu, qui, par une longue habitude de probité, de régularité, dans ses
affaires et dans l'acquit de ses engagemens,
a mérité la confiance des villes commerçantes
les plus éloignées, ne pourroit-il pas entrer
en société avec des hommes inconnus jusqu'à
ce moment, et faire une mise moins forte
que la leur, ou même n'en faire aucune, en
considération de ce que son nom formera ce
qu'on appelle la *raison sociale ?* A cet égard,
il faut se reporter aux principes que nous
avons donnés, n. 169.

SECTION III.

*Comment doit être établie la quotité des Apports
respectifs.*

985. Il est rare que les contractans ne s'ex-
pliquent pas sur la proportion qui existe
entre leurs mises respectives, et sur la consistance de ces mises. Si toutefois ils avoient
gardé le silence, la présomption seroit que
les apports sont égaux. Si la qualité ou valeur de quelques-uns seulement, avoit été
déterminée, on présumeroit que les apports,

non déterminés, sont égaux au moindre de ceux dont la valeur est connue. C'est par suite de cette règle, qu'à défaut d'évalua-

Civ. 1853.

tion, la mise d'industrie est réputée d'une valeur égale à la moindre des mises d'objets évalués.

Comme le plus souvent la proportion dans les profits et pertes de la société est réglée par celle des mises, et même qu'il en est ainsi lorsque les parties n'ont pas fait une autre convention, il est fort important de ne pas confondre, avec la mise, les prêts ou avances que des associés font à la société.

Il arrive souvent, en effet, qu'un associé s'oblige à verser une somme indépendante de sa mise, dont il est créancier particulier, et dont il stipule que la société lui paiera les intérêts, et même, qu'au bout de chaque année ces intérêts restant formeront, en sa faveur, un nouveau capital produisant intérêt.

Cette stipulation n'a pas toujours besoin d'être expresse; elle peut résulter de la seule convention que les associés pourront avoir des *comptes courans ;* quelquefois même cette obligation leur est imposée et la somme qu'ils doivent avoir en *compte courant obligé,* est déterminée par l'acte de société. Dans l'un et l'autre cas, ils sont traités comme des créanciers de la société.

C'est d'après les circonstances, et principalement d'après ce que les contractans ont dû avoir en vue, qu'il faut se décider pour connoître quel est au juste le montant de la mise de chacun, et si cette mise ne se compose que de ce que chacun a primitivement versé, ou si l'on doit encore y ajouter ce qu'il auroit eu occasion de payer pour la société.

Un exemple rendra cela sensible. *Pierre* et *Paul* s'associent pour acheter, à Cadix, une quantité de marchandises qui s'élève à fr.; *Pierre* y concourt pour 10,000 fr., *Paul*, 30,000 pour 20,000 fr.; leur société, comme il arrive souvent, n'est qu'une association en participation, dont les conditions n'ont point été réglées par écrit.

Pierre reçoit les marchandises, et, pour le fret, la contribution aux avaries communes qu'elles ont supportées, les droits de douanes et autres semblables, il paie 10,000 francs.

La vente est faite au bout d'un mois, elle est tellement avantageuse, qu'elle offre un bénéfice de 30,600 fr., tous frais et déboursés d'achats payés. Il s'agit de partager ce bénéfice. *Pierre* prétend que son intérêt dans la société est de 20,000 fr., égal à celui de *Paul*, et par conséquent il exige moitié du bénéfice, c'est-à-dire, 15,300 francs, attendu que, suivant les règles du droit

commun, à défaut de convention spéciale,
Civ. 1853. les bénéfices et pertes doivent être propor-
tionnés aux mises. *Paul* soutient que le
bénéfice net qu'a produit la vente, doit être
partagé suivant la mise de fonds, en ayant
seulement égard au prix d'achat des marchandises; que les 10,000 fr. que *Pierre* a
déboursés sont une avance dont il lui est dû
seulement intérêt, à 6 pour cent, c'est-à-dire
50 fr. pour le mois, pendant lequel il en a
été à découvert. Il prétend, en conséquence,
que, sur le bénéfice de 30,600 fr., *Pierre*
doit prendre : 1.º 50 fr., pour intérêt de ses
avances; 2.º 10,000 fr., pour le tiers du restant, puisque sa mise n'étoit que du tiers du
fonds social.

La rigueur du principe est sans doute en
faveur de *Paul* : ce que *Pierre* a payé pour
le fret et accessoires, et pour les douanes,
en un mot, pour que les marchandises communes fussent rendues en France, n'a été
qu'un déboursé pour le compte de la société;
une convention expresse ou au moins résultant des circonstances et de la manière dont
les parties ont agi, pourroit seule avoir
modifié la règle et porter à considérer ses
avances comme une augmentation de mise
qui l'égaleroit à son associé.

SECTION IV.

*En quoi consiste l'obligation de réaliser
l'Apport.*

986. Quelle que soit la chose qu'un associé
s'oblige à mettre en société, il doit remplir
son engagement à l'époque et de la manière
convenues.

A cet égard, on doit se conformer à la
convention, et la livraison doit être faite,
ou sans terme, ou bien au terme convenu,
selon que les parties l'ont stipulé, ou que
l'ensemble des clauses de leur contrat le
laisse connoître. A défaut de clause spéciale
sur la manière de réaliser l'apport, on doit
suivre celle que les parties ont vraisemblablement entendue, d'après la nature des
choses promises, l'espèce et le but de leur
société.

Sous ce rapport, quoique le contrat de société ne doive pas être confondu, ainsi qu'on
le verra plus bas, avec celui de vente, les
principes d'équité qui déterminent l'étendue Civ. 1845,
des obligations d'un vendeur, servent à régler
celles de l'associé qui a promis d'effectuer
une mise.

La différence importante entre le cas où
la mise est de la propriété d'une chose, et

celui où elle n'est que de l'usage, différence
dont nous ferons remarquer les effets dans
les chapitres suivans, n'influe point sur
l'application de ces principes. Dans le premier cas, les obligations de l'associé sont
semblables à celles du vendeur de la propriété ; dans le second, elles seront semblables à celles du vendeur d'un usufruit
limité à un certain temps.

Ainsi, l'associé qui a promis des marchandises ou tous autres objets corporels, doit
les livrer en la qualité et quantité promises, suivant les règles que nous avons
données, n. 284 et suiv. Si ce sont des
droits, il est obligé de n'apporter aucun
obstacle à la prise de possession qu'en veut
faire la société, et doit la lui faciliter, notamment par la remise des titres. S'il a
promis d'apporter son travail, ses soins, son
industrie, soit seule, soit indépendamment
d'un apport effectif, il y est tenu dans
l'étendue, les rapports ou les cas que détermine la convention, ou, à son défaut, la
nature des choses.

L'inexécution de ces obligations donne
lieu, comme celle de toutes obligations de
livrer ou de faire, à des dommages-intérêts
qui sont déterminés suivant les circonstances.
Ainsi, l'associé qui n'a pas réalisé son apport
dans le délai convenu ou sous-entendu, est, à

compter du jour qu'il devoit payer, obligé
aux intérêts, si sa mise consistoit en une
somme d'argent, et doit les fruits qu'il a
perçus ou dû percevoir, si c'est un objet
capable d'en produire. Il doit, de plus, des Civ. 1846.
dommages – intérêts qui peuvent même,
lorsqu'il y a eu mauvaise foi de sa part,
être portés à une somme égale aux bénéfices
que la société auroit faits sur les choses dont
elle a été privée. On sent aisément comment
ces principes s'appliqueroient à l'inexécution
totale ou partielle de l'engagement pris par
un associé, de consacrer ses soins, son
industrie, ou de communiquer certaines découvertes ou procédés à la société.

987. Mais la force majeure peut, comme
dans tous autres contrats, dégager ou excuser
de l'exécution de ces obligations, et le cas Civ. 1148.
principal qu'on peut en citer, est celui de la
perte de la chose qui devoit être livrée, ou
l'impossibilité absolue de faire ce qui a été
promis.

Pour connoître quand la perte de la chose
qui devoit être livrée, dégage l'associé qui a
promis de mettre une chose en société, il
faut se rappeler la distinction que nous
avons faite, n. 156, entre les corps certains
individuellement déterminés, et les choses
indéterminées. Lorsque l'associé s'est obligé

à mettre en société des choses de cette dernière espèce, tant qu'il en existe du genre ou de la classe du genre indiqué, et qu'il n'y a pas impossibilité, au moins morale, d'exécuter l'obligation, il ne peut se prétendre dégagé, sous le prétexte qu'une force majeure a fait périr ce qu'il destinoit à acquitter son engagement, parce qu'une livraison suffisante n'a pas fait sortir cette chose de la classe des genres, pour l'individualiser et la mettre aux risques de la société, suivant les principes que nous avons donnés, n. 278. Les autres associés sont donc toujours fondés à le poursuivre, pour qu'il effectue sa mise, et s'il ne remplit pas cette obligation, ils peuvent, comme nous le verrons, en prendre droit pour provoquer la résolution du contrat, avec dommages-intérêts, comme un vendeur le pourroit pour défaut de livraison.

Si les choses promises étoient des corps certains et déterminés, on pourroit conclure des principes donnés, n. 276 et suiv., que leur perte, même avant que la société en ait pris possession, est pour son compte, et que l'associé qui les a promises, étant dégagé de son obligation de livrer par l'impossibilité de l'exécuter, n'en doit pas moins rester associé, comme dans un cas semblable, le vendeur a droit de demander le prix de la chose qu'il a vendue, quoiqu'elle ait péri par cas fortuit avant la livraison.

Il n'en est pas ainsi; l'événement qui rend impossible la réalisation de la mise convenue, Civ. 1867, n'a d'autre effet que de devenir une cause de dissolution de la société. En cela, les principes sur la société diffèrent sensiblement de ceux sur la vente. La raison en est facile à saisir : la vente et la société sont des contrats qui ont chacun leur nature, et qu'on ne peut confondre sans s'exposer à de graves erreurs.

Le contrat de société, quoique parfait par le consentement, ne produisant jamais une simple obligation de livrer, mais créant, entre les contractans, des rapports personnels qui tiennent à l'obligation de faire, est un contrat conditionnel. Les contractans sont présumés n'avoir entendu se mettre en société que sous la condition expresse que chacun d'eux réaliseroit l'apport destiné à former le fonds social, sans lequel la société se trouveroit n'avoir aucun objet, aucun moyen d'exister. Il en est de la société comme de l'assurance, qui, parfaite, sans doute, par le seul consentement réciproque, ne produit pas cependant ses effets, si le risque essentiel à cette convention, ne commence pas.

Du moment que celui qui a promis de mettre en société la propriété d'une chose, ne fait pas une livraison, sous la foi de laquelle les autres se sont engagés envers lui, quand même il s'y refuseroit malicieusement, ceux-ci ne pourroient se fonder sur les principes que nous avons expliqués, n. 272, pour obtenir de la justice la mise en possession de l'objet promis; car cette livraison, qui, ordinairement, finit tous les rapports entre le vendeur et l'acheteur, n'est, au contraire, que le commencement des rapports individuels que la société fera naître, pendant toute sa durée, entre les associés. Il n'y aura donc lieu qu'à des dommages-intérêts. Si c'est une force majeure qui ait empêché de faire cette livraison, la convention est de même résolue, mais sans dommages-intérêts contre l'associé.

Toute autre façon de voir dénatureroit le contrat de société, qui, nous le répétons, n'est point une simple obligation de livrer une chose, comme la vente, mais qui, astreignant les contractans à des relations réciproques, tient très-intimement à l'obligation de faire.

En traitant de la dissolution de la société, nous verrons comment ces règles s'appliquent au cas où la mise, ayant consisté dans le travail d'un associé, une force majeure ne lui permet plus de remplir son engagement.

988. Tout associé doit garantir à la société ce qu'il y a conféré, et la nature des choses plutôt que l'analogie des contrats, rend cette obligation semblable à celle que nous avons vu, n. 282, être imposée à un vendeur. Ainsi, lorsqu'un tiers, prouvant que l'objet apporté par l'un des associés, lui appartient, est admis à le revendiquer contre la société, l'associé qui doit s'imputer cette éviction est obligé d'en payer la valeur, ou, quand cela se peut, d'en fournir un également propre au but proposé. Si la société ne peut subsister sans l'objet même dont elle est évincée, il doit indemniser ses associés comme tout associé qui, par sa faute, cause la dissolution de la société.

Civ. 1845.

L'analogie sert encore à décider les questions qui s'élèveroient dans le cas où la mise d'un associé consisteroit en une chose incorporelle, par exemple, dans la jouissance de dessins d'étoffes, brevets d'inventions, productions littéraires qui seroient déjà propriétés publiques, ou dont cet associé ne se seroit pas assuré la propriété exclusive, par l'observation des formalités dont nous avons parlé, n. 160 et suiv.

Il en est de même du cas où la mise consisteroit dans une promesse de consacrer des soins, un travail. L'associé devant, dans ce cas, être considéré comme un employé qui

Civ. 1847.

a contracté un louage de services, c'est d'après ce que les parties ont vraisemblablement entendu, qu'on doit régler ce que l'acte auroit laissé indécis. Nous en avons vu des exemples relativement aux engagemens des gens de mer, au profit ou au fret, et nous en offrirons d'autres, en traitant des sociétés en nom collectif, auxquelles cette règle s'applique plus spécialement.

Mais il ne faut pas y donner une extension injuste. Ainsi, on ne peut exiger d'un associé qu'il apporte une industrie étrangère à l'objet de la société, et qu'il y confère les produits en résultant, que les parties n'ont pu prévoir, et dont la société a moins été l'origine que l'occasion. Ainsi, un commis associé, à condition qu'il tiendra les livres, pourroit prendre sur les heures que l'usage consacre au repos, de manière à gagner quelque chose en travaillant pour d'autres. Ainsi, quoique, dans la règle, ceux qui se sont associés pour former une compagnie d'assurance, ne puissent assurer pour leur compte particulier, des personnes associées pour l'assurance d'un ou de quelques navires déterminés, pourroient faire, chacune de leur côté, d'autres opérations semblables. A plus forte raison, un associé pourroit faire des opérations d'une espèce différente de celles dont s'occupe la société, quand même il seroit vrai que c'est à l'occasion des affaires communes qu'il auroit trouvé les facilités qui l'ont conduit à ces négociations particulières.

SECTION V.

Des risques de l'Apport effectué.

989. Lorsqu'une fois la livraison de chaque mise a été effectuée, si elle périt, cette perte produit des effets différens, selon que la mise a été de la propriété ou de l'usage des choses.

Au premier cas, la société étant devenue propriétaire, la perte d'une mise n'empêche pas qu'elle ne continue, tant que d'autres parties de l'actif social, offrent matière aux opérations. Ceux dont la mise subsiste ne seroient pas fondés à réclamer la dissolution de la société, ou à prétendre, lors du partage, plus de droits que l'associé dont la mise a péri; parce que l'effet de la livraison a été que l'ancienne propriété exclusive disparût, pour être remplacée par une copropriété, qui ne permet plus à l'un des associés, même à celui à qui elle appartenoit, d'y prétendre plus de droits que les autres.

Il n'en est pas de même, si la société a eu pour objet l'usage, le profit ou les fruits des choses; chacun des associés étant demeuré

Civ. 1867.

propriétaire de celles qu'il a apportées,
si elles périssent, c'est pour son compte,
il n'a droit à être indemnisé qu'autant que ce
cas a été prévu, parce que la société n'est
qu'usufruitière, et ne doit supporter que les
charges de cette qualité. Cet événement
amène la dissolution dont nous ferons connoître les effets dans un autre titre.

Civ. { 1851.
       1867.

990. L'application de ce principe incontestable peut cependant présenter quelques embarras. La question ne sera jamais difficile
à résoudre, lorsque les choses auront été
achetées depuis que la société a été contractée. Ce fait lève toute incertitude, quand
même on prouveroit que *telle* somme d'argent, qui formoit la mise de *tel* associé, a
servi a acheter *tel* objet qui a péri; car, à
moins d'une convention ou d'une preuve
contraire, ce n'est pas cette chose que
l'associé a mise en commun, c'est la société
qui a employé à cet achat la somme par lui
versée.

Il ne pourroit donc y avoir d'incertitude
que lorsque les mises sociales consistent
en choses qui, avant la convention, appartenoient aux associés, ou qu'ils se sont
obligés individuellement à acheter, pour
conférer en société. Ainsi, deux voituriers
peuvent former une société pour opérer des

transports. S'il est clairement établi qu'ils ont mis en commun la propriété de ces objets, la perte est pour la société. Il en est autrement, s'ils sont convenus qu'ils fourniroient chacun l'usage de *tant* de chevaux et de *tant* de voitures ; la perte des chevaux et des voitures, sera pour le compte de celui qui les a fournis, à moins qu'elle n'arrive par la faute de quelque préposé dont la société seroit responsable, comme tout maître l'est des gens à son service : mais ce cas particulier n'apporteroit aucun changement au principe.

Il est rare que la nature des choses mises en société, ou la convention des parties ne donnent pas moyen de lever les incertitudes. Ainsi, lorsqu'on met en société des objets qui se consomment par l'usage, et ne peuvent produire qu'en les faisant circuler, tels que les denrées, l'argent, etc. ; lorsque des choses qu'on ne peut ranger dans cette classe, sont apportées par chaque associé, pour composer le fonds d'un commerce qui consistera dans leur débit, ou enfin, lorsqu'en l'absence d'une convention, les associés les ont inventoriées et estimées, ils ont fait suffisamment connoître qu'ils entendoient que la société pût vendre ce que chacun avoit apporté sous ces conditions, et par conséquent qu'elle en court les risques.

Civ. 1851.

On peut encore se décider d'après le but que les associés se proposoient. Ainsi, lorsque deux marchands de chevaux s'associent pour une entreprise de remonte de cavalerie, et conviennent de mettre en société les chevaux de leurs écuries, la présomption est qu'ils ont mis la propriété en commun; au contraire, lorsque deux voituriers s'associent pour opérer des transports, et mettent leurs chevaux ou équipages en société, la présomption est qu'ils n'ont entendu que l'usage de ces objets.

Par suite de ces principes, si un associé apporte l'usage d'un brevet d'invention qui lui a été accordé pour dix ans, et que, dès la seconde année, le Gouvernement, par une mesure d'intérêt public, ou par un acte d'autorité que cet associé n'aura point occasionné, lui enlève son privilège exclusif et ordonne la publication de la découverte, cette perte, causée par force majeure, nous semble devoir être pour le compte de la société; et si les opérations dont elle se compose peuvent subsister nonobstant cette privation, l'associé, dont la mise a péri de cette manière, doit continuer d'y exercer ses droits de la même manière que si la mise eût consisté dans une maison, que le feu du ciel auroit détruite.

Plus il y a de différence entre la mise de

la propriété et celle des produits ou profits d'une chose, plus il faut rechercher l'intention des contractans. Lorsqu'on ne pourra s'éclairer par les termes de la convention, lorsqu'examinant le but que se proposoient les parties, on verra qu'elles pouvoient indifféremment mettre en société, la propriété ou l'usage des choses, la manière dont elles ont opéré, ou les bases d'après lesquelles les profits ou pertes devoient être partagés, les circonstances, les usages, et tous autres moyens dont les tribunaux peuvent se servir pour s'éclairer, seront autant de bases pour asseoir une décision.

991. Les dépenses faites par la société, même pour l'entretien des choses dont elle n'a que la jouissance, sont une partie de ses charges. La nature et la durée de la société peuvent souvent servir à déterminer quelles espèces de dépenses sont à la charge commune; il ne faudroit pas toujours se déterminer par les règles sur l'usufruit. Ainsi, des associés s'unissent pour trois ou cinq ans; l'un d'eux confère, pour sa mise, l'usage de sa maison et magasins en dépendans. S'il se présente pendant la durée de la société des réparations usufructuaires, qu'on sait être bien plus considérables que les réparations locatives, il n'est pas juste, à moins de con-

vention différente, que la société en soit chargée; la durée stipulée donne lieu de croire qu'on n'a pas entendu qu'elle supportât autre chose, que les réparations locatives.

La coutume peut souvent servir de guide. Par exemple, dans la convention par laquelle les gens de mer se louent au fret ou au profit, l'armateur fournit l'usage de son navire qu'il livre bien caréné, calfeutré et agréé. Le prix des victuailles qu'on embarque pour les provisions du voyage, l'esplanage du navire, qui consiste à l'enduire en dessous de suif ou autre matière, dont la propriété est de le rendre meilleur voilier, sont des dépenses acquittées par le produit des profits ou du fret, ainsi que celle qui a pour objet de nourrir l'équipage, et de soigner les malades pendant le voyage. S'il est nécessaire, pour quelque cause que ce soit, de radouber le navire, les frais en sont, de même, supportés par la masse du fret et du profit gagnés ou à gagner.

SECTION VI.

De la Division du Capital en Actions.

992. Nous avons dit, n. 973, que souvent on stipuloit que le capital d'une société seroit divisé en un certain nombre de parts,

auxquelles on donne le nom d'*actions*. L'action est une portion indivise dans la propriété, de tout ce qui compose le fonds social ; par exemple, si c'est une manufacture, dans tout le mobilier, les outils, les ustensiles, les matières premières, les objets fabriqués, les fonds en caisse, les créances, l'emplacement et les édifices qui y sont construits.

Quand la société a un revenu fixe et assuré, l'action qui donne droit de partager les profits, est un bien réel et certain ; si les profits sont casuels et incertains, l'action est plutôt une espérance qu'un bien réel, mais elle est toujours, comme nous l'avons observé, n. 983, un droit certain et présent.

Ces produits, plus ou moins égaux, plus ou moins considérables, selon que le commerce entrepris dépend de plus ou moins de chances, ne sont toujours qu'un revenu, que des fruits, et seroient considérés uniquement sous ce rapport, s'il s'agissoit de régler les droits d'une personne qui en auroit l'usufruit.

La réunion de ces actions forme le fonds capital de la société. Ainsi une société qui a trois cents actions, de 1000 francs chacune, a dû s'établir avec un capital de 300,000 francs. Mais de ce qu'une action, dans une société de

4 *

commerce, donne à chaque actionnaire une copropriété indivise de tout ce qui la compose dans la proportion du montant de cette action, il ne faut pas en conclure que dans les cas où l'actif seroit composé d'immeubles, chaque associé auroit un droit immobilier, susceptible d'être frappé de ses hypothèques, et que les acquéreurs de la société auroient besoin de remplir, à l'égard des créanciers de chaque associé, toutes les formes exigées pour purger les hypothèques des vendeurs.

Tant que la société subsiste, l'objet d'une action n'est que de donner titre au partage des produits, qui, indépendamment de la nature des objets dont ils proviennent, se répartissent en argent. Les actions d'une société, lors même que son actif est composé en partie d'immeubles, ne sont donc alors que du mobilier. Si quelquefois le législateur permet de modifier ce principe, en donnant la faculté de les rendre immobiliaires, comme l'a fait le décret du 16 janvier 1808 [1], pour les actions de la banque de France, cette faculté doit être accordée expressément, ce qui ne fait que confirmer le principe.

Civ.529.

Mais cet état de choses ne subsiste que pendant la durée de la société, qui est le

---

[1] Bulletin des lois, 4.e série, n. 2953.

véritable propriétaire du fonds social, comme nous l'avons vu, n. 975. A sa dissolution , elle cesse d'être un individu distinct; chacun des associés devient copropriétaire de ce même fonds social, comme des héritiers le sont des biens de leur auteur; les droits de chaque associé sont alors mobiliers ou immobiliers, selon qu'il y a lieu de partager des meubles ou des immeubles.

993. Ce peu de mots suffit pour démontrer quelle seroit l'erreur de ceux qui ne verroient dans une action, qu'une créance. La différence est grande, chacun dans l'usage la sent et la pratique, sans peut-être s'en rendre raison.

Celui qui a une action de la banque de France , sait qu'il ne peut s'en faire rembourser par cet établissement, tant qu'il ne sera pas dissous. Celui qui a un billet de banque sait qu'à tout instant il peut en exiger le remboursement. En un mot, être intéressé ou actionnaire dans une societé , car ces expressions sont synonymes, c'est avoir part aux fonds de cette société , en être copropriétaire. Si les édifices viennent à périr par un incendie ou par un ouragan , les actionnaires voyent leur part diminuer d'autant ; si les fonds augmentent de valeur, ils en profitent. Au contraire, celui qui a prêté de l'argent ou vendu des marchandises à une société, qui en un mot en est devenu créancier d'une manière quelconque, ne court point la chance de voir diminuer ou augmenter ses droits en raison des pertes ou des bénéfices de cette société. Ce qu'il peut y prétendre ne résulte point d'une copropriété, mais des droits que tout créancier a sur ce qui appartient à son débiteur.

Civ. 2093.

Section VII.

Des Remplacemens ou Supplémens de Mises.

994. Nous avons vu, n. 990, quels étoient les effets de la perte des mises sociales, selon qu'elles consistoient dans l'usage ou la propriété de la chose. C'est en traitant de la dissolution des sociétés, que nous completterons le développement des principes sur cette matière; mais nous ne croyons pas devoir finir ce chapitre, sans examiner si des associés peuvent être obligés, soit à remplacer leur mise périe, soit à l'augmenter quand les circonstances paroissent l'exiger.

En règle générale, un associé, dont la mise a péri, n'est pas tenu de la remplacer. Lorsqu'elle périt pour le compte de la société, cette perte entre dans l'état des pertes sociales, et diminue simplement l'actif, comme celle de tout autre objet provenu de la collaboration commune. Lorsqu'elle périt pour le compte de l'associé, cette perte dissout la société; et c'est dans le titre troisième que nous verrons quelles en sont les suites. Ainsi, dans aucun cas, les principes généraux n'autorisent des associés à exiger que ceux dont la mise a péri, soient tenus de la remplacer.

Mais il n'est point contre la nature des choses qu'une telle obligation soit stipulée. Deux voituriers qui auroient mis en commun l'usage de leurs chevaux et charriots, pourroient convenir que si quelques chevaux de l'un ou de l'autre meurent, le propriétaire sera tenu de les remplacer. Il peut exister une société entre celui à qui le corps d'un navire appartient, et celui qui en fournit l'armement pour partager le profit et la perte dans le fret, suivant la proportion dont ils conviennent; et rien n'empêche qu'ils ne stipulent que si quelque partie de l'armement périt par accident, celui qui l'a fourni devra remplacer les objets manquans jusqu'à la fin du voyage. Souvent même la nature de l'association, le but que les parties se seront proposé, l'intérêt des tiers envers lesquels la société se sera engagée, serviront à faire

présumer qu'une telle convention a été tacitement faite, quoique non exprimée.

995. De même, en principe général,
des associés n'ont pas droit de contraindre
les autres à fournir au-delà de ce à quoi
ils se sont engagés. Si néanmoins faute d'un
supplément de contingent, on ne pouvoit
atteindre le but commun, la majorité des
voix devroit décider s'il y a lieu de dissoudre la société ou de la continuer, en
faisant fournir par chacun un supplément
de fonds; et les refusans pourroient être
contraints à se retirer de la société avant le
temps fixé par le contrat pour sa dissolution.

Mais si le besoin ou la demande de nouveaux contingens n'avoient pour objet que
de donner plus d'extension aux affaires de
la société, la majorité n'auroit pas droit de
décider une augmentation de mise, ou du
moins un associé ne pourroit être exclu
s'il refusoit de la fournir.

Au reste, il est rare que ces cas, ou, du
moins, le droit de la majorité de statuer sur
des questions de cette espèce, ne soient pas
prévus, soit par l'acte de société, soit par des
conventions ou délibérations additionnelles.
Les circonstances et l'équité doivent servir
de guides.

CHAPITRE III.

De la Détermination des Parts dans les Profits et Pertes.

996. Toute société doit être contractée pour l'intérêt commun des associés : la consé- Civ. 1833. quence de cette règle est que chacun supporte les pertes et partage dans les profits. La clause qui donneroit à l'un des associés la tota- Civ. 1855. lité des bénéfices, même en l'assujettissant à souffrir toutes les pertes, changeroit le caractère de la convention. Elle ne seroit pas usuraire, sans doute, puisque s'il en résultoit que si les autres associés n'avoient aucun profit, ils n'auroient aussi à souffrir aucune perte ; mais tous les associés, sauf celui en faveur de qui la clause auroit été stipulée, seroient sans intérêt dans la société ; la convention manqueroit dans son essence, puisqu'elle n'auroit pas pour objet un intérêt commun.

Il est assez naturel que la participation de chaque associé dans les pertes et profits soit fixée en une égale proportion avec sa mise comparée à celle des autres. Par conséquent, Civ. 1853. des parties qui n'auroient point évalué leurs apports, seroient réputées avoir entendu que

cette participation soit égale. Mais la diversité
des talens et des moyens, à l'aide desquels
le commerce est fait, modifie singulièrement
ce principe d'égalité, qui n'est appliqué qu'à
défaut de convention. Il n'est pas nécessaire
que la participation soit dans une rigoureuse et exacte proportion avec la mise, il
suffit que l'un ne puisse pas laisser à l'autre
des risques ou de la perte sans possibilité de
profits.

De même, on peut convenir qu'un des
associés n'aura de parts que dans le cas de
tel événement, tandis que les droits des
autres ne seront pas subordonnés à une semblable chance, pourvu que cette chance ne
dépende pas de ces derniers.

997. Souvent l'associé en faveur de qui une
chance avantageuse a été stipulée, peut com-
penser cet avantage avec quelqu'autre qu'il
fait à ses co-associés, et que les contractans apprécient sans avoir voulu l'exprimer;
d'autres fois un associé s'oblige à donner des
soins, et doit s'exposer à des dangers et à
des fatigues personnels, que les autres n'auront pas à courir. Il est des personnes dont
l'industrie est si précieuse, qu'elle est
plus utile à une société que de l'argent
ou des valeurs fixes. En un mot, il n'est
pas de l'essence d'une société qu'il y

ait entre tous les intéressés une égalité absolue de participation aux charges et aux bénéfices : on peut, par des conventions spéciales, déroger à cette règle ; on peut même déterminer les parts dans les bénéfices, en une proportion différente de la contribution, soit aux dépenses, soit aux pertes. Tout ce qui est indispensable et de l'essence de la société, c'est que l'un de ses membres ne puisse participer aux bénéfices, avant que les dépenses en aient été déduites.

Ainsi, la convention par laquelle l'un des associés aura part au profit de chacune des affaires avantageuses, sans rien supporter de la perte que la société souffriroit dans les affaires désavantageuses, blesseroit l'équité ; mais dans une société où l'un confère son industrie et l'autre des valeurs réelles, on peut convenir que le bailleur de fonds les retirera avec une portion déterminée des produits, et que l'autre, qui n'avoit cependant apporté que ses soins et son industrie, sera propriétaire du reste ; ou que celui qui confère son industrie, n'aura de part dans les profits qu'autant qu'ils excéderont *telle* somme, et seulement dans cet excédent. Il suffit, pour l'équité de cette convention, que le prix de l'industrie de cet associé, qu'il court risque de perdre si les bénéfices ne s'élèvent pas à ce qui a été déterminé, équipolle à l'espérance de la somme à laquelle ces profits pourront s'élever.

En général, toutes les fois que l'un des associés apporte particulièrement quelqu'avantage à la société, on peut, pour l'en récompenser, convenir qu'il sera déchargé de la perte pour partie ou même pour le total. Par exemple, si dans un commerce de tonneaux, l'un des associés s'est chargé seul de la garantie du vice de *fût*, on peut, par équivalent de cette charge, convenir que, quoiqu'il soit associé pour moitié, et qu'il doive prendre moitié dans le gain, s'il y en a, néanmoins, en cas de perte, il en supportera une moindre part, ou même qu'il n'en supportera aucune.

De même, on peut stipuler qu'après la dissolution de la société, on fera un état de tous les gains et un état de toutes les pertes; et que si le total des gains excède celui des pertes, un associé prendra sa part dans l'excédant; que si le total des pertes excède celui des gains, cet associé ne supportera que *telle* partie des dettes, ou qu'en sacrifiant sa mise, il ne supportera rien au-delà, et même s'il n'a mis que son industrie, qu'il sera affranchi de toute contribution aux dettes. Dans tous ces cas, si l'associé, en faveur duquel cette clause a été stipulée,

Civ. 1855.

a eu la chance de bénéfices indéfinis, il a aussi celle de contribuer aux pertes, quoique d'une manière limitée, soit en perdant sa mise, soit en ayant donné son industrie en pure perte, ce qui suffit pour que les principes essentiels de la société ne soient pas violés.

998. Mais aussi ces principes seroient violés, si les circonstances se réunissoient pour démontrer que la société n'est qu'un acte simulé, destiné à déguiser un prêt usuraire. On doit mettre au nombre de ces clauses prohibées la stipulation, par laquelle l'un des associés s'obligeroit de rendre à l'autre, ou aux autres, à la fin de la société, la somme d'argent par eux apportée, avec une portion quelconque dans les gains, s'il y en a, et si la société est en perte, de rendre ces capitaux sans aucune contri- Civ. 1855. bution aux pertes. Vainement ceux qui auroient fait une telle stipulation prétendroient-ils que le bénéfice qui leur est attribué, représente les intérêts des capitaux conférés par eux dans la société; que la chance d'obtenir des bénéfices supérieurs à l'intérêt légal, est balancée par la possibilité que s'il y a des pertes ils soient privés des intérêts de ce même capital. La nature des contrats ne doit pas être confondue.

Vouloit-on, en stipulant ainsi, faire un contrat de société, il est de l'essence de cette convention que les sommes conférées dans la société en deviennent la propriété, et périssent pour le compte commun, si les pertes de la société sont telles qu'elles absorbent toutes les mises. Opéreroit-on simplement un prêt; les intérêts doivent être certains, de manière qu'on puisse savoir si le taux légal a été excédé. Il n'est pas permis de les stipuler dans une forme aléatoire : cette faculté n'est accordée que dans le contrat à la grosse, qui diffère essentiellement du prêt à intérêt; et d'ailleurs, dans le contrat à la grosse même, une part des bénéfices n'est accordée, pour tenir lieu d'intérêt, que parce qu'en même temps le prêteur se soumet au risque de perdre tout ou partie de son capital.

Néanmoins il n'en seroit pas de même de la convention, par laquelle un des associés abandonneroit à l'autre, même avant que la société soit dissoute, tous les bénéfices qu'il peut espérer, pour une somme fixe.

Au reste si les circonstances établissoient suffisamment que cette assurance prétendue couvre une convention usuraire, elle pourroit être annullée, parce que les conventions licites ne doivent jamais servir de moyen pour en déguiser d'illicites.

Civ. 1851.

Les associés peuvent aussi convenir que les parts seront réglées par l'un d'eux ou par un tiers; et ce règlement ne peut être attaqué qu'autant qu'il seroit évidemment Civ. 1854. contraire à l'équité. Dans ce cas même, la réclamation ne peut être admise, si le règlement a reçu, de la part du réclamant, un commencement d'exécution, ou s'il s'est écoulé trois mois depuis qu'il en a eu connoissance.

Ces conventions, quoique licites, ne se supposent point; elles doivent être expresses et précises : le doute doit être interprété en faveur de l'égalité. Par exemple, si on avoit déterminé qu'un associé auroit les deux tiers du profit, sans rien dire des pertes, il devroit les supporter dans la même proportion qu'il touche les bénéfices.

999. Le calcul des profits et pertes doit, à défaut de convention particulière, être réglé à la fin de chaque année, lorsqu'on fait l'inventaire annuel dont nous avons parlé, n. 90.

On considère comme profits de la société tout ce qui reste à sa disposition, déduction faite des dettes communes, des frais de gestion et d'administration, des capitaux qui en constituent les fonds, soit d'après la convention des parties, soit d'après la nature des opérations qu'elle embrasse, quand même ces capitaux excéderoient la mise des associés, et se composeroient des gains faits depuis sa formation, qu'ils y auroient ajoutés. Au contraire, lorsque les frais de gestion, dettes et autres semblables, ne peuvent être acquittés par les fonds communs, on dit qu'il y a perte.

En évaluant les profits et pertes, il faut faire entrer en compte la diminution de valeur et la détérioration progressive que reçoivent, par l'usage, les instrumens, les ustensiles et autres effets dont la société se sert pour l'exercice de ses opérations.

Chaque associé est libre de disposer de sa part dans les bénéfices, et de la retirer de la société; la majorité des voix même ne peut l'obliger à la laisser pour accroître les fonds sociaux, lorsque cette disposition n'est point une clause du contrat. Mais, d'un autre côté, chaque associé doit attendre, pour exiger son paiement, qu'il puisse être effectué sans nuire à la continuation des opérations, et l'exercice de ce droit ne préjudicie point aux tiers, dans les cas où ils peuvent exiger le rapport des bénéfices perçus.

1000. Mais quoique les associés soient tenus de faire inventaire tous les ans, il n'en résulte pas pour eux la nécessité de partager les profits qu'ils peuvent avoir faits pendant l'année, dans la proportion de leurs parts. Il est assez d'usage que ces profits restent pour augmenter les capitaux actifs ; et c'est pour cette raison que, dans les actes de société, on convient, pour l'ordinaire, que chaque associé prendra par an, *telle* somme pour sa nourriture et l'entretien de sa famille ; que nul des associés ne pourra prendre plus grande somme, si ce n'est en compte courant, et par conséquent comme emprunteur, obligé de plein droit à en payer les intérêts ; et qu'au surplus tous les profits ne seront partagés qu'à la fin de la société.

Civ. 1846.

CHAPITRE IV.

De la forme et de la publicité des Actes de Société.

1001. Toute convention de société commerciale doit être rédigée par écrit, et la preuve testimoniale n'en est point admise entre ceux qui se prétendent associés, quand même l'objet de la société n'excéderoit pas 150 francs.

Com. 39.

En général, cet écrit peut être sous signature privée, pourvu qu'il soit rédigé en

autant d'originaux qu'il y a de parties intéressées. Un acte authentique ne seroit
Com. 40. nécessaire qu'autant qu'une loi ou un règlement spécial l'exigeroit.

Ce que nous avons dit dans les chapîtres
précédens fait connoître les principales clauses
que les contractans peuvent insérer dans
leur convention. Ils doivent avoir d'autant
plus de soin de les exprimer, qu'on ne
pourroit admettre, entre associés, aucune
preuve par témoins contre et outre le contenu des actes de société, ni sur ce qui
Civ. 1834. seroit allégué avoir été dit avant ou depuis,
quelque modique que fût la somme dont
il s'agiroit.

1002. La rédaction par écrit d'un acte de
société ne seroit pas une précaution suffisante pour empêcher que les tiers ne fussent
trompés, ou par l'existence apparente d'une
société dont on feroit ensuite disparoître
la preuve, ou par celle de clauses que les
associés resteroient maîtres de changer ou
de modifier après coup et suivant les événemens. Ainsi un acte de société doit être
rendu public. Lorsqu'une disposition spé-
Com.
{42.
43.
44.
45.
ciale n'exige pas qu'on l'affiche en entier,
il suffit d'un extrait contenant, indépendamment des énonciations particulières à
chaque espèce de société, l'indication de

l'objet pour lequel on l'a contractée, l'époque, les événemens ou conditions qui doivent en faire commencer ou finir les opérations.

L'acte ou l'extrait destiné à être affiché doit être remis, dans la quinzaine de la date authentique, ou certaine de la convention, au greffe du tribunal de commerce de l'arrondissement dans lequel est établie la maison sociale, pour être transcrit sur le registre et affiché, pendant trois mois, dans la salle des audiences. Si la société a plusieurs maisons de commerce situées dans divers arrondissemens, la remise, la transcription et l'affiche doivent être faites aux différens tribunaux. Ces extraits doivent, conformément au décret du 12 février 1814 [1], être insérés dans les affiches judiciaires et dans le journal de commerce du département.

Les mêmes conditions sont exigées pour les continuations de sociétés, au-delà du terme fixé ; pour tout changement ou retraite d'associé ; pour toutes nouvelles stipulations ou clauses, même pour un simple changement à la raison sociale : autrement, des hommes de mauvaise foi pourroient faire un acte qu'ils destineroient à être osten-

Com. 46.

---

[1] Bulletin des lois, 4.e série, n. 10,147.

5 *

sible, et cependant arrêter entre eux des clauses toutes différentes, dans un acte postérieur inconnu aux tiers.

L'acte qui n'a pas été rédigé ou rendu public dans les formes qui viennent d'être indiquées, est nul à l'égard des intéressés. Mais comme il ne seroit pas juste que des tiers fussent privés du droit de prouver qu'il a existé une société entre des personnes qui n'en ont pas rédigé, ou qui ne veulent pas en montrer l'acte, ou bien d'établir que la société avouée par ces personnes a été d'une autre espèce que celle que leur affiche désigne, les associés ne peuvent leur opposer la nullité qui résulte de l'inobservation de ces obligations, pour se dispenser d'exécuter leurs engagemens exprès ou tacites.

Vainement diroit-on que ces tiers, n'ayant pas connu légalement l'acte de société, n'ont pu contracter sur la foi de son existence; car il est possible que l'associé qui a traité avec eux leur ait appris le fait de l'association; et si réellement elle existe, il n'est pas juste de les priver des droits qui en résultent en leur faveur.

1003. L'existence de la société étant prouvée au profit d'un tiers contre l'associé qui la dénie, c'est la même chose que s'il y avoit eu un acte; et la conséquence est qu'il n'appartient plus à cet associé de qualifier sa position au gré de son intérêt, parce qu'il est en faute, et par conséquent réputé en fraude.

C'est aux tribunaux à veiller, par leur sagacité dans l'admission des preuves, à ce que ce principe d'équité ne devienne pas un moyen de vexations injustes ; il suffit de tenir comme principe certain que la preuve testimoniale, même sans commencement de preuve par écrit, est admissible dans l'intérêt des tiers, qui n'ont pas été à même d'assurer l'existence d'une convention dont ils ne sont pas les auteurs.

Il est seulement très-important de remarquer qu'il faut que la preuve de la société porte sur des faits personnels à celui contre qui on veut la faire ; car de ce que *Pierre* auroit signé un billet, sous la raison *Pierre et Paul*, il ne faudroit pas conclure que ce dernier soit associé de *Pierre*, s'il n'en existoit pas de preuve plus directe.

Les preuves de l'existence d'une société non rédigée par écrit et non publique, seront plus facilement admises lorsqu'on prétendra qu'il y a eu rénovation ou continuation de société après l'époque de sa dissolution, encore qu'elle ait été affichée.

Ainsi, celui qui, même après qu'une société dont il étoit membre est dissoute, et que cette dissolution a été rendue publique, a laissé ses ci-devant associés qui continuoient les opérations dont se composoit le commerce de la société, employer son nom dans leur raison sociale, et ne s'y est point opposé quand il est prouvé qu'il l'a su, peut être facilement déclaré associé.

1004. De même celui qui auroit contracté avec des personnes associées sans en avoir fait d'acte, ou sans l'avoir rendu public, ne seroit pas fondé à refuser l'exécution de ses engagemens sous ce prétexte. Il pourroit seulement, si le titre de son obligation ne constituoit pas ces personnes créanciers solidaires, refuser de reconnoître, dans celle qui se diroit gérent, le droit d'exiger l'exécution de l'obligation au nom des autres, puisque l'acte en vertu duquel cet associé se prétendroit ainsi fondé à représenter ses cocréanciers, n'auroit pas acquis la publicité légale.

1005. L'acte de société qui n'a pas été revêtu des formalités ci-dessus indiquées, étant nul entre les intéressés, il s'ensuit qu'une personne qui se prétendroit associée avec d'autres verbalement, ou par un acte non rendu public, ne devroit pas être écoutée,

C'est entre les associés qu'il y a véritablement nullité, puisqu'ils ont à s'imputer de
ne s'être pas conformés à des règles prescrites dans la vue d'empêcher qu'ils ne pussent
tromper les tiers.

Il ne faut pas toutefois que ce principe
devienne une source d'injustices. Si, par
une conséquence de ce que nous avons dit,
n. 178, la convention d'être associés pour
une chose contraire aux lois, par exemple,
pour la contrebande, est illicite, et si,
quelle que soit la mise que l'un ait confiée
à l'autre, quelque somme que l'un ait à
demander à l'autre pour sa part des bénéfices, toute action, toute exception leur sont
déniées, il ne doit pas en être ainsi de la nullité qui proviendroit du seul défaut d'observation des formalités prescrites pour constater et rendre publique l'existence de la
convention.

Lorsque ceux qui ont ainsi contracté
une société sans se conformer à ce qu'exigeoit la loi, ont eu des relations ou une
communauté d'affaires susceptibles de produire des droits, et par conséquent des
actions que les bonnes mœurs ne défendent
pas d'admettre, les tribunaux ne peuvent
refuser de prononcer suivant les règles de
l'équité. La situation respective des parties
présente une sorte d'association semblable

à celles dont nous donnerons les règles dans
le titre second, chapitre IV. La nullité à
l'égard des intéressés ne doit donc consister
qu'en ce que nul d'entre eux ne peut être
contraint de réaliser l'engagement d'entrer
en société, et que si elle a commencé, chacun
peut la dissoudre quand il ne juge plus à
propos d'y rester, sans que les autres puissent
le forcer à l'exécution de l'acte qui en dé-
terminoit la durée.

1006. Mais, dans ce cas, celui qui voudroit
contraindre son adversaire à exécuter jusqu'à l'époque convenue pour sa dissolution,
une société dont l'acte n'auroit pas été rédigé, pourroit-il être admis à en faire la
preuve, soit simplement, soit à l'aide d'un
commencement de preuve par écrit? Celui
qui établiroit l'existence de la société par
un acte auquel il ne manqueroit que d'avoir
été affiché dans la forme et les délais prescrits,
auroit-il le même droit?

Nous ne le pensons pas. L'observation de
ces règles ayant paru d'un grand intérêt,
on a voulu contraindre les associés à s'y conformer à peine de nullité à leur égard; il
n'est pas juste qu'ils ayent, lorsqu'ils n'ont
pas obéi à la loi, les mêmes avantages que
s'ils s'y étoient conformés.

Ce que l'équité commande ici n'est donc pas

de maintenir, pour l'avenir, des conventions dont ils n'ont pas mérité d'obtenir l'exécution, mais de régler les rapports passés, sans égard aux conditions d'un acte qui ne mérite aucune considération, et seulement d'après les règles de l'équité qui ne permet pas que personne s'enrichisse aux dépens d'autrui, et qui veut que toute réunion d'intérêts, même fortuite, établisse des rapports, et donne des droits respectifs pour se provoquer à un règlement et partage.

Civ. 573.

Tout ce que nous dirons sur les associations en participation serviroit dans ce cas à régler les intérêts des personnes qui ont eu ces sortes de rapports ; sans préjudice du droit des tiers, une fois qu'ils ont prouvé la société, de les poursuivre de la même manière que si toutes les formalités avoient été observées.

1007. L'application de ces principes fait naître cependant une difficulté qu'il nous semble convenable de résoudre par les règles de l'équité plus que par la rigueur du droit. Nous avons vu que l'extrait devoit être remis au greffe et aux journaux dans la quinzaine de la date de l'acte. Si, par un de ces retards qu'occasionne trop souvent la lenteur des percepteurs de l'enregistrement, ou des notaires, cette remise ne pouvoit être faite

que le seizième, le dix-septième jour après
cette date, y auroit-il nullité et en seroit-il
de même que si le dépôt n'eût pas été fait ?
Si un acte de société étoit rédigé plusieurs
mois avant l'époque de son commencement,
l'affiche faite, bien après la quinzaine de la
date, mais avant qu'aucune opération ait
commencé, seroit-elle également nulle ?
Nous ne saurions le croire. Sans doute l'acte
de société doit être présumé n'avoir eu
aucune existence légale tant qu'il n'a point
été rendu public, et les opérations faites
avant l'affiche seront réglées, comme nous
l'avons vu, n. 1006, sans aucune considération
des conditions contenues dans l'acte ; mais
à compter de l'affiche, les conditions de cet
acte doivent avoir leur effet, comme l'auroit
toute convention qui modifieroit un acte de
société précédemment souscrit.

CHAPITRE V.

De l'Obligation des Associés de faire juger leurs différends par des Arbitres.

1008. Des associés peuvent déclarer qu'en
cas de contestation entre eux, pour quelque
cause que soit, relative à la société, soit pendant sa durée, soit à sa dissolution, ils s'en

rapporteront à la décision d'arbitres. Mais quand même ils ne s'en seroient pas expli- Com. 51. qués, cette nécessité existe de plein droit dans les sociétés commerciales.

La crainte que la lenteur des formes judiciaires, causée par la complication et la multiplicité des détails, ou l'énormité des frais, ne nuisît au commerce, a porté le législateur à en faire une obligation à laquelle les contractans ne sont même pas maîtres de se soustraire, soit par leurs conventions, soit par un fait commun, en comparoissant volontairement devant les juges ordinaires ; encore moins par le refus d'un seul de nommer le nombre d'arbitres déterminé par la convention, et à défaut, par les tribunaux.

Mais il faut que ces contestations soient relatives aux rapports que l'état d'associé établit respectivement entre les membres de la société. Ainsi la contestation entre plusieurs personnes, dont l'une soutiendroit qu'il a été formé, entre elle et les autres, une société que celles-ci dénieroient, ne seroit pas de la compétence d'arbitres, puisque ce ne seroit pas l'exécution de l'acte, mais son existence même qui seroit en question.

Les contractans peuvent, du reste, modifier les règles générales sur l'arbitrage, soit en limitant la classe de personnes dans

lesquelles seront choisis les arbitres, soit
en réglant la forme de leur nomination,
quel nombre de voix sera nécessaire pour
former une décision, le mode de procéder,
etc., soit en s'interdisant la faculté de re-
Com. 52. courir contre ces décisions. Nous ferons
connoître, dans la sixième partie, les règles
générales sur l'autorité de ces arbitres.

1009. Par une dérogation aux principes du
droit commun, qui ne permettent pas que des
Pr. 1013. héritiers mineurs soient tenus de continuer
l'arbitrage consenti ou même commencé par
leur auteur, si le décès d'un associé oblige
à régler des intérêts communs avec un mi-
Com. 63. neur, héritier de cet associé, on doit prendre
des arbitres. Le tuteur n'a besoin d'aucune
autorisation du conseil de famille, soit pour
continuer de défendre, devant ceux qui auroient été nommés du vivant de l'auteur de
ce mineur, soit pour en choisir.

A plus forte raison, les veuves et héritiers
Com. 62. majeurs d'un associé, ne peuvent-ils s'en
dispenser.

Il n'y a qu'une différence que commandoit
Com. 63. la qualité des parties. Le tuteur ne peut renoncer à la faculté d'interjeter appel, et
même si l'auteur du mineur avoit consenti au
dernier ressort, les arbitres ne continueroient
pas d'avoir cette autorité.

TITRE SECOND.

DES DIVERSES SORTES DE SOCIÉTÉS COMMERCIALES.

1010. On distingue quatre sortes de sociétés commerciales; la société en nom collectif; la société en commandite; la société anonyme; les associations en participation.

Nous allons faire connoître dans les quatre chapitres suivans les règles qui leur sont particulières, et comment les principes généraux exposés dans le titre précédent sont modifiés par la nature de chacune d'elles.

CHAPITRE PREMIER.

Des Sociétés en nom collectif.

1011. La société en nom collectif est celle qui se forme entre plusieurs personnes pour faire ensemble, sous une raison sociale, telles opérations de commerce qu'elles jugeront Com. 20. à propos, pendant tout le temps de sa durée. Elle est en quelque sorte le type des autres sociétés, qui n'en sont que des modifications

plus ou moins directes. Comme il est de
son essence que tous ceux qui la composent
concourent à l'administration , ou soient
censés y concourir par une délégation de
pouvoirs, et que toute obligation contractée
sous le nom commun est par cela seul une
dette de tous, on l'a nommée *société en nom
collectif.*

Cette société doit être rédigée par écrit,
pour avoir tous ses effets entre les con-
Com. 39. tractans. Mais il n'est pas nécessaire que l'acte
en soit authentique ; il peut être sous signature privée, ce qui n'empêche pas qu'un
Com. 42. extrait ne doive en être rendu public dans
les formes que nous avons fait connoître ,
n. 1001.

Nous allons, dans deux sections, présenter
les principes particuliers à la gestion de
cette société, et à l'effet de ses engagemens.

SECTION Ire

*Principes sur la Gestion des Sociétés en
nom collectif.*

1012. La société en nom collectif est celle
qui est régie par le plus grand nombre des
règles du droit civil, et dans laquelle les principes exposés au titre précédent éprouvent
le moins de modifications.

Les associés peuvent déléguer à quelques-uns d'entre eux, le droit que tous ont d'administrer la société, et ce droit appartient à chacun, lorsqu'une délégation de pouvoirs n'a pas eu lieu. Cette distinction sera la matière de deux paragraphes.

Ce n'est pas que des associés, en nom collectif, ne puissent bien confier le droit d'agir pour eux et de les obliger, à des commis ou autres délégués, mais alors on appliqueroit les principes donnés, n. 148 et suiv.; il est donc inutile d'en parler ici.

§ I.er

De la Délégation de Pouvoirs à des Gérens.

1013. Le plus souvent les associés conviennent que quelques-uns d'entre eux, qu'ils désignent, auront l'administration, et seront ce qu'on appelle, associés gérens. Cette nomination est faite ou par l'acte de la société, ou par des délibérations particulières. La différence entre ces deux modes de nomination n'en entraîne aucune dans les rapports des gérens et de la société avec les tiers.

Les conventions que des associés sont libres de faire sur l'administration, la nature et l'étendue des pouvoirs des gérens, peuvent varier à l'infini, pourvu qu'elles n'aient rien qui détruise l'essence de la société par des dispositions contraires aux principes que nous avons développés dans le titre précédent.

Lorsque la nature et l'espèce des pouvoirs ne sont pas précisées, l'associé ou les associés gérens sont présumés avoir reçu celui de faire tout ce qui seroit permis à un mandataire général pour administrer. Ils peuvent par conséquent faire les achats nécessaires et relatifs au but de la société, vendre les choses qui en dépendent et qui sont de nature à l'être, convenir des marchés, tant pour les réparations des bâtimens, magasins et autres cénacles destinés aux opérations de la société, que pour les distributions et autres travaux qu'exigeroit la suite ou l'extension des affaires sociales.

1014. La nature des opérations auxquelles se livre la société peut avoir une grande influence. Ce qu'il est important de remarquer, ce qui doit faire perpétuellement la base des décisions lorsqu'il s'élève quelque doute sur la légitimité de ce qu'a fait un associé gérent, non-seulement des autres à lui, mais encore entre ces mêmes associés et les tiers, c'est le point de savoir si ce qu'il a fait est un objet d'administration. Ainsi, dans une manufacture, l'associé gérent peut, par sa qualité, vendre les marchan-

dises fabriquées, parce que c'est leur destination; même les matières premières que
la société auroit achetées pour fabriquer,
parce qu'il n'est pas impossible que dans
certains cas les circonstances ou l'espoir d'un
bénéfice ne portent à faire de telles reventes.
Mais l'aliénation qu'il feroit de la maison,
des magasins, servant à la manufacture ou
au commerce de la société, seroit évidemment nulle, même à l'égard des acheteurs
qui n'ont jamais dû croire que les pouvoirs
du gérent s'étendissent jusqu'à vendre le
fonds de l'établissement.

A plus forte raison le gérent ne pourroit
disposer par donation des choses qu'il a
droit de vendre, parce que ses pouvoirs ne
comprennent que ce qui est de la nature du
contrat de société, contrat qui a pour but
l'intérêt commun des associés, et ne permet
pas à l'un de donner ce qu'il ne peut que
vendre ou employer d'une manière profitable
à tous.

Cette règle doit, au surplus, être sainement
entendue. Il arrive souvent que dans le
commerce il y ait lieu d'accorder des gra-
tifications à ceux qui ont rendu à la société
des services plus ou moins appréciables; il
arrive plus souvent que dans la faillite d'un débiteur il y ait nécessité d'accorder des remises;
les gérens ne sont pas privés de cette faculté.

Il en est de même du droit de transiger
sur des intérêts relatifs au commerce de la
société, et même de s'en rapporter sur des
contestations de cette espèce à la décision
d'arbitres, et de les choisir. Le commerce
présente un grand nombre de circonstances
dans lesquelles il est de l'interêt évident
des parties de transiger; et l'arbitrage étant
le moyen le plus raisonnable de terminer
les contestations, il est juste que les gérens
de la société puissent y recourir.

Ainsi, les actes de cette espèce faits par
les gérens, seroient obligatoires pour la
société. Néanmoins ces derniers agiroient
avec sagesse, en prenant alors plus particulièrement l'assentiment des autres associés :
mais cette précaution ne seroit que dans
leur intérêt et pour mettre leur responsabilité à couvert; ce qu'ils auroient fait n'en
obligeroit pas moins la société envers les
tiers.

1015. L'associé gérent n'ayant ce droit
d'obliger la société que par la qualité qui lui
est déférée, il s'ensuit naturellement que la
société n'est tenue, même envers les tiers,
que de ce qu'il a fait en sa dite qualité.

Il est donc convenable qu'il la laisse connoître. Cependant si cet administrateur faisoit des opérations dépendantes de la société

en son propre nom , et sans indiquer sa qualité, ceux qui auroient traité avec lui ne pourroient refuser d'exécuter leurs engagemens, envers la société qui offriroit, de son côté, de souscrire à tout ce qu'auroit promis le gérent. Il n'y auroit aucun motif légitime de ce refus; car leur engagement n'en est pas moins valable envers celui avec qui ils l'ont contracté , dont la société , dans ce cas, exerce les droits.

Les autres associés peuvent en outre contraindre leur co-associé à rapporter les bénéfices qu'il se seroit appropriés dans ces sortes d'affaires contractées en son nom personnel, et le faire condamner à des dommages-intérêts s'il y avoit lieu : mais il n'y auroit pas de réciprocité en sa faveur si l'affaire lui devenoit désavantageuse , parce qu'il seroit juste de punir sa mauvaise foi.

1016. Un gérent ne peut aussi rendre ses chances plus favorables que celles des autres ; si donc il se trouvoit être, pour son compte particulier , créancier d'une personne qui seroit aussi débitrice envers la société , ce qu'il reçoit du débiteur s'impute proportionnellement sur la créance de la société et sur la sienne, à moins que cette imputation n'ait été faite sur cette dernière, d'après les règles du droit, ou, toutes choses égales,

Civ. 1848.

d'après la demande du débiteur. Il n'est, en effet, présumé avoir préféré son intérêt à celui de la société, que s'il a lui-même *dirigé* l'imputation.

Mais il n'y a pas lieu d'invoquer ce principe en sens inverse : l'associé qui ayant droit d'imputer la somme par lui reçue proportionnellement sur sa créance et sur celle de la société, l'auroit totalement imputée sur cette dernière, ne pourroit revenir sur ce point, parce que s'il ne lui est pas permis de faire sa condition meilleure que celle de la société, il ne lui est pas défendu de préférer l'intérêt de celle-ci au sien propre.

Ces règles du droit civil peuvent être étendues à tous les cas analogues. Ainsi, il ne doit s'approprier aucun des avantages, remises, réductions qu'il obtiendroit, sur une vente ou toute autre opération. Par exemple, une société existe entre deux personnes, dont l'une est chargée d'acheter les matières premières et de vendre celles qui sont fabriquées; si cet associé ayant en caisse des fonds provenant des ventes achète des matières premières, moyennant le prix du cours, mais ensuite en anticipant le terme d'usage pour le paiement, obtient un escompte, il doit en faire profiter la société. Il ne seroit même pas fondé à s'appli-

quer le profit de ces remises, sous prétexte
que ce seroit à sa considération qu'elles auroient été accordées; il suffit que les affaires
de la société en soient l'origine, pour qu'il
doive y faire participer ses co-associés.

Les circonstances peuvent souvent servir à faire juger si ce qu'un associé gérent
a fait pour son propre compte est répréhensible. Par exemple, *Pierre* est gérent
d'une manufacture qu'il tient en société avec
Jacques et *Paul*, pour filer des cotons. *Pierre*
a lui-même une filature particulière : la vente
qu'il auroit faite de ses propres cotons par
préférence à ceux de la société, ne seroit
une infidélité qu'autant que sa conduite prouveroit qu'il a détourné de leur dessein ceux
qui lui ont proposé d'acheter ces derniers, ou qu'autant qu'il n'auroit pas fait
ce à quoi tout commissionnaire est tenu,
pour annoncer qu'il étoit également chargé
de vendre les cotons de la société.

1017. L'associé gérent ne peut se substituer
personne sans y être spécialement autorisé,
ou sans une nécessité urgente qui soit son excuse, si les affaires sociales sont de nature
à ce que les autres associés ayent pu, en le
choisissant, considérer ses moyens personnels. Dans les autres cas, il peut se faire
remplacer; et ce fait seul ne seroit pas un

tort qui pût donner quelques droits contre lui à ses co-associés. Mais il répond de celui qu'il a mis à sa place; et comme il doit aux affaires de la société le même soin qu'aux siennes propres, cette responsabilité pourroit s'étendre au choix qu'il auroit fait de facteurs, commis ou autres préposés du commerce social.

Civ. 1994.

Une conséquence de ces règles, est que tout associé gérant doit réparer le tort qu'il causeroit à la société par sa faute, même par omission, si l'une ou l'autre sont telles que les personnes d'une intelligence commune ne feroient rien de semblable dans leurs propres affaires. Il n'est même pas admis à opposer, en compensation, les profits plus considérables qu'il auroit procurés à la société dans d'autres circonstances, par les soins et le genre d'industrie qu'il est tenu de lui consacrer. En gérant bien, il n'a fait que ce qu'il devoit; et l'observation de ses devoirs dans un cas, ne l'excuse pas de l'inobservation dans les autres.

Civ. 1850.

1018. Les autres associés conservent, comme inhérent à leur qualité, le droit de surveiller les gérens qu'ils ont nommés, quand même ils ne l'auroient pas stipulé expressément. Ils ont aussi droit de veiller à ce que les registres soient tenus de la manière exi-

gée par la loi ; à ce que les inventaires
soient faits régulièrement et avec exactitude,
puisque l'inobservation de ces dispositions a
pour résultat, non-seulement, de nuire à la
société, mais encore d'en exposer les membres
aux peines prononcées contre les banqueroutiers, dans le cas où quelques malheurs
imprévus forceroient la société à faillir. Ce
n'est pas toutefois que leur insouciance, ou
leur tolérance sur ce point, pût excuser le
gérent, pour le mettre à l'abri des dommages-
intérêts envers ses co-associés à qui nuiroit
ce défaut de livres, ou pour priver ces derniers du droit d'exiger des pièces justificatives de ses comptes, qu'il ne baseroit pas
sur des livres réguliers.

Les comptes doivent être rendus périodi-
quement aux époques déterminées par l'acte
de société, ou s'il ne statue rien à cet égard,
à des époques que les non gérens peuvent
exiger qu'on détermine.

Les autres associés ne peuvent s'opposer à
ce que font les gérens, ils ont seulement la
faculté de révoquer leurs pouvoirs. Mais, par
suite de ce que nous avons dit, n. 979, si Civ. 1856.
la délégation de pouvoirs a été faite par
l'acte même de société, elle est considérée
comme une des conditions sans lesquelles la
société n'eût pas été formée ; et les pouvoirs
ne peuvent être retirés aux associés gérens,

que pour des causes dont la légitimité doit être jugée.

Il n'est pas néanmoins nécessaire que dans ce cas les associés qui révoquent le mandat du gérent forment une action contre lui, il suffit qu'ils lui signifient la délibération prise; s'il y acquiesce, elle s'exécute, et ce n'est qu'en cas de refus que l'on a besoin de faire prononcer les arbitres.

Si au contraire la délégation de pouvoirs n'a été faite que postérieurement à l'acte de société, elle est révocable comme un mandat ordinaire, et les associés qui ont fait notifier leur délibération à celui qu'ils ont révoqué, peuvent, s'il s'y refuse ou s'il résiste, s'emparer, sans autres formalités, des bureaux et papiers de la société, refuser à l'associé révoqué toute connoissance des affaires, et donner, à ceux qu'ils nomment à sa place, tous les droits nécessaires pour vaincre sa résistance.

§. II.

Du Concours de tous les Associés à l'administration.

1019. Lorsque des associés ont nommé des gérens, cette délégation de pouvoirs exclut évidemment du droit d'administrer ceux qui n'en ont pas reçu; mais lorsque les associés n'ont fait aucune délégation de pou-

voirs, le bon sens ne permettant pas de croire
qu'ils aient eu la volonté de rester dans l'inac-
tion, chacun d'eux est censé avoir été autorisé, tacitement par les autres, à administrer.
Comme il n'existe à cet égard aucune convention, cette autorisation est en quelque sorte précaire, et chacun peut former
opposition à ce que l'opération projetée
par l'autre soit conclue.

Civ. 1859.

Les pouvoirs que les associés sont présumés s'être donnés dans ce cas, consistent
principalement à veiller à la conservation,
débit et achat des marchandises ; à ordonner ou diriger les fabrications ou autres
opérations dont se compose le commerce ; à
faire faire aux immeubles les travaux et
réparations que leur entretien exige. Les
ouvriers employés, ou ceux qui ont fourni
les matières nécessaires par ordre d'un associé, peuvent exercer tous les droits qui
en résultent contre la société ; et celui
qui auroit ordonné les dépenses, peut contraindre ses co-associés à les acquitter avec
lui.

1020. Il est juste au surplus qu'un associé
n'abuse pas de ce droit ; et ce seroit l'excéder que de faire des constructions, des
changemens ou des ouvrages, autres que
les réparations aux magasins et bâtimens

de la société ; ses co-associés pourroient le désavouer , si rien ne prouvoit que leur silence a été une approbation tacite. Hors ce cas, ou même, quand, par suite des principes que nous expliquerons dans la section suivante , ils seroient obligés dans l'intérêt des tiers , ils auroient droit de prouver, contre leur co-associé, qu'il a excédé ses pouvoirs, et de le faire condamner , non-seulement à supporter seul les dépenses en tout ce qui excéderoit la plus-value, mais encore, si elles étoient jugées nuisibles , à les payer en totalité , à démolir les ouvrages, et à indemniser la société du tort que lui cause cette construction.

Le droit de chaque associé , lorsqu'il n'y a pas de gérens, va jusqu'à pouvoir se faire payer des débiteurs de la société ; parce que Civ. 1198. tout débiteur peut valablement payer à l'un des créanciers solidaires, lorsqu'il n'a pas été prévenu par les poursuites ou l'opposition d'un autre.

Par la même raison un associé peut, au moyen d'une compensation conventionnelle, éteindre la dette d'un débiteur de la société, dont il seroit personnellement débiteur ; et l'on sent que cela n'a rien de contraire au principe que nous avons posé, n. 975, que le créancier d'un associé ne peut forcer la société à la compensation de cette créance avec ce qu'il doit à la société, ce qui ne s'entend que de la compensation de plein droit.

Il n'en seroit pas de même de la remise, parce que les pouvoirs tacites qu'il a reçus, ne sont pas présumés s'étendre jusqu'au droit de faire des donations; sauf ce qui a été dit, n. 1015.

1021. Par le seul fait de cette gestion, l'associé est tenu des obligations du mandataire dont nous avons parlé dans le paragraphe précédent, quoiqu'aucun pouvoir ne lui ait été donné expressément. En ne choisissant point de gérens, les associés sont présumés s'être délégués respectivement. Chaque associé a donc reçu un véritable mandat tacite; mais comme il n'est que présumé, les autres conservent le droit d'opposition, comme nous l'avons dit, n. 1010.

Lorsqu'il s'agit de décider si un associé a pu faire une chose sans égard à l'opposition d'un autre, ou s'il a excédé les droits de simple administration, dans certaines choses qu'il a faites en l'absence et à l'insu de ses co-associés, c'est le vœu de la majorité qui doit décider si l'opposition est, ou non, conforme à l'intérêt commun; et même si l'on doit demander la nullité de l'engagement contre le tiers qui l'a connue.

Ce que nous venons de dire relativement

à des constructions, ou toutes autres espèces d'innovations dans les immeubles, serviroit à décider, par analogie, les questions relatives aux changemens et innovations qu'un associé auroit apportés dans les affaires, le travail ou l'industrie de la société.

Tous ces actes de gestion ou administration que fait un associé, n'étant considérés que comme le résultat d'un mandat tacite, c'est la qualité d'administrateur présumé qui leur sert de fondement. Ainsi, pour juger s'ils sont valables en eux-mêmes, ce n'est pas par la capacité personnelle de cet associé, mais par celle de la société qu'il faut se décider, conformément à ce que nous avons dit, n. 975.

SECTION II.

Effets des Engagemens d'une Société en nom collectif.

1022. Les associés en nom collectif sont obligés solidairement et indéfiniment à tous les engagemens de la société, de quelque nature qu'ils soient, et quelqu'étendue qu'ils ayent. Cette règle est tellement dictée dans l'intérêt du commerce, qu'il ne nous paroît pas qu'une stipulation des parties, quoique rendue publique par insertion dans l'extrait

Civ. 1862.

Com. 22.

affiché, pût affranchir les associés de cette
solidarité : elle seroit contre l'essence des
sociétés en nom collectif; et l'abandon de sa
part dans la société, ne libéreroit pas l'associé qui seroit poursuivi personnellement,
comme nous l'avons vu pour les propriétaires
de navires.

1023. Pour bien connoître ce qu'on doit
entendre par engagemens de la société, il
faut distinguer si les associés ont fait et rendu
publique une convention de donner à quelques-uns d'entre eux la signature sociale,
ou s'ils n'ont pas pris cette précaution. Au
premier cas, les seuls engagemens obligatoires pour la société, sont ceux qu'ont
souscrits les associés autorisés à gérer.

La clause de l'acte social ou d'une convention postérieure qui contient cette nomination, devant être affichée, et n'ayant d'effet
qu'à cette condition, les tiers qui traiteroient
avec un autre associé, ne pourroient s'excuser sur leur ignorance ou sur leur bonne
foi : la justice qui ne vient à leur secours
que parce qu'ils peuvent être trompés, les
abandonne quand ils se sont trompés volontairement.

Quelques qualités que des associés exclus
du droit de signer eussent prises, leurs engagemens même annoncés faits pour la société,

n'auroient donc effet contre elle qu'autant qu'il seroit démontré qu'elle en a profité.

Mais aussi tout ce que font les associés gérens dans leur gestion, et dans ce qui en dépend, même leurs délits et quasi-délits, oblige la société, encore bien que les autres ayent manifesté de l'opposition à la conclusion de l'affaire, que cette opposition ait été connue de ceux qui ont traité avec lui, et qu'il n'en soit résulté aucun profit pour la société, ou même qu'il en soit résulté de la perte; il suffit que l'on ne puisse prouver à ces tiers une complicité de fraude.

1024. Lorsque des associés n'ont chargé aucun d'eux du droit de signer exclusivement les engagemens de la société, ce que fait chaque associé les oblige tous, comme on l'a vu, n. 1020, parce que tous se sont constitués mandataires les uns des autres, et qu'ils sont censés avoir dit au public que tout ce qui seroit fait avec l'un d'eux seroit censé l'être avec tous, sauf le droit d'opposition expliqué, n. 1010. Ainsi, dès qu'un associé, sans opposition des autres, dûment notifiée à celui avec qui il traitoit, a emprunté une somme, il n'importe au prêteur que cet associé la verse dans la caisse de la société, ou qu'il l'employe à ses affaires particulières. Nous avons vu, n. 1021, qu'il en est de même du paiement qu'un débiteur de la société feroit à cet associé.

C'est aux autres à s'imputer de s'être donné un associé infidèle, de même qu'un commettant doit s'attribuer l'abus de la confiance qu'il a donnée à son commis.

1025. Mais la société n'est obligée qu'autant que ces associés ont signé sous la raison sociale. Il est juste qu'un associé puisse contracter des engagemens individuels, sans que les autres se trouvent exposés à être attaqués. C'est d'ailleurs la conséquence de ce que nous avons dit sur la raison sociale. Puisqu'elle est le véritable nom, le seul nom qui désigne la société et lui assure son individualité, il ne peut y avoir aucun motif fondé pour considérer comme engagement à sa charge celui qui ne porteroit pas son nom, qui, étant signé d'un nom différent, déposeroit par lui-même qu'il n'appartient pas à la société.

Néanmoins faudroit-il en conclure que par cela seul qu'un engagement porteroit le nom d'un associé, et non pas la raison sociale, le créancier ne seroit pas admis à prouver que cet engagement a été pris dans l'intérêt de la société, et qu'il en est devenu une affaire propre? Nous ne saurions le croire. La règle ci-dessus est le résultat d'une présomption, et toute présomption cède à l'évidence.

La société doit être tenue des engagemens quoique non souscrits sous la raison sociale, s'ils manifestoient par eux-mêmes qu'ils sont pour elle ; tel seroit un bail de quelques bâtimens employés à son commerce. Il n'est pas juste dans ce cas que, par défaut d'emploi du nom social, la société soit dégagée des obligations résultant d'une opération qui l'a véritablement concernée : elle n'est pas plus favorable que tout particulier obligé, dans de semblables circonstances, à tenir les

Civ. 1375. engagemens d'une personne qui auroit agi pour lui, sans mandat, dès qu'il auroit agréé l'affaire dont ces engagemens sont la suite, ou même, quand il ne l'auroit pas agréée, si cette affaire avoit été bien administrée,

Civ. 1306. encore qu'un événement casuel et imprévu l'eût rendue plus onéreuse que profitable.

Dans ce cas seulement le réclamant seroit tenu de prouver que l'affaire concernoit la société, tandis que l'emploi de la raison

Civ. 1352. sociale seroit en sa faveur une présomption qui le dispenseroit de toutes preuves.

Les tribunaux seuls peuvent apprécier les circonstances. Il ne suffiroit pas, par exemple, de prouver qu'une somme a été versée dans la société, il faudroit prouver que ce versement a été pour la société, dans son intérêt, et non dans l'intérêt de l'associé signataire. Ainsi *Pierre*, associé, emprunte sous son nom seul 10,000 francs, avec lesquels il paye le prix de cent tonneaux de vin entrés dans les magasins de la société ; la société sera obligée. Mais *Pierre* qui devoit, en qualité d'associé, verser 10,000 francs pour sa mise, emprunte, même après que la société est commencée, sous son nom seul, cette somme qu'il verse dans la caisse commune, quoique la société ait touché cette somme, ce n'est point pour elle que l'emprunt a été fait, c'est *Pierre* qui a emprunté et qui, avec cet argent, a payé la dette de sa mise.

1026. Après avoir déterminé quels engagemens peuvent être dits engagemens d'une société, il nous reste à faire connoître comment les créanciers peuvent agir individuellement contre chacun des associés.

C'est en conciliant plusieurs des principes que nous avons déjà exposés qu'on peut déterminer la nature et l'étendue de ces droits.

Les associés sont solidaires, et par conséquent le créancier peut, conformément à ce que nous avons dit, n. 190, poursuivre celui des associés qu'il juge à propos, l'abandonner pour en poursuivre un autre, revenir à celui qu'il a abandonné, et ainsi de suite.

Mais les associés ne sont solidaires que pour les engagemens de la société; un créancier ne peut donc, à son gré, sans avoir dirigé aucune action contre la société, poursuivre un associé pour le paiement d'une dette, ou l'exécution d'un engagement social, comme si cet associé l'eût contracté directement et pour son propre compte; nous en avons donné les motifs, n. 212. La qualité des associés, dans ce cas, n'est pas précisément celle de simples codébiteurs, elle tient beaucoup plus du cautionnement; et s'il n'est pas exact de dire que le créancier est tenu de discuter la société avant de poursuivre les associés isolément, au moins est-il sûr qu'on ne peut agir contre eux que lorsqu'on a fait juger la vérité et la quotité de la dette contre la société. Ainsi, la demande doit être intentée contre la société, et portée au tribunal dans l'arrondissement duquel est le Pr. 69. siége de cette société, à moins que d'autres règles de compétence ne permettent d'assigner devant d'autres juges; et ce n'est qu'après que la condamnation a été prononcée, que le créancier peut, en vertu du jugement, agir contre chacun des membres de la société pour les contraindre, dans leurs personnes et leurs biens, à l'exécution.

CHAPITRE II.

Des Sociétés en commandite.

1027. La société en commandite est celle qui existe entre des associés, dont l'un ou plusieurs, qu'on appelle *complimentaires*, sont tenus Com. 23. indéfiniment et solidairement de tous les engagemens, comme nous l'avons vu, n. 1023, et les autres, qu'on nomme *commanditaires*, le sont, seulement jusqu'à concurrence de la mise qu'ils ont versée ou promis de verser dans la caisse sociale. Lorsqu'il y a plusieurs associés de la première espèce, dans la société en commandite, elle a entre eux le caractère et les Com. 24. effets d'une société en nom collectif.

Les principes généraux que nous avons fait connoître dans le titre précédent sont modifiés par ce que nous allons dire dans deux sections, sur les principes particuliers aux sociétés en commandite, et sur l'effet des engagemens de ces sociétés.

SECTION PREMIÈRE.

Principes particuliers aux Sociétés en commandite.

1028. La société en commandite étant une exception au droit commun doit être clairement justifiée ; elle ne se suppose pas. Ainsi la détermination à une somme précise de la mise de chaque associé, la gestion confiée à un ou plusieurs associés exclusivement aux autres, ne feroient pas présumer qu'on ait voulu convenir d'une société en commandite. De ce qu'il est de l'essence de cette société, comme nous le verrons plus bas, que le commanditaire ne prenne aucune part à la gestion, ce n'est pas une raison pour donner cette qualification et les effets qui en résultent, à une société dans laquelle la gestion seroit confiée à un ou plusieurs associés, à l'exclusion des autres ; car nous avons vu qu'il pouvoit en être ainsi dans les sociétés, en nom collectif.

Il faut, pour qu'une société soit vraiment en commandite, que par l'acte qui l'établit il soit convenu que *tel* ou *tels* associés seront obligés, seulement jusqu'à concurrence des fonds qu'ils auront dû y verser. Cette stipulation essentiellement caractéristique, n'a pas, il est vrai, besoin d'être conçue en termes exprès ; ainsi elle seroit de plein droit sous-entendue dans un acte portant, sans autre explication, que *l'association sera en commandite;* ce mot évitant la périphrase que, sans cela, il faudroit employer.

Il faut encore qu'aucune stipulation de l'acte de société ou des actes postérieurs, ne rende cette clause illusoire. Vainement celui qui forme une société avec des clauses qui répugnent à la nature de la commandite, déclareroit-il qu'il ne veut être que *commanditaire;* ses déclarations, ses réserves ou protestations seroient démenties par la nature de l'acte souscrit. Par exemple, si quatre personnes s'associoient en déclarant qu'elles ne seront obligées que jusqu'à concurrence de leur mise, un tel acte n'auroit point les caractères d'une commandite. Si les contractans avoient nommé gérens un ou plusieurs d'entre eux, ces gérens seroient responsables et solidaires, et les non-gérens seuls pourroient se dire commanditaires, pourvu qu'ils n'eussent rien fait qui leur enlevât cette faveur; si les contractans n'avoient point nommé de gérens, ou s'ils avoient confié l'administration à des commis, la société seroit réputée en nom collectif.

Ce n'est pas la dénomination des actes, mais leur substance qu'il faut considérer, et il est de l'essence de la société en commandite que tous ses membres ne jouissent pas du privilège de limiter leurs risques à leur mise. Ce caractère appartient à une autre sorte de société, nommée *société anonyme,* dont nous parlerons dans le chapitre suivant, et qui, par ce motif, est assujettie à des conditions particulières.

Com. 23.

Il n'existe qu'une seule modification à ce principe, en faveur des sociétés pour la course maritime, conformément à l'art. 1.er de l'arrêté du 22 mai 1803 (2 prairial an 11); tous les associés en sont commanditaires, et leurs obligations limitées à leur mise, sans que celui ou ceux qui se mêleroient de l'armement, direction ou administration, puissent être rendus indéfiniment responsables ; mais on sent les motifs de cette exception.

Les tribunaux doivent apporter la plus grande attention dans l'application de ces principes. Il est important que le droit qu'ont les citoyens de varier leurs stipulations au gré de leurs intérêts, ne dégénère pas en moyens de tromper, et par conséquent on doit proscrire ces clauses équivoques, à l'aide desquelles un associé s'assureroit la chance, d'être ou collectif ou commanditaire suivant le besoin, et ces conventions qui, tout en qualifiant un associé de commanditaire, lui attribueroient des droits que peut seul exercer un associé en nom collectif.

Les circonstances doivent être appréciées, parce qu'il est impossible de prévoir tous les cas, et que la question sera plutôt de fait que de droit.

1029. L'acte qui contient les conditions d'une société en commandite peut être rédigé sous signature privée, comme celui d'une société en nom collectif. De même il n'a besoin d'être rendu public que par extrait ; mais cet extrait

Com. 39.

doit nécessairement faire connoître que parmi les associés il y a *tant* de commanditaires. Il n'est pas indispensable à la vérité de les nommer, seulement il faut absolument énoncer en quelle somme, ou en quels objets consiste leur mise. L'importance de cette énonciation est très-grande ; elle seule peut apprendre aux tiers qui traiteront avec la société, qu'outre la solvabilité personnelle et indéfinie des associés responsables et solidaires, le capital de la société est composé de *telles* sommes ou valeurs, dont les créanciers pourront demander le paiement au commanditaire, s'il ne justifie pas les avoir versées, ou dont il faut que les associés solidaires rendent compte, si le commanditaire prouve qu'il a effectué son versement. Une énonciation dont la fausseté seroit prouvée deviendroit une escroquerie digne des châtimens prononcés par les lois pénales.

Com. $\begin{cases} 42. \\ 43. \end{cases}$

Pén. 405.

1030. Non-seulement l'associé commanditaire doit avoir cette qualité par la nature même ou par les termes de la convention, mais il doit encore la conserver sans dérogation ; ainsi il ne peut faire aucun acte de gestion, ni être employé pour les affaires de la société, même en vertu de procuration. Autrement il est censé renoncer à l'avantage de n'être obligé envers les créanciers que jusqu'à concurrence de sa mise.

Com. 27.

Cette règle est tellement sans exceptions, qu'on ne peut croire que des facteurs ou commis de commerçans fussent admis à entrer dans le commerce de leurs maîtres, en qualité de commanditaires, soit en y versant leurs propres fonds, soit en faisant considérer leur travail comme une mise évaluée déterminément. Cela n'a rien de contraire à ce que nous avons dit plus haut, qu'un associé pouvoit payer sa mise par son travail, lorsqu'on en étoit convenu. Mais ce principe comme la plupart de ceux qui dérivent du droit commun, est sujet à des modifications ou à des exceptions que la crainte des abus commande nécessairement ici. Le commis faisant tout ou partie des affaires de la société, vendant ou achetant pour elle, peut bien être associé avec ses commettans, soit pour les fonds qu'il verseroit effectivement, soit pour la somme à laquelle on auroit évalué son travail et son industrie, parce que donner des soins aux affaires, à l'administration d'une société, n'est point en général incompatible avec la qualité d'associé; mais ces soins, cette administration étant incompatibles avec l'engagement limité d'un commanditaire, le commis ne peut être associé en cette qualité.

Néanmoins la mise d'un commanditaire pourroit consister en objets industriels, tels qu'un secret d'arts ou de chimie, dont l'emploi n'a rien de commun avec une gestion.

Le motif de ces restrictions apprend assez qu'on n'interdit au commanditaire que les actes de gestion, et non le concours aux délibérations de la société, même à celles qui auroient pour but, ou d'en approuver les opérations, ou d'en autoriser les engagemens, de sorte que sous ce rapport le commanditaire a intérêt et droit d'y concourir. Tout ce qu'il faut, c'est qu'il n'agisse et ne traite jamais avec les tiers ; que ceux-ci ne soient pas fondés à induire de sa conduite qu'il faisoit les affaires de la société ; qu'en un mot le droit d'agir pour la société n'appartienne qu'aux associés responsables et solidaires, sauf les droits des commanditaires contre eux, s'ils avoient enfreint quelques conditions particulières de leur association.

Ce qui doit distinguer ce cas de celui d'un concours à l'administration, qui est la seule chose interdite, c'est que les délibérations ne forment de lien qu'entre le commandité et le commanditaire, qu'elles n'empêchent pas le commandité d'agir avec les tiers, d'une manière opposée à ces délibérations, et d'obliger valablement la société ; qu'un commanditaire ne seroit pas recevable à attaquer les conventions du commandité avec des tiers, sur le fondement qu'elles seroient contraires aux délibérations antérieures, sauf son action en dommages-intérêts contre son associé.

Les tiers ne pourroient, dans tous ces cas, dire qu'ils ont eu sujet de croire que le commanditaire administroit ; tandis qu'il en seroit autrement si le commanditaire prenoit part aux conventions entre la société et les tiers, et qu'alors il auroit évidemment changé sa qualité et perdu les avantages d'une responsabilité limitée à sa mise.

1031. Il faut aussi remarquer que cette prohibition ne s'applique pas aux transactions commerciales qui interviendroient entre le commanditaire, en son propre et privé nom, et la société agissant par les associés indéfiniment responsables.

Ainsi *Pierre*, commerçant, est associé commanditaire dans une société dont *Jacques* et *Paul* sont associés responsables et solidaires. Ces deux associés, qui ont seuls droit de gérer et administrer, trouvent avantageux de traiter de quelques parties de marchandises appartenant à *Pierre*, ils les achètent. Cette opération n'est point considérée, de la part de *Pierre*, comme une dérogation à sa qualité ; et en effet, il n'y a rien là qui soit relatif à la gestion de la société. La société a traité avec lui comme elle auroit traité avec tout autre commerçant. C'est la décision formelle d'un avis du conseil d'état, approuvé le

17 mai 1809, [1] et la conséquence des principes
que nous avons expliqués, n. 975.

1032. Par suite de ce que nous venons de dire,
le nom d'un commanditaire ne peut faire partie
de la raison sociale, autrement le public seroit Com. 25.
trompé par l'opinion que cet associé, dont il
voit le nom employé dans les engagemens sociaux, répond indéfiniment, et pourroit, dans
cette fausse idée, accorder à la société un
crédit et une confiance qu'il ne donneroit pas
aux vrais responsables.

On pourroit en tirer la conséquence que
lorsque la société en commandite n'existe
qu'entre deux personnes, par exemple, entre
Pierre, associé responsable, et *Jean*, commanditaire, la convention que la raison sociale sera composée des mots *Pierre et compagnie*, feroit implicitement entrer le nom de
Jean dans la raison sociale, et l'exposeroit aux
suites qui en résultent. Cette conséquence n'auroit pas de fondement solide. La raison sociale,
Pierre et compagnie, a pour objet d'apprendre
que *Pierre* n'est pas seul ; qu'il est en société.
Mais de quelle espèce est cette société ? Voilà
ce que cette raison sociale ne dit d'aucune ma-

Bulletin des lois, 4.ᵉ série, n. 4390.

nière; elle ne peut donc fournir aucune induction contre *Jean*, dont le nom n'est pas expressément écrit, comme lorsqu'on dit : *Pierre et
Jean.* Le public ne peut être trompé. Si l'associé
qui signe ainsi ne justifie pas qu'il ait un
associé, il sera poursuivi comme coupable d'escroquerie ; si l'acte de société est affiché,
chacun peut en consulter les conditions ; s'il
ne l'est pas, le tiers qui prouve l'association
peut la faire considérer comme collective.

Pén. 405.

On voit par ce qui vient d'être dit que
l'associé ou les associés complimentaires ont
seuls la gestion de la société, et que relativement à ce qu'ils ont fait, il ne peut s'élever
de la part des associés commanditaires, contre
les tiers, aucune des difficultés dont nous
avons parlé dans le chapitre précédent.

Mais les complimentaires n'en sont pas moins
responsables envers les commanditaires, et par
conséquent leur gestion peut et doit être sur-
veillée par ces derniers ; ce qui n'a rien de
contraire à la défense qui leur est faite d'administrer. Sous ce rapport c'est le cas d'appliquer
ce que nous avons dit, n. 1035 et suiv., parce
que les complimentaires sont fondés de pouvoirs
généraux des commanditaires. Leur intérêt à
bien administrer est évident, puisque leur obligation aux engagemens sociaux est indéfinie ;
ils ne peuvent être réputés avoir voulu se
tromper ; s'ils se trompent, il est juste de ne

leur imputer que le dol prouvé, ou des fautes si graves, qu'on les considère comme un dol.

1033. Le capital des sociétés en commandite peut être divisé en actions, et il en résulte deux Com. 38. conséquences : l'une, que les associés sont, par cela seul, présumés avoir consenti que chaque associé cédât tout ou partie de son intérêt à des étrangers, sans que les autres eussent droit de s'y opposer, et par conséquent que la société continue avec les héritiers du prémourant, qui se trouveront propriétaires desdites actions; l'autre, que la mise de l'associé est présumée avoir été versée dans la caisse de la société.

Du reste cette faculté de diviser le capital en actions, ne va pas jusqu'à déroger aux règles que nous avons expliquées ci-dessus; ainsi il est indispensable que parmi les actionnaires il y en ait qui soient associés responsables et solidaires; un actionnaire ne pourroit, même par procuration, gérer la société. Ce seroit autant de moyens de cacher, sous le nom de commandite, une société anonyme, pour se dispenser de remplir les formalités dont nous parlerons dans le chapitre suivant, ou pour faire échapper le commanditaire qui auroit géré aux obligations qu'entraîne cet acte de sa part.

On ne jugera donc pas la nature de la société par sa qualification ; on s'attachera à la substance de l'acte: S'il en résulte qu'une société annoncée comme en commandite, ait tous les caractères d'une société anonyme, elle perdra les avantages de la commandite; et cependant, comme on n'aura pas fait ce qui est nécessaire pour qu'elle soit société anonyme, elle sera jugée société en nom collectif.

SECTION II.

Effets des Engagemens d'une Société en commandite.

1034. L'associé commanditaire n'est tenu envers les créanciers de la société, que jusqu'à concurrence de sa mise; il ne peut rien perdre au-delà. S'il ne justifie pas qu'il l'ait versée, les créanciers de la société peuvent le poursuivre jusqu'à due concurrence directement; il ne seroit pas fondé à opposer à leur demande des compensations du chef personnel de son co-associé, ni, s'il n'a pas versé sa mise, à soutenir aux créanciers qu'il ne les connoît pas, et qu'il n'est obligé qu'envers son co-associé. Cette prétention seroit en contradiction avec les vrais principes. L'associé commanditaire est obligé au paiement des dettes; or, on paye naturellement une dette à son créancier, et non à son codébiteur : seulement il ne doit payer que jusqu'à concurrence de ce qu'il a promis.

En un mot, les complimentaires et les asso-

Com. 26.

ciés commanditaires sont tenus d'acquitter les dettes de la même manière, avec la seule différence que les premiers le sont indéfiniment, et les autres jusqu'à concurrence de leur mise. Si ces derniers ne paroissent pas dans les contrats qui intéressent la société, ils contractent réellement avec les créanciers, par le ministère des associés à qui ils ont abandonné la gestion exclusive; ils ne peuvent repousser la demande des créanciers qu'en prouvant qu'ils ont versé leur mise entre les mains des associés responsables et solidaires. Ces mises ont dû former des articles de l'actif social, dont ceux-ci doivent prouver l'emploi, sous les peines portées contre les débiteurs, qui, ne satisfaisant pas leurs créanciers, ne justifient pas ce qu'ils ont fait Com. 593. de toutes leurs recettes.

1035. Mais si un associé commanditaire, après avoir versé sa mise dans la caisse sociale, avoit, pendant les premières années, reçu quelques sommes à titre de dividende pour les bénéfices, seroit-il obligé de les rapporter; ou seroit-il fondé à les conserver, au moins en ce qui excéderoit sa mise sociale, qui a toujours dû rester dans la société?

On peut dire, en faveur de ce dernier sentiment, que les bénéfices passés sont réputés consommés; que décider autrement ce seroit changer la condition du commanditaire, consistant essentiellement à ne pouvoir perdre plus que les fonds qu'il a mis en société.

Mais ces raisons ne sont pas sans réplique. L'effet de l'obligation du commanditaire étant qu'il soit tenu de sacrifier sa mise, lorsque la société éprouve des pertes, sans pouvoir, ni entrer en concurrence pour la répétition de cette mise, avec les créanciers de la société, ni rien prétendre contre les associés responsables en qualité de leur créancier, il ne doit rien conserver de ce qu'il auroit pu recevoir de la société en sa dite qualité.

On sait que lorsqu'une société fait son inventaire, et qu'elle se trouve avoir des bénéfices, tous les associés sans distinction en touchent souvent une partie, sur les deniers qui sont en caisse. Mais ces bénéfices ne sont qu'éventuels et présumés ; ils reposent sur la supposition de la solidité et de la fixité des valeurs portées dans l'actif de l'inventaire qu'une multitude d'événemens ou d'accidens postérieurs peuvent détruire ou diminuer. Les abus qu'une telle faculté pourroit introduire et faciliter seroient incalculables. Rien de plus facile, en formant l'actif, que de comprendre en ligne de compte des créances douteuses, des bénéfices momentanés que l'instant d'après fera évanouir, de fonder sur de telles bases une prétendue répartition de bénéfices qui feroient rentrer entre les mains du commanditaire, autant et plus qu'il n'a versé pour sa mise, et lui laisseroient la chance de gains futurs, sans risques d'aucune perte.

Il ne semble pas même qu'on puisse faire une exception pour les intérêts de la mise, parce que le commanditaire n'est point un créancier. La précaution d'insérer cette condition de non-rapport dans l'acte de société, et de l'afficher, ne rendroit pas le commanditaire plus favorable; car en prouvant sa bonne foi elle n'empêcheroit pas le résultat dont nous venons de parler; les sommes qu'il retireroit ainsi n'étant pas de véritables profits, puisqu'en définitif la société ne satisfait pas ses créanciers.

On objecteroit vainement qu'un semblable rapport de bénéfices n'est point exigé des associés en nom collectif; la raison en est simple, tous leurs biens sont indéfiniment le gage de toutes les dettes.

Il n'est point exigé aussi, il est vrai, dans les sociétés anonymes; mais la nature de ces sociétés, la surveillance publique sous laquelle elles sont placées, prévient des inconvéniens que rien n'éviteroit dans la société en commandite.

1036. Les obligations du commanditaire envers les créanciers de la société, ne s'étendant pas au delà de sa mise et des rapports dont nous venons de parler, s'il avoit prêté d'autres sommes à la société, il suivroit le sort des autres créan-

Com. 26.

ciers. Il ne peut être tenu des pertes que jusqu'à concurrence de sa mise; si depuis il a versé dans la société d'autres fonds, sans qu'il ait été convenu qu'ils formeroient une addition de mise, il a incontestablement pour la répétition du montant de ce prêt, les mêmes actions, les mêmes droits que tous autres créanciers.

1037. Mais comme nous l'avons déjà dit, n. 1030, le commanditaire qui fait des actes de gestion se soumet à la solidarité indéfinie pour toutes les dettes de la société. Les créanciers peuvent, après avoir fait juger ce point contre lui, le poursuivre de la même manière que s'il avoit contracté un cautionnement solidaire en faveur de la société.

Com. $\begin{cases} 27. \\ 28. \end{cases}$

S'il y a contestation sur le fait de la gestion, on peut le prouver par témoins. Une telle preuve, dans ce cas, ne seroit pas contre le contenu en l'acte, puisque le fait qui a changé la qualité de cet associé est postérieur à la rédaction. Il en seroit autrement si on vouloit prouver qu'il a été convenu lors de l'acte, qu'un associé, qui n'y paroît que comme commanditaire, et n'a pas dérogé à cette qualité, devoit cependant être responsable et solidaire; ce seroit alors vouloir prouver directement le contraire de ce qui est énoncé dans la convention.

Mais lorsque les créanciers sont parvenus à

faire cette preuve contre le commanditaire, en faut-il conclure que la qualité de commerçant doive lui être attribuée avec tout ce qui en résulte, suivant les principes que nous avons expliqués, n. 77, et que tous les effets de la convention, par laquelle il a été constitué associé commanditaire, soient anéantis en ce qui concerne ses rapports avec les complimentaires.

Une hypothèse va faire sentir la question, et facilitera l'application des principes à l'aide desquels nous allons essayer de la résoudre.

Pierre, commerçant, a établi une manufacture; *Jacques*, simple propriétaire ou magistrat, s'associe avec lui en commandite, et fait une mise de 50,000 fr. : *Jacques*, au lieu de se renfermer dans les seuls droits qui appartiennent aux commanditaires, fait un ou quelques actes d'administration. *Pierre* tombe en faillite; ses créanciers découvrent que *Jacques* a exercé des actes interdits aux commanditaires et le font condamner à payer la totalité des dettes sociales. Ces condamnations excédant sa fortune, ils veulent aussi le faire considérer comme failli : ils prétendent que la société a changé de caractère; qu'elle est devenue société en nom collectif; que cette société se composant d'actes de commerce, les deux associés ont été commerçans, et que c'est d'après cette qualification que *Jacques* doit être jugé

8 *

qu'il faut par conséquent lui appliquer les règles sur les faillites, bien différentes de celles qu'on applique aux non-commerçans tombés en insolvabilité.

Cette prétention ne nous sembleroit pas fondée. Sans doute les obligations de *Jacques* envers les créanciers de la société, seront actes de commerce suivant les principes que nous avons donnés, n. 4 et suiv., de même que l'obligation limitée qu'il avoit contractée de payer jusqu'à concurrence de sa mise; mais ce ne sera qu'un fait isolé qui ne le constitue pas commerçant.

Ce point est d'une grande importance. *Jacques* n'a, probablement, jamais songé à remplir les obligations spéciales que nous avons vu être imposées aux commerçans, pour tenue de livres, publicité de son contrat de mariage, etc. Ses créanciers particuliers, sa femme, n'ont pas dû davantage le considérer comme commerçant. Leur faire subir l'application des dispositions que nous verrons être spéciales aux créanciers et aux femmes des commerçans en faillite, ce seroit donc tromper la foi publique.

Les créanciers de la société n'y ont aucun intérêt. La seule différence qui existe entre le cas où le commanditaire n'a point géré, et celui où il a géré, consiste en ce que, dans le premier, ils ne peuvent pas lui demander plus que sa mise, quelques considérables que soient les dettes; que, dans le second, ils peuvent lui demander la totalité des dettes, quelques supérieures qu'elles soient à sa mise. Or, pourroit-on dire dans le premier cas, que si un commanditaire, devant encore à la société tout ou partie de sa mise, se trouvoit hors d'état de la payer, les créanciers pourroient le faire déclarer en faillite, parce que son engagement est relatif à une société de commerce ? Cependant, quelle différence y a-t-il entre l'un et l'autre cas, sinon que, dans le premier, l'obligation du commanditaire est limitée, et que dans le second elle est indéfinie !

1038. De quelque manière qu'on décide la première question, qui concerne les créanciers de la société, contre *Jacques,* commanditaire, il reste à examiner la seconde. *Jacques* peut être solvable, et pour éviter les poursuites des créanciers, payer l'intégralité des dettes sociales montant, par exemple, à 200,000 fr., quoique sa mise ne soit que de 50,000 fr. Aura-t-il droit d'agir contre *Pierre*, pour les 150,000 fr. excédent; ou la masse des créanciers personnels de *Pierre*, sera-t-elle fondée à lui opposer qu'il n'a point été commanditaire, mais associé solidaire, qu'il doit supporter la moitié des dettes sociales, et par conséquent qu'il n'a de recours que pour 100,000 fr. ?

Pour résoudre cette difficulté, il suffit de voir dans quel intérêt a été établi le principe, qu'un

associé commanditaire qui géroit, s'obligeoit solidairement à tous les engagemens de la société.
Il est constant que ce n'est que dans l'intérêt
des créanciers. C'est en quelque sorte une
peine prononcée en leur faveur, contre la tentative qu'on présume avoir été faite de les
tromper. Or, les dommages-intérêts ne peuvent
être invoqués que par ceux au profit desquels ils
sont prononcés. Donner à l'associé du commanditaire, droit d'exciper de la peine prononcée contre ce dernier, en faveur des créanciers
sociaux, ce seroit lui accorder des dommages-
intérêts pour une action qui n'a pu lui nuire ;
qui d'ailleurs n'a pu avoir lieu que de son
consentement, et dont il seroit complice, si
elle étoit blâmable.

Nous ne saurions donc hésiter à croire que
dans l'hypothèse présentée le commanditaire,
dont la mise étoit de 50,000 fr., qui par les
poursuites exercées contre lui de la part des
créanciers a été obligé de leur payer les
200,000 fr., somme à laquelle s'élevoient toutes
les dettes sociales, aura contre le complimen-
taire une créance de 150,000 fr. En payant cette
somme, il n'a pas payé sa propre dette, mais
une dette dont il étoit caution solidaire ; il est
Com. 1352. subrogé légalement aux droits des créanciers,
pour les exercer dans la faillite de son associé.

CHAPITRE III.

Des Sociétés Anonymes.

1039. Les sociétés anonymes offrent l'avantage de réunir un grand nombre de petits capitaux, qui ne pourroient être employés isolément à aucune opération utile, pour en former des masses capables de servir à créer ou à soutenir des établissemens de commerce, ou de vastes opérations, qui exigent des avances au-dessus des forces d'un seul individu.

Le caractère distinctif de ces sociétés, est que chaque associé, même en se mêlant des affaires communes, et en gérant ou administrant, ne puisse rien perdre au-delà de sa mise, et cependant ait l'espérance de prendre part à tous les bénéfices, quelque considérables qu'ils soient.

La qualification *anonyme* ne résulte pas de ce que leurs opérations doivent rester secrètes ; elle vient de ce que ce sont moins des sociétés de personnes que des sociétés de capitaux ; de ce qu'à la différence des deux espèces de société, dont nous venons de parler, la garantie ne repose sur le crédit ou la solva-

bilité personnelle d'aucun associé ; de ce que
la société ne pouvant avoir de *raison sociale*,
n'est désignée que par l'objet du commerce ou
de l'entreprise qu'elle a pour objet.

Com. {29.
{30.

1040. Dans l'usage, le nom de société est
donné plus particulièrement à l'union d'un petit
nombre d'individus ; et l'on appelle *compagnie*,
une réunion d'associés nombreux pour un objet
d'une haute importance et d'une grande étendue.
Ainsi on a connu autrefois la compagnie des
Indes, d'assurances sur la vie ou contre les in-
cendies, etc. Ainsi, maintenant, on connoît la
banque de France, l'entreprise des ponts sur
la Seine, celle des messageries, etc.

Les entreprises de cette espèce pourroient, à
la faveur des principes que nous venons d'exposer. devenir un piége tendu à la crédulité
des citoyens ; et même sans qu'il y ait de fraude,
on en a vu qui, mal combinées dans leur origine,
ou mal gérées dans leurs opérations, avoient fini
par altérer momentanément le crédit général,
si essentiellement lié à celui des commerçans.

Par ce motif, dans presque tous les pays on
ne permet de former des sociétés de cette
espèce, qu'avec une autorisation du pouvoir
législatif, ou au moins du Gouvernement. C'est
cette dernière qu'il faut obtenir dans l'état actuel de la législation française.

Com 37.

Pour la solliciter il faut que l'acte de société

soit rédigé devant notaire, portant minute. Cette Com. 40. rédaction précédant la demande d'autorisation, les associés ne sont réciproquement obligés que conditionnellement et éventuellement. Si l'approbation est refusée ils sont dégagés, et considérés comme n'ayant jamais été associés; si néanmoins ils avoient commencé quelques opérations, ils devroient être réglés par les principes que nous avons présentés en parlant des sociétés en nom collectif ou en commandite, qui n'ont pas été constatées et rendues publiques d'une manière légale.

Une instruction du ministre de l'intérieur, du 31 décembre 1808, détermine les formes dans lesquelles l'autorisation du Gouvernement doit être demandée et accordée.

La pétition est présentée au préfet du département ; elle doit contenir la désignation des affaires que la société veut entreprendre, le temps de sa durée, le domicile des pétitionnaires, le montant du capital que la société devra posséder, la manière dont ils entendent former ce capital, soit par souscriptions simples soit par actions ; les délais dans lesquels le capital devra être réalisé ; le domicile où sera placé l'établissement; le mode d'administration; enfin on doit y joindre l'acte ou les actes d'association passés entre les intéressés.

Si les souscripteurs de la pétition ne complètent pas eux seuls la société qui doit être formée; s'ils déclarent avoir intention de la compléter seulement lorsqu'ils auront reçu l'approbation, ils doivent composer au moins le quart en somme du capital, dont ils annoncent que la société sera composée, et s'obliger à le compléter aussitôt après l'autorisation donnée, et de la manière réglée par l'acte d'établissement.

Le préfet prend toutes les informations nécessaires pour vérifier les facultés, la probité, soit des auteurs du projet, soit des pétitionnaires; il donne son avis sur l'utilité de l'affaire, sur la probabilité du succès; il déclare si l'entreprise n'est point contraire aux mœurs, à la bonne foi du commerce, et au bon ordre des affaires en général.

Les pièces et l'avis du préfet sont adressés au ministre, et par lui soumis au Gouvernement, qui statue sur l'admission ou rejet de la demande.

Aucun changement aux bases et au but de la société anonyme, ne peut, après l'approbation, être apporté sans une nouvelle autorisation, obtenue dans les mêmes formes, à peine d'interdiction de la société.

Les actes du Gouvernement étant toujours révocables à sa volonté, il est évident que l'approbation peut être retirée et la société être interdite.

Toutes ces précautions n'auroient pas, en faveur des tiers, l'effet qu'on doit en attendre;

des aventuriers auroient pu supposer une fausse
autorisation, ou laisser ignorer quelque clause
importante, pour ceux qui, par la suite, de-
viendront actionnaires, si l'acte de société entier et l'autorisation n'étoient pas affichés pendant le même temps que le sont les extraits Com. 45.
des actes de société, en nom collectif ou en
commandite.

1041. Les affaires de ces sociétés ou com-
pagnies, sont administrées par des directeurs ou Com. $\left\{\begin{array}{l}31.\\32.\end{array}\right.$
commis, qui peuvent être pris parmi les associés;
mais qui peuvent aussi être étrangers à l'entreprise. Aucun associé ne peut s'immiscer dans les
affaires sociales, même sous prétexte que les
administrateurs seroient coupables de négligence ou de malversation, sauf à provoquer
leur destitution, conformément aux statuts, ou
d'après les principes généraux du droit.

Quand les statuts ne déterminent point, ou
ne déterminent pas suffisamment l'étendue des
pouvoirs de ces administrateurs, les règles que
nous avons données, n. 1014 et suivans, ne reçoivent aucune application, même dans le cas
où ces administrateurs seroient associés. Il faut
recourir à celles du droit commun sur le mandat, et même sur le mandat salarié, sans qu'ils
puissent invoquer les considérations dont nous
avons parlé, n. 1022, parce qu'il n'y a pas les
mêmes raisons, puisqu'ils n'ont point envers

les tiers une obligation indéfinie qui puisse ras-
surer leurs co-associés.

Ils cumulent deux qualités qui ne se con-
fondent pas : comme mandataires ils ont une
responsabilité ; comme associés ils ne sont pas
plus obligés que les autres ; et c'est en quoi la
société anonyme diffère de la société en com-
Com. 32. mandite. Les tiers qui contractent n'agissent
avec eux qu'en leur qualité de mandataires ;
c'est la société qui est censée contracter par
leur organe : ils ne pourroient être poursuivis
en leur nom que dans le cas où nous avons vu
que pouvoient l'être les commis qui excédoient
leurs pouvoirs, ou qui se rendoient garans de
quelques-unes des opérations faites pour leurs
commettans.

Cette qualité des administrateurs, apprend
suffisamment qu'ils peuvent être révoqués par
une délibération régulière des associés : cependant, lorsqu'ils ont été pris parmi les actionnaires, et que, soit en qualité d'auteurs de l'entreprise, soit de toute autre manière, ils ont
été nommés par le contrat de société, on ne
peut les révoquer que pour causes jugées légitimes, comme nous l'avons vu, n. 1019.

1042. Les capitaux d'une société anonyme
sont assez ordinairement divisés en actions,
Com. { 34.   et même en coupons qui forment ensemble
{ 35.   une valeur égale à l'action divisée. Ces actions,
{ 36.

sur lesquelles nous avons donné des notions suffisantes, n. 993 et suiv., peuvent être l'objet de
toute espèce de négociation ou opération commerciale. Nous avons vu, n. 130, que les agens
de change et courtiers pouvoient seuls en être
chargés.

On n'applique pas au droit d'être ainsi propriétaire d'actions, les règles de capacité requises pour faire des actes de commerce.

Les intéressés ou actionnaires participent aux
bénéfices, par la répartition qui se fait à certaines époques de ce qu'on appelle le dividende,
qui augmente ou qui diminue, suivant que les
profits sont plus ou moins considérables. Les
statuts déterminent quelles justifications doivent
faire pour toucher les dividendes ceux qui
viennent les percevoir au nom d'un actionnaire, ainsi que le mode de transmission de
la propriété des actions, suivant les principes
que nous avons expliqués, n. 313.

1043. Dans les sociétés anonymes, les associés ne sont passibles des pertes que jusqu'à Com. 33.
concurrence du montant de leur mise; et la
présomption est toujours que cette mise a été
versée. Il n'y a lieu à aucune distinction, soit
sous le rapport des bénéfices perçus, soit sous
celui de la gestion; parce que c'est ici une association de capitaux, et que par cette raison,
le capital seul doit répondre.

CHAPITRE IV.

Des Associations en participation.

1044. Indépendamment des trois espèces de
Com. 47. sociétés qui ont fait l'objet des chapitres précédens, on connoît des associations en participation.

On peut considérer en ce qui les concerne :
1.° quels sont les caractères qui les distinguent
des autres sociétés; 2.° comment les participans
sont obligés envers les tiers pour des engagemens relatifs aux affaires faites en commun.
Ce sera l'objet de deux sections.

Section première.

Caractères distinctifs de l'Association ou Participation.

1045. Il faut bien se garder de confondre les
associations en participation, avec les sociétés.

Les personnes qui composent une société
forment, par leur réunion, un être moral, qui
a son individualité et ses droits particuliers, à
qui nous avons vu qu'il falloit donner un nom
distinctif, sous lequel la société s'offre à la confiance publique, pour tous les actes dont elle se

composera. Les opérations déterminées, qui sont
l'objet des participations, n'exigent rien de semblable. Souvent même chacun des coparticipans
fait seul l'affaire, dans laquelle il donne intérêt à
un autre, et ne doit à ce dernier qu'un compte,
d'après lequel ils partagent le profit, et sup-
portent la perte en commun.

A la vérité, comme les participans sont libres
de régler leur intérêt dans les rapports et la
proportion qu'ils jugent à propos, il peut y
avoir des associations où le concours des participans à l'opération soit plus direct, et où tous
travaillent en commun. Un autre caractère de
différence sert alors à prévenir la confusion.
L'objet de ce travail commun est déterminé ; ce
n'est point pour un certain temps, et pour faire Com. 48.
pendant ce temps le commerce en général qu'ils
sont réunis ; ils ne le sont que pour la durée
de l'affaire entreprise, que pour cette affaire ;
cela suffit encore pour distinguer l'association en participation de la société en nom collectif, dont ces circonstances la rapprochent
beaucoup.

1046. Une société ayant un nom qui la fait
connoître, un lieu d'établissement auquel seul
on peut donner les assignations qui la concernent, la preuve de son existence intéresse le
public ; et tel est le motif de la nécessité de
rédiger par écrit et d'afficher les conditions de

ces sociétés. La simple participation n'intéresse que les coparticipans ; la connoissance de leurs rapports n'est, en général important pour aucun autre; elle n'a point de lieu d'établissement où l'on doive intenter les actions qui peuvent naître de cette participation; il n'est donc pas nécessaire que les conventions des parties soient rédigées par écrit. On peut en faire la preuve par les livres, la correspondance ou les témoins. En un mot, les associations ne sont pas sujettes aux formalités prescrites pour les autres sociétés.

Com. 49.

On peut cependant, nonobstant ces caractères distinctifs, donner à une simple participation le nom de société, à une société les apparences d'une participation ; et comme les effets n'en sont pas toujours les mêmes, la nécessité de développer la distinction que nous avons indiquée, se fait sentir, quelque difficile qu'il soit de trouver des règles à l'abri d'exception, ou qu'on soit à même d'appliquer sans hésiter.

Le caractère propre d'une association en participation, est d'être relative à un ou plusieurs actes de commerce, dont l'objet est né au moment où les parties font leur convention, et de ne pas se prolonger au-delà du temps où ces actes seront achevés ; tandis qu'une société est formée dans la vue de se livrer à des opérations successives, et telles que les amènera, pendant sa durée, le cours des choses, et la suite des affaires qui se présenteront dans la branche de commerce, pour l'exercice de laquelle les parties seront unies.

Les juges peuvent donc s'arrêter à ce point : chaque fois qu'ils verront que des parties sont convenues de faire ensemble une ou plusieurs affaires déterminées, dont l'objet existe au moment de leur convention, ils reconnoîtront une simple association en participation, et repousseront les prétentions des tiers qui voudroient faire considérer les participans comme associés en nom collectif ; lorsqu'au contraire ils verront que ce n'est point *telle* ou *telle* opération isolée ou déterminée qui a été le but de la réunion, mais une série d'affaires qui n'étoient point nées ou ne pouvoient pas être prévues alors, en un mot, qu'au lieu de simples faits certains, et envisagés par les parties, elles ont projeté de se livrer, soit pendant un temps déterminé, soit jusqu'à ce qu'il plaise à l'une de se retirer, aux opérations qui se présenteroient pendant le temps de leur réunion, ils en concluront qu'une société a été contractée.

Ainsi, un commerçant de Marseille, instruit que la cargaison d'un navire va être vendue, propose à un autre de Paris d'en faire achat en commun, ce qu'on appelle vulgairement *compte à demi*, et s'entend avec lui sur la manière dont celui-ci fournira les fonds de sa part dans le prix d'achat. Quand, au lieu de l'achat d'une cargaison, il s'agiroit de celui de deux ou trois parties de marchandises de genre et d'origine tout à fait différens; quand, au lieu de revendre lui-même ou par ses délégués les choses achetées, il les enverroit à son participant pour qu'il en fasse la revente, ce seroit toujours une participation ; car au moment où ils s'associent ainsi, la vente et revente de *telles* marchandises sont prévues, les parties désignent expressément l'affaire ou les affaires qui seront ainsi communes entre elles.

Ainsi, l'on connoît dans le commerce maritime, les cessions d'intérêts sur corps et facultés ou sur pacotilles ; l'expédition se fait au nom du cédant seul qui en est le directeur, et qui s'oblige de faire part à son participant, dans la proportion de l'intérêt qu'il lui a cédé, du produit de la chose commune, déduction faite des dépenses d'achats, frais d'expédition, transport, etc.

Ainsi, deux ou plusieurs commerçans conviennent d'acheter et fournir, chacun de son côté, les bestiaux nécessaires pour nourrir une armée, ou ce dont un établissement public a besoin, sauf ensuite à se rendre respectivement compte de leurs opérations.

Quelquefois des commerçans qui se rendent à des foires ou à des adjudications, s'associent pour les achats qu'ils feront chacun de leur côté. La convention ainsi conclue, ils se séparent pour faire leurs achats chacun en particulier ; et quand ils sont terminés, les réunissent en une masse pour la partager à un prix commun. Une convention du même genre pourroit avoir lieu entre des vendeurs dans un sens opposé. Dans l'un et l'autre cas, c'est une association en participation.

Ces pactes ayant l'inconvénient de faciliter des monopoles, il n'est pas douteux que si dans une contestation qui s'éleveroit entre les participans, l'on reconnoissoit que l'association avoit pour objet de violer les règles que nous avons données, n. 172, toute action devroit être déniée, et même le délit devroit être dénoncé aux tribunaux compétens.

Nous avons dit, n. 974, qu'un associé pouvoit, sans le consentement des autres, accorder à qui bon lui sembloit, un intérêt dans sa portion sociale. Les obligations et les droits respectifs de celui qui s'est ainsi associé quelqu'un, et de cette personne forment encore une véritable participation.

Il en est de même des sociétés qui se forment entre le propriétaire d'un navire et celui qui en fournit l'armement, pour partager le profit et la perte de l'expédition, dans une certaine proportion ; des engagemens des gens de mer au fret, ou au profit ; de la convention par laquelle un prêteur à la grosse stipuleroit pour ses profits, ou un assureur pour sa prime, une part quelconque dans les bénéfices de l'expédition.

On peut, en un mot, classer dans cette catégorie toutes les affaires commerciales qui se font en commun, et pour lesquelles il n'est pas nécessaire, d'après les principes expliqués, n. 1002 et suiv., que la formation d'une société soit rendue publique.

1047. La différence entre les sociétés et les associations en participation est importante, relativement aux actions des tiers. S'ils font la preuve d'une société, les engagemens contractés par l'un des associés obligent solidairement les autres, puisque nous avons vu que le défaut d'acte social ou de publicité donnée à ses clauses, ne pouvoit être opposé aux tiers.

Cette distinction n'est pas moins importante entre les prétendus associés eux-mêmes; puisque s'il est reconnu qu'ils étoient en société proprement dite, la convention intervenue entre eux sans avoir observé les formes prescrites, est nulle, et l'un ne peut contraindre l'autre à l'exécuter pendant le temps convenu. S'il est reconnu qu'ils ne sont qu'en simple participation, il suffit qu'elle soit avouée ou prouvée pour que l'exécution en soit maintenue pendant toute la durée de l'affaire ou des affaires entreprises.

Section II.

Des Rapports respectifs entre les Participans.

1048. Une association en participation peut avoir lieu avec les proportions d'intérêt dont il plaît aux participans de convenir. Ils ne sont liés que par les principes généraux expliqués au commencement de cette partie, leur liberté ne pouvant aller jusqu'au point de changer la nature des choses.

Com. 48.

En général, c'est d'après les règles que nous avons données dans le titre premier, et d'après les principes sur les sociétés en nom collectif, que sont réglés les rapports entre les participans, principalement en ce qui concerne l'obligation de chacun d'eux, de ne rien faire au préjudice de l'association, et d'en maintenir les intérêts.

Rien ne s'opposeroit toutefois à ce qu'ils établissent, pour régler ces mêmes rapports et intérêts, des bases puisées dans les règle relatives à la société en commandite. Ainsi deux personnes s'unissent pour la fourniture des bois nécessaires au chauffage de *tel* établissement; elles conviennent que l'une fournira *telle* somme, et que si l'affaire ne réussit pas, sa part dans les pertes ne pourra excéder cette

mise : cette clause, qui tient de la société en
commandite, recevra son exécution entre elles.

Section III.

Comment les Participans sont tenus des obli-
gations contractées pour l'objet de leur
association.

1049. C'est par la différence qui se trouve
entre les sociétés proprement dites et les
associations en participation, que doivent être
décidées les questions qui s'élèvent, lorsqu'un
des participans est poursuivi pour payer une
dette contractée par l'autre.

Nous supposons, avant tout, que la qualité
de l'association est bien avouée; que le créancier ne soutient pas que les prétendus participans soient de véritables associés pour ne
s'être pas conformés à la rédaction par écrit, et
à la publicité des actes de société, ou que sur
cette prétention par lui élevée, il a été jugé
qu'il n'y avoit entre le défendeur et ses associés
qu'une simple participation.

Cela posé, ce n'est plus par les règles déduites des principes particuliers aux sociétés
qui ont fait l'objet des chapitres précédens,
mais par les principes généraux du droit commercial, qu'on doit se décider.

Si chacun de ceux entre qui est intervenue

une association en participation, opère séparément et sans le concours des autres avec
lesquels, seulement, il doit en définitif partager les profits et pertes, l'engagement par lui
contracté est personnel, et ne peut donner
aucune action contre les autres qui n'ont pas
signé. Car, de même que celui qui achète des
marchandises, n'a pas besoin, pour en devenir
propriétaire incommutable, de s'informer si son
vendeur en doit, ou non, le prix, et ne peut
être poursuivi par le précédent vendeur ; de
même, lorsqu'une personne s'engage à partager avec une autre les bénéfices que produira la vente de *telle* quantité de marchandises, celui qui est admis à cette participation
ne devient pas codébiteur de ces mêmes
marchandises. Ce prix, s'il n'a pas été payé,
est la dette de cet acheteur seul.

Lorsque les participans opèrent ensemble,
il faut distinguer si tous deux ont contracté
l'engagement, ou s'il n'a été contracté que par
l'un d'eux, quoique relatif à l'opération qu'ils
faisoient en commun.

Au premier cas, tous sont obligés, puisque
tous ont contracté ; et cette obligation est solidaire, sans stipulation, conformément à ce que
nous avons dit, n. 190. Au second cas, si le
créancier prouve l'existence de l'association en
participation, et l'emploi de ce qu'il a fourni
dans l'opération qui se faisoit en commun par

celui avec qui il a traité et par celui qu'il poursuit, son action contre ce dernier est fondée.

Mais les tribunaux devront encore observer avec un grand soin à quel titre les objets ou valeurs fournis par le demandeur, et qu'il prétend avoir profité à l'association, y sont entrés. Si c'étoit comme mise du participant, il n'auroit de droits que contre lui, par les motifs que nous avons expliqués, n. 1026; si c'étoit au contraire une fourniture faite à l'association même, et constituant une de ses opérations, c'est le cas où il pourroit être admis à prouver l'emploi fait pour le compte commun.

Cela deviendra sensible par un exemple. *Pierre* et *Jean* conviennent d'une association en participation, pour fournir les vivres de *telle* place, que le Gouvernement approvisionne. Il est convenu que, dans les quatre jours, chacun versera au magasin commun, pour former les premiers fonds, une mise de cent muids de bled. *Pierre* achète les cent muids qu'il doit fournir; il les verse dans le magasin commun; le vendeur non payé par lui n'aura point d'action contre *Paul*, parce qu'il n'a vendu qu'à *Pierre*, et que celui-ci n'achetoit pas pour l'association, mais pour former sa mise. Il n'a pas plus de droit, qu'un vendeur non payé n'en auroit contre celui qui auroit acheté et payé à son acheteur les marchandises que ce dernier avoit prises à crédit.

Mais, ces mises réalisées, la continuation de l'entreprise formée par *Pierre* et *Paul* exige des achats de bled : *Pierre* les fait seul et sans annoncer qu'il ait les pouvoirs de *Paul* ; l'emploi de ce bled à des fournitures dont ce dernier est chargé en commun avec *Pierre*, fait qu'il devient aussi sa dette, comme un commerçant est tenu des achats de son commis, si la marchandise est entrée dans ses magasins.

Tel est le cas dans lequel celui qui a traité avec un seul des participans doit être admis à poursuivre les autres. C'est en cela qu'une participation diffère essentiellement de la société ordinaire. Dans celle-ci, tous les associés sont tenus solidairement, que les emprunts faits sous la raison sociale aient ou n'aient pas été employés au profit commun ; au lieu que dans l'association en participation, la preuve de cet emploi est nécessaire pour fonder l'action du créancier contre ceux des associés qui n'ont pas contracté avec lui.

Il faut encore une dernière condition, c'est que l'association ne soit pas dissoute et liquidée entre les participans ; car alors celui qui voudroit agir ne pourroit plus s'adresser qu'à celui avec qui il a contracté.

En effet, les droits qu'il a ne sont pas l'effet

d'une créance directe; il n'a que l'exercice de ceux qui appartiennent à l'individu avec qui il a traité. Quand celui-ci a été satisfait par son participant, il n'y a plus de droits à exercer de son chef.

TITRE TROISIÈME.

DE LA DISSOLUTION DES SOCIÉTÉS.

1050. La dissolution d'une société peut arriver par un grand nombre de causes qui produisent des effets différens. Elle intéresse les associés en ce qui touche leurs rapports communs : elle intéresse aussi les tiers qui, ayant vu ou su l'existence de cette société, sont présumés croire qu'elle subsiste encore, tant que la dissolution ne leur en est pas connue. Nous allons en conséquence diviser ce titre en deux chapitres; le premier traitera des cas de dissolution des sociétés; le second, de la publicité que cette dissolution doit recevoir.

CHAPITRE PREMIER.

Dans quels cas une Société est dissoute.

1051. Une société peut quelquefois être dissoute de plein droit, sans qu'aucun des intéressés ait eu besoin de faire de déclaration, ou de provoquer une décision judiciaire qui la prononce; d'autres fois cette dissolution a besoin d'être provoquée par un ou plusieurs associés contre les autres.

Dans le premier cas, à l'instant même qu'arrive l'événement qui a la propriété de dissoudre la société, elle n'existe plus, les associés ne sont plus qu'en simple communauté d'intérêts, semblable à celle qui se forme entre des cohéritiers. Dans le second cas, la dissolution doit être jugée ou consentie, et la société ne cesse d'exister que du moment fixé par le jugement rendu sur cette contestation, ou par la transaction qui intervient entre les parties. La différence de ces positions nous porte à les considérer dans les deux sections suivantes.

SECTION PREMIÈRE.

Quand une Société est dissoute de plein droit.

1052. Une société finit de plein droit, 1.° par l'arrivée de l'époque ou de l'événement que la convention a déterminé pour sa dissolution ; 2.º par la consommation de la négociátion qui Civ. 1365. en a été l'objet ; 3.º par l'extinction de la chose faisant le fonds commun ; 4.º par la mort naturelle ou civile d'un des associés, s'il n'a pas été convenu qu'elle continueroit avec les héritiers. Nous allons en faire l'objet de quatre paragraphes.

§. I.er

Dissolution d'une Société par l'évènement du Terme.

1053. Ce premier mode de dissolution ne peut donner lieu à beaucoup d'observations. Ceux qui prennent la précaution de déterminer le jour, l'époque ou l'événement par lesquels ils cesseront d'être associés, doivent le faire avec assez de précision, pour que leur indication ne présente point d'incertitude. Lorsqu'au lieu d'une époque fixe, elles ont indiqué une condition ou un événement, les règles générales sur les conventions subordonnées reçoivent leur application.

Ce n'est que par les termes de la convention et leur interprétation, s'ils présentent quelqu'incertitude, que les difficultés sur ce point peuvent être décidées ; et sur-tout qu'on doit juger si la condition, ou l'événement prévu étant arrivés, il en résulte une dissolution de plein droit, ou une faculté pour les associés de provoquer la dissolution. Ce que nous avons dit dans le numéro précédent, montre l'importance de cette distinction.

§. II.

Dissolution de la Société, par consommation de la Négociation.

1054. Lorsque la société a eu pour objet une opération déterminée, elle finit par la conclusion de cette opération. Par exemple, lorsque deux personnes se sont associées pour la construction, l'armement et le chargement d'un navire qui devoit porter des marchandises dans un lieu convenu, une fois que ces marchandises ont été livrées, s'ils n'étoient qu'entrepreneurs du transport, ou vendues si elles leur appartenoient, il est évident que la société est finie.

Il peut s'élever quelquefois de l'incertitude, sur le point de savoir, lorsqu'un acte indique à la fois un terme de durée, et un objet pour l'opération sociale, à laquelle des deux indications il faut donner la préférence. Nous avons déjà fait remarquer, n. 780, que les circonstances devoient seules fournir les moyens de décider d'une manière conforme à l'intention des parties. Par exemple, une société contractée pour une certaine affaire à achever dans un certain temps, doit durer jusqu'à ce que l'affaire soit achevée, si la considération du temps n'a été que secondaire entre les associés. Du reste, il faut bien se garder de voir une consommation ou fin de l'affaire entreprise, dans des changemens ou modifications qu'elle pourroit avoir éprouvés. Ainsi une société contractée pour exécuter des travaux publics, suivant un plan donné, n'est pas dissoute, par cela seul que le Gouvernement change de plan, et passe en conséquence un nouveau marché, si les travaux sont toujours de la même espèce, et que les associés les ayent continués en commun.

§ III.

Dissolution de la Société par extinction de la chose qui en fait le fonds.

1055. L'extinction ou la perte absolue des choses qui forment en entier le fonds commun de la société, en amène également la fin. Par exemple, si deux commerçans s'étant associés pour acheter un navire, avec lequel ils pourront faire ou entreprendre des transports, le navire périt ou est pris, cette perte termine la société.

Mais lorsqu'une partie seulement du fonds social périt, il importe beaucoup de distinguer comment les associés ont fait leur apport. S'il a été de la propriété, suivant les règles ou les présomptions indiquées, n. 991 et suiv., la perte de l'apport, même entier, de l'un d'eux n'a au- Civ. 1867. cune influence ; la société continue avec ce qui reste. Si les associés n'ont apporté que le simple usage des choses, il suffit que l'apport de l'un ait péri, pour que la société soit dissoute, Civ. $\left\{ \begin{array}{l} 1851. \\ 1867. \end{array} \right.$ parce qu'il est de l'essence de cette société que chacun des associés y contribue, et que la perte de la chose conférée par l'un d'eux fait manquer cette condition.

A cette occasion peut s'élever une question assez importante : une société a été contractée pour un certain nombre d'années, entre des personnes, dont les unes fournissent les fonds, et d'autres leur travail et leur industrie; les fonds ayant été absorbés par des pertes, pendant les premières années, ceux qui devoient les fournir seront-ils obligés de renouveler leur mise jusqu'à l'époque fixée pour la dissolution de la société? Une distinction nous semble né- cessaire. Si par l'acte de société, il est dit indé- terminément que le fonds social sera fait par *tels* ou *tels*, ceux qui en sont chargés peuvent être contraints de le renouveler de manière que l'actif de la société soit toujours de la somme promise, pendant tout le temps de sa durée. Mais s'il est dit que *tels* verseront *telle* somme dans la société, une fois qu'ils auront acquitté cette obligation, ils ne pourront plus, être obligés de recommencer. Alors la perte totale du fonds social dissoudra la société. S'il n'est que diminué, celui qui doit fournir son industrie et sa peine ne sera pas fondé à s'y refuser sous prétexte de la modicité des fonds restans, ni à prétendre que le capital soit complété.

Le droit exclusif dans des découvertes des arts, ou celui de publier les productions de l'esprit, peut, comme nous l'avons dit, être l'objet d'une mise; l'événement par lequel la société formée pour cette exploitation, en seroit privée, soit par la déchéance du brevet, soit parce que la loi cesseroit d'en protéger l'exercice exclusif, produiroit aussi la dissolution de la société.

§ IV.

Dissolution de la Société par la mort ou l'interdiction d'un des associés.

1056. La mort d'un des associés doit dissoudre la société, à moins que son objet ayant été de contracter une obligation envers des tiers, leur intérêt ne force les associés survivans à continuer avec les héritiers du prédécédé l'exécution des engagemens pris en commun envers ces tiers.

Les rapports que produit le contrat de société ne consistant pas seulement dans une communauté d'intérêts, mais dans une réunion volontaire de personnes, celui qui s'est associé avec *tel*, n'a pas voulu, s'il ne s'en est expliqué, l'être avec *tel* autre, ni, par conséquent, avec les héritiers de son associé, qu'il ne connoît pas lorsqu'il contracte.

1057. Mais en appliquant ce motif à chacune des espèces de sociétés que nous avons considérées dans le titre précédent, on peut demander si cette règle ne doit pas être limitée aux sociétés en nom collectif, dans lesquelles les associés étant appelés à concourir à la gestion dont ils sont tous solidairement responsables, la probité, l'intelligence de chacun, ont pu être réciproquement prises en considération.

Au premier aspect, on est porté à croire qu'il n'en est pas de même de la société en commandite, qui ne suppose, de la part des gérens, aucune confiance personnelle dans les associés commanditaires ; et comme l'intérêt et les droits de ceux-ci exclusivement limités à leur mise, ne semblent point changés par leur décès, on peut croire que leurs héritiers appelés à prendre leur place, n'ont pas droit de prétendre, que cette mort a dissous la société ; et que les associés solidaires ne peuvent aussi exciper de cet événement.

Ces raisons de douter nous semblent néanmoins devoir céder à d'autres plus décisives.

La personne, le caractère des commanditaires
peuvent être envisagés lorsqu'on forme la société. Ces associés sont nécessairement appelés
avec plus ou moins d'étendue, aux comptes
annuels, aux inventaires ou bilans, pour la fixation des profits et pertes, à la connoissance de
l'état des affaires, au droit d'empêcher que les
complimentaires ne se livrent à d'autres opérations qu'à celles qui ont fait l'objet de la société.
Personne ne peut leur contester le droit de
s'assurer si les statuts n'en sont pas violés ;
si leurs associés sont fidèles à leurs engagemens ; il dérive d'ailleurs de la nature des
choses. En un mot la société en commandite ne
diffère de la société ordinaire que dans un seul
point ; dans l'étendue des obligations des commanditaires envers les créanciers. Mais à l'égard
des autres membres de la société les commanditaires ne sont pas de simples prêteurs de
fonds, ils sont des associés.

Or cette surveillance, ce droit de demander
la rupture pour inexécution des engagemens,
de faire valoir ses droits ou ses prétentions
lorsqu'il faut liquider, sont plus ou moins
rigoureusement exercés. On peut être sûr qu'ils
ne seront jamais un objet de chicane de la part
de *telle* personne ; on peut en redouter l'abus
de la part de *telle* autre.

La difficulté de concilier diverses volontés
substituées à celles d'un seul avec qui on a

originairement traité ; la défiance facile à prévoir
dans des hommes qui n'ont plus les raisons
d'estime et de confiance qui avoient dirigé
leur auteur ; les entraves que peut amener
à chaque incident la presqu'impossibilité de
transiger facilement avec des mineurs, sont
donc autant de motifs qui ne permettent pas
d'excepter les commandites de la règle générale.

On objectera peut-être que ces raisons ne
militent qu'en faveur des associés gérens ;
que c'est à eux de juger s'ils ont quelque sujet
de redouter, dans une continuation de société
avec les héritiers du commanditaire, des difficultés auxquelles ils ne s'attendoient point de la
part de celui-ci ; que ces motifs, tous pris dans
leur intérêt, ne peuvent servir aux héritiers
du commanditaire pour prétendre que la mort
de leur auteur a dissous la société.

Mais d'abord, par cela seul que les complimentaires seroient, s'ils y trouvoient intérêt, fondés
à dire que la mort du commanditaire a dissous
la société, les héritiers de celui-ci doivent
jouir de la même faculté. Il ne peut y avoir
de droits résultans de la nature d'un acte synallagmatique qui ne soient réciproques.

Vainement ajouteroit-on que des héritiers
sont bien obligés de laisser entre les mains des
débiteurs d'un défunt le montant des sommes
qu'il a prêtées, jusqu'à l'échéance. Celui qui a

prêté est créancier; il a droit sur tous les biens de son débiteur ; son héritier a les mêmes droits. L'associé en commandite, et, par suite, son héritier, n'a droit que sur l'actif de la société; si le fonds social composé des mises respectives est absorbé et périt, il perd sa mise et ne peut agir sur le reste de la fortune des associés complimentaires. Le commanditaire n'est pas un simple créancier de la société, puisqu'il ne peut rien en retirer que les créanciers ne soient payés ; et lors même que la société présente un actif, ce n'est pas encore comme créancier qu'il y prend part, c'est comme copropriétaire.

Pour porter jusqu'à l'évidence cette preuve qu'il n'y a aucune bonne raison de soustraire les sociétés en commandite au droit commun, nous ne ferons qu'une question. Le commanditaire pourroit-il céder ses droits sans le consentement des autres associés ; et ceux-ci seroient-ils obligés de considérer ce cessionnaire comme leur associé ? Il n'est personne qui ne sente tous les inconvéniens d'une telle faculté, et qui ne décide qu'un commanditaire ne peut l'exercer ; qu'il ne peut se substituer personne si les parties ne s'en sont expliquées expressément, ou tacitement, en créant la société par actions, ainsi que nous l'avons remarqué, n. 973.

Nous ne voyons donc aucun motif fondé pour

que la société en commandite ne soit pas dissoute par la mort de l'un des associés, à moins qu'elle n'ait été formée par actions. Les associés dans ce cas ayant, par cela seul, consenti que chacun d'eux pût se substituer qui il voudroit sans l'autorisation des autres, il est naturel d'en conclure que les héritiers d'un associé le remplacent de plein droit, de même que l'eussent fait les cessionnaires de ses actions.

1058. On voit, du reste, qu'il en faut conclure que jamais la mort d'un associé ne peut être un sujet de dissolution d'une société anonyme; il est de l'essence de cette société que les droits de chacun soient cessibles à son gré, sans l'intervention ni le consentement des autres.

Il en est de même des associations en participation, faites pour une ou plusieurs affaires déterminées. Ces sortes d'associations sont en effet plus réelles que personnelles; elles tiennent plus à la communauté ou copropriété qu'à la société proprement dite; et c'est d'après l'espèce de la convention, selon qu'on pourra croire que les parties ont plus ou moins envisagé des relations personnelles et une confiance individuelle, qu'on devra prononcer. En général la dissolution n'auroit lieu que si le défunt avoit été chargé d'un travail personnel qui ne pourroit plus être exécuté; encore avons nous vu, n. 692, un cas d'exception à ce principe, relativement aux engagemens des gens de mer, au fret ou au profit.

1059. Les associés peuvent convenir qu'en cas de mort de l'un d'eux la société continuera avec ses héritiers; et cette stipulation s'exécute même quand ces héritiers seroient mineurs. On doit alors rendre publique, par affiche, la substitution de leurs noms à celui du défunt. Mais si leur auteur étoit l'un des gérens, ils ne le deviennent pas de plein droit.

Un associé pourroit même ordonner, par testament, que son légataire continuera la société; mais cette disposition ne pouvant être obligatoire pour les autres, qu'autant qu'elle résulteroit des termes ou de la nature de l'acte social, s'ils s'y refusoient, cette condition du legs seroit considérée comme non écrite. Si les associés y consentoient, le légataire ne pourroit s'y refuser sans renoncer au legs.

Nonobstant que la continuation de société n'ait pas été convenue, les héritiers d'un associé pourroient souffrir que leur nom fût employé dans les actes postérieurs au décès de l'un d'eux, ou prendre part à des affaires tout-à-fait distinctes de celles qui étoient commencées lors du décès de leur auteur. On suivroit, pour décider de la nature et de l'étendue de leurs obligations, les règles que nous avons données, n. 1004.

Civ. 1868.

Com. 46.

1061. La dissolution qui survient par la mort de l'un des associés a deux effets. En premier lieu, l'héritier du défunt succède bien à la part active et passive de ce dernier, mais il n'ac- quiert pas le droit d'être membre de la so- ciété, seulement il participe aux profits et pertes de ce qui seroit une suite nécessaire des opéra- tions faites du vivant de l'associé auquel il succède. Mais ce que nous avons dit, n. 969, prouve qu'il ne devient pas l'associé des as- sociés du défunt ; il est seulement en commu- nauté avec eux.

Suivant ces principes, si, depuis la mort de l'un des associés, l'autre a fait quelque nouveau marché avantageux, relatif au commerce pour lequel la société avoit été contractée, l'héritier du défunt n'y pourra prétendre aucune part ; si le marché étoit désavantageux on ne pourra aussi lui faire rien supporter de la perte.

Des associés peuvent stipuler que les héritiers du prémourant seront tenus, pour régler la part de l'associé auquel ils succéderont, de s'en tenir au dernier inventaire. Mais une telle stipulation ne doit avoir d'effet qu'autant que la société auroit régulièrement tenu ses inventaires an- nuels, et notamment, que celui de l'année qui a précédé la mort, auroit été fait.

Il pourroit encore arriver que les associés fussent convenus que la portion des mourans accroîtroit aux autres ; cette stipulation tien-

Civ. 1868.

droit de la nature des donations, sans être assujettie à leurs formalités.

Le second effet de la mort de l'un des associés est qu'elle dissout la société, même entre les survivans. Une fois qu'elle ne peut plus continuer, ni de la même manière, ni entre les mêmes personnes qu'elle a été formée, on ne peut forcer chacun des survivans à rester.

Il est possible que quelqu'un des associés ne se soit engagé qu'en considération de la personne, du travail ou de l'industrie du défunt qui avoit eu la principale influence sur les opérations de la société, ou sur une branche de ses opérations.

Mais des associés peuvent stipuler que la société ne continuera qu'entre les survivans. Alors les héritiers du prédécédé ne peuvent réclamer que la part de celui à qui ils succèdent, suivant l'état des affaires existant au moment du décès; et les créanciers, pour des causes postérieures au décès, ne peuvent prétendre de droits contre eux, à moins que leurs créances ne résultent d'affaires commencées avant la dissolution.

SECTION II.

De la Dissolution conventionnelle.

1061. En général la dissolution d'une société

ne peut être demandée que pour les mêmes raisons qui donnent lieu à faire résilier d'autres contrats valides. Mais il peut survenir aux associés quelque juste sujet de la dissoudre plus tôt, par une convention.

Cette dissolution doit résulter d'un consentement unanime, à moins qu'une des clauses sociales ne porte que la majorité pourra, par une délibération, dissoudre la société, soit à sa volonté, soit en certains cas prévus. Il n'y a, dans ces circonstances, d'autres règles à observer que celles qui ont pour objet de donner à cette dissolution une publicité qui garantisse les tiers de toutes fraudes ; et comme ces règles sont dans le seul intérêt de ces tiers, rien n'empêche que la dissolution ne soit prouvée, entre les associés, par tous moyens, ou présumée par le fait d'un trafic à part. Com. 46.

Il ne faut pas cependant considérer toujours comme dissolution d'une société, entre les associés, certains arrangemens qu'ils prennent, par lesquels ils divisent entre eux les marchandises qui en faisoient le fonds, pour les vendre chacun de leur côté. Ce cas peut se présenter principalement dans les associations en participation. Ainsi, un tiers, dans le cas que nous avons vu, n. 1050, pourroit prétendre et établir que les opérations entreprises ne sont point encore achevées, et qu'après les

avoir commencées en commun, les participans s'en sont divisé la gestion, sans liquider
leurs comptes. De même, s'il avoit été convenu
entre les associés que leurs mises ou leurs avances
produiroient *tel* intérêt, jusqu'à la dissolution
de la société, celui que cette clause concerneroit
pourroit prétendre que ces arrangemens particuliers entre les associés ne sont pas, à proprement parler, une dissolution.

SECTION III.

De la Dissolution demandée par quelques Associés.

1062. La dissolution de la société peut
être demandée, par un ou quelques associés,
contre les autres, même en majorité, soit d'après
la seule volonté des provoquans, soit d'après
des motifs allégués, et dont les tribunaux
doivent apprécier la valeur; ce sera l'objet de
deux paragraphes.

§ Ier.

De la Dissolution par la seule volonté d'un des associés.

1063. Lorsqu'une société a été contractée
sans aucune limitation de temps, ou sans aucune détermination d'objet, les associés sont
Civ. { 1844. présumés avoir voulu qu'elle ne fût dissoute
{ 1869. que par la mort, ou par des causes jugées

légitimes. Mais pour éviter les inconvéniens atta-
chés à une communauté d'intérêts, qui dureroit
pendant toute la vie des associés, on a permis
qu'un seul pût en exiger la dissolution, en
notifiant aux autres qu'il n'entend plus demeurer
en société.

Il faut pour cela que deux choses concourent :
1.º que la renonciation soit faite de bonne foi;
2.º qu'elle ne soit pas à contre-temps.

Une renonciation n'est pas faite de bonne
foi, lorsque l'associé renonce pour s'approprier
à lui seul le profit que tous s'étoient proposé Civ. 1869.
de retirer. Ce seroit aux arbitres à apprécier les
circonstances qui sont susceptibles de varier
autant que l'intérêt ou le caprice des parties.

Il faut en second lieu que la renonciation
ne soit pas faite à contre-temps, c'est-à-dire
dans un temps où les choses ne sont plus
entières, et où il est de l'intérêt de la société
d'attendre des circonstances plus favorables.
Pour juger si une renonciation est faite à
contre-temps, il faut considérer l'intérêt de la
société, et non l'intérêt particulier de celui qui
provoque cette renonciation.

Il pourroit même se faire que l'objet de la
société s'opposât à ce que la renonciation de l'un
des associés pût jamais être de bonne foi, ou
autrement qu'à contre-temps. En effet, quand
l'objet mis en société, tel qu'une somme d'argent, des marchandises, etc., est susceptible

d'une séparation facile, chacun reprenant sa propriété, le pacte social peut être rompu sans inconvénient. Mais s'il s'agit d'un secret d'art, qui ait été mis en société par l'un des associés, l'impossibilité où seroit ce dernier de reprendre la mise toute entière, et la nature même de cette mise, commandent une exception. Dans toute société, la maxime qu'on peut toujours se séparer est subordonnée au principe de justice et d'équité, que la retraite d'un associé ne nuise point aux autres. Autrement cette rupture donneroit lieu à des dommages intérêts; on invoqueroit en vain la liberté naturelle, qui ne permet pas des liens indéfinis: chacun se doit, avant tout, à la foi de ses engagemens.

1064. La renonciation qu'un associé fait à la société n'en opère la dissolution, que si elle est notifiée à tous les autres. Si l'on avoit omis de la notifier à un seul, la société continueroit à son égard, s'il y trouvoit intérêt, non-seulement avec le renonçant, mais encore avec ceux auxquels la renonciation a été notifiée. Cette notification doit être constatée par écrit, soit par exploit d'huissier signifié à personne ou domicile, soit par un acte sous signature privée, dans lequel les autres reconnoîtroient que leur associé a manifesté son intention.

Lorsque la renonciation à la société peut être »

sujette à quelque contestation, il est de la prudence de celui qui l'a faite, d'assigner pour statuer sur la validité. Car, si depuis la signification de cette renonciation, les affaires sociales étoient devenues mauvaises, et que les autres associés fissent juger qu'elle a été intempestive, il supporteroit les pertes pour sa part; si, au contraire, la société avoit fait des gains, et que les autres associés n'invoquassent pas la nullité, il ne pourroit révoquer ni critiquer sa déclaration; il auroit dégagé les autres envers lui, et ne se seroit pas dégagé envers eux.

On convient assez souvent, dans les actes de société, que celui qui en provoquera la résolution, payera aux autres une indemnité, par forme de dédit; il n'est pas douteux que, dans ces cas, l'associé renonçant n'y fût tenu. C'est pour garantir les uns contre le caprice des autres, que les associés font de telles stipulations, et non pour punir celui qui fonderoit sa demande sur des événemens indépendans de sa volonté, ou de nature à faire prononcer la dissolution.

Si la société éprouvoit des pertes telles que l'on ne pût concevoir la possibilité de les réparer, il nous semble que ce seroit encore un juste motif pour un associé de provoquer la dissolution. Mais les arbitres apprécieroient les circonstances et les motifs de ceux qui se refuseroient à cette demande.

§. II.

De la Dissolution fondée sur des causes alléguées.

1065. On peut mettre au nombre des causes qui donnent à des associés le droit de provoquer la dissolution de la société, contre un autre, la faillite, le manquement de l'un des associés à ses engagemens envers la société, les infirmités qui rendent incapable de remplir les obligations sociales, l'effet d'une clause résolutoire:

Il est naturel que la faillite d'un des associés donne aux autres le droit de provoquer la dissolution de la société : ils n'ont plus l'assurance qu'il paiera sa part des dettes, en cas d'insuffisance de l'actif social ; ils ne trouvent plus la garantie sur laquelle ils ont dû compter lorsqu'ils l'ont admis.

Civ. 1865.

Mais la masse du failli qui se trouve à ses droits, comme des héritiers bénéficiaires sont aux droits de leur auteur, qui peut même avoir intérêt à liquider, pour réunir toutes les parties de l'actif du failli, ou connoître l'étendue de ses obligations, seroit-elle fondée à prétendre aussi que l'événement de cette faillite l'autorise à demander la dissolution de la société, malgré les autres associés, qui veulent la continuer ?

On sent bien que cette question ne présenteroit de difficulté que dans le cas d'une société limitée pour son objet ou sa durée. Ce que nous avons dit, n. 1063, sur les sociétés indéfinies, suffiroit pour la résoudre, si elle se présentoit dans une société de cette espèce.

Quant aux autres, il nous semble que ce n'est pas le cas d'appliquer les principes que nous avons donnés, n. 1053 et suiv. La faillite n'est pas comme la mort, un événement à la fois nécessaire et naturel. Elle est un fait de celui qui s'en trouve frappé, qui ne peut jamais être pour lui, ni pour ceux qui sont à ses droits, un moyen de le dégager de ses obligations. En général la masse des créanciers d'un failli le représente, est tenue de ses charges, n'a pas d'autres droits que les siens. Que les associés du failli puissent déclarer qu'ils ne veulent plus d'intérêts sociaux et solidaires avec celui qui ne leur présente plus cette sûreté réelle et morale sur laquelle ils ont compté, lorsqu'ils ont contracté avec lui; rien de plus juste, rien de plus conforme aux vrais principes que nous développerons dans la partie suivante. Mais qu'un associé, ou ce qui est la même chose, ses créanciers, qui ne sont que ses représentans, se fondent sur l'état d'insolvabilité personnelle, dans lequel il est tombé, pour dissoudre la société dont il étoit membre, c'est assurément ce que ni les principes du droit, ni l'équité n'autorisent.

Sans doute la faillite rend exigibles toutes les dettes du failli; mais elle ne donne pas à ses

créanciers le droit de forcer les débiteurs de
leur débiteur, à payer avant le terme : sans
doute les créanciers d'un associé peuvent exercer
ses droits, mais ils ne le peuvent autrement qu'il
l'eût fait lui-même, et ils doivent attendre
l'époque fixée par la convention, pour provoquer la liquidation et partage.

Il ne nous paroît donc pas douteux que
lorsqu'une personne tombe en déconfiture ou
en faillite, ses associés ne soient fondés à provoquer contre elle, ou contre la masse de
ses créanciers qui la représentent, la dissolution de la société. S'ils préfèrent de ne
pas la provoquer, ils peuvent ôter au failli
l'administration, qui lui auroit été confiée, ou
l'exclure du droit de souscrire des engagemens
sociaux, quand ce droit appartient à tous. Ils
peuvent enfin demander que ce qui formoit le
fonds de l'association soit séparé de la masse du
failli, et s'attribuer la direction et suite de la
société; ou, si c'est une simple participation
de l'affaire commune, pour en partager ensuite
les résultats avec cette masse.

Mais la qualité de la société peut faire admettre quelque modification à ces principes.
Ainsi, la faillite d'un associé commanditaire qui
auroit versé sa mise, ne pourroit être pour ses
associés un motif de demander la dissolution
de la société; puisque son insolvabilité ne leur
fait courir aucun risque; si au contraire il

n'avoit pas encore fait son versement, le droit de provoquer la dissolution seroit fondé sur les principes que nous allons donner plus bas, relativement aux effets des engagemens d'un associé envers la société. Ainsi, dans les sociétés anonymes la faillite d'un associé n'empêcheroit pas la continuation de la société avec ses créanciers, qui peuvent le représenter, et vendre son action si bon leur semble.

1066. L'inexécution des engagemens d'un associé envers la société, peut provenir de plusieurs causes. Sans entrer dans un détail qui C.v. 1871. seroit fort long, par la variété des circonstances, on peut les diviser en volontaires et involontaires.

Par causes volontaires nous entendons tout ce qui peut, par un fait ou une faute quelconque de l'associé, l'empêcher d'exécuter ses engagemens. Un contrat de société imposant à chacun des obligations réciproques, celui qui manque à ses engagemens donne droit aux autres de demander la résolution de la société, et des dommages-intérêts.

Nous avons vu, n. 967 et suiv., comment cette règle s'appliquoit, dans le cas où un associé manquoit à l'obligation d'effectuer sa mise. Il annonce qu'il ne veut pas tenir l'engagement sous la foi duquel la société a été contractée avec lui; il donne ouverture à la clause résolutoire sous- Civ. 1184.

Tome III. 11

entendue dans tout contrat synallagmatique, et
ses associés peuvent obtenir contre lui des condamnations pécuniaires, dont le montant est
proportionné à l'intérêt qu'ils avoient à ce
que la société eût son effet, et au tort qu'ils
en éprouvent. Mais aussi, lorsqu'un cas fortuit
ou une faute majeure l'a empêché d'exécuter
son engagement, il n'est tenu d'aucune condamnation.

Du reste, dans l'un et l'autre cas, il est
constant que la société est dissoute.

De même, un associé qui se soustrait avec
opiniâtreté à l'accomplissement d'obligations
qu'il devoit remplir, pour le plus grand avantage des affaires communes, qui a agi frauduleusement, qui abuse de la raison sociale,
ou qui a été frappé de condamnations capables
de flétrir sa réputation, peut être exclu de
la société.

Dans ces cas et autres de même nature,
on ne peut voir que des causes volontaires de
résolution ; elles donnent droit aux associés de provoquer la dissolution contre leur co-
associé qui est en faute, et ne lui permettent
pas d'en exciper pour la demander.

1067. Les causes involontaires ont cette différence, que l'associé qui y donne lieu peut lui-
même demander la dissolution de la société.

Ainsi, un associé qui, se trouvant atteint

d'une infirmité habituelle, ne peut plus donner aux affaires de la société les soins personnels qu'il a promis, est autorisé à demander à se retirer. L'interdiction prononcée contre l'un des associés, est pour son tuteur un motif de provoquer une liquidation qui le mette hors d'intérêt. Des raisons d'analogie nous portent à croire qu'il faudroit assimiler à ces cas celui où un associé qui a promis ses soins seroit enlevé à ses affaires, par la nécessité du service militaire, comme nous l'avons déjà dit, relativement à l'apprentissage. Il y auroit une sorte d'extinction de sa mise, une force majeure qui ne libère pas moins le débiteur d'une obligation de faire, que celui d'une obligation de livrer.

Civ. 1871.

Civ. 1865.

Ce seroit encore un cas de retraite légitime que celui où un associé ne voudroit pas effectuer l'augmentation de mise votée par la majorité et non prévue par l'acte social : on suivroit à cet égard les règles que nous avons données, n. 995 et suiv.

L'événement d'une condition résolutoire prévue par le contrat, peut aussi fonder la demande en dissolution de société; c'est aux arbitres à décider, d'après les termes du contrat, si cet événement est arrivé, et quels doivent en être les effets.

1068. Dans tous ces cas, la société n'est point dissoute par le seul fait sur lequel on se fonde.

11 *

La dissolution doit être demandée. Mais parmi les causes dont nous venons de parler, il en est qui sont tellement péremptoires qu'il ne reste aux arbitres qu'à prononcer sans autre examen ; telle est la faillite, l'interdiction. Il en est d'autres qui doivent être appréciées ; et si les motifs de dissolution sont jugés légitimes l'effet en remonte au jour de la demande.

Mais alors s'élèvent deux questions ; la première si , lorsqu'un associé se trouve dans un des cas qui autorisent les autres à former contre lui une demande en dissolution de la société, un seul pourroit intenter cette demande malgré la majorité ; la seconde si , lorsque cette exclusion a été prononcée sur quelque provocation que ce soit , un des associés restans pourroit provoquer contre les autres la dissolution totale de la société, en invoquant les principes que nous avons donnés, n. 1060.

Ces deux questions nous semblent devoir se résoudre par la combinaison des principes sur les droits des associés dans les affaires communes, et sur ceux qu'a la majorité de régler les points pour lesquels tous ne sont pas d'accord ; les circonstances devroient aussi être prises en considération par les arbitres à qui la décision de la difficulté seroit soumise.

CHAPITRE SECOND.

De la Publicité que doit recevoir la Dissolution d'une Société.

1069. Quelle que soit la cause qui donne lieu à la dissolution d'une société, soit que cet évé- Com. 46. nement ait eu lieu de plein droit, soit qu'il ait été la suite d'une demande intentée par un ou plusieurs des associés, la connoissance doit en être donnée au public, par affiches, dans la forme que nous avons indiquée, n. 1002.

Une seule exception est faite pour le cas où l'acte de société, qui a été affiché, détermine l'époque fixe de la cessation de la société. Nous disons l'*époque fixe*, car si cette cessation devoit finir en cas d'événement d'une certaine condition, par exemple, du mariage de l'un des associés, d'une survenance d'enfans ou autre cause de nature à n'être pas connue des tiers, comme l'est un terme certain et invariable, l'annonce de la dissolution, causée par ces événemens, devroit être rendue publique.

L'inobservation de cette formalité produiroit, en faveur des tiers, l'effet que la société seroit censée subsister, comme si la dissolution n'avoit pas eu lieu, et même les créanciers pourroient

faire la preuve que, nonobstant cette dissolution, elle a continué. Dans ce cas les preuves
seroient les mêmes que celles à l'aide desquelles
on peut prouver qu'il a existé de fait une société
entre des personnes., qui n'en ont point rédigé ou rendu publiques les conditions.

Ainsi, en appliquant ce principe aux différens
cas que nous avons prévus : si tous les associés
vivent, et n'ont pas rendu publique la dissolution, les engagemens que chacun d'eux, dans le
cas où tous ont l'administration, ou celui d'entre
eux qui en avoit été investi, contracteroient
après cette époque, les obligeroient comme s'ils
étoient encore associés : si la dissolution avoit
lieu par la mort de l'un des associés, les engagemens des survivans pourroient donner lieu,
contre les héritiers du défunt, ou ses légataires universels, aux mêmes droits que s'il
avoit été stipulé que la société continueroit avec
eux : si elle a eu lieu par l'interdiction d'un des
associés, il continuera d'être obligé, comme s'il
étoit capable, sauf la responsabilité de son
tuteur. En un mot, dans ces cas, dans les
autres, les associés ne peuvent exciper de la
dissolution de la société, pour échapper à l'exécution d'engagemens qui eussent été considérés
comme engagemens sociaux si la société eût
subsisté.

TITRE QUATRIÈME.

DES SUITES ET EFFETS DE LA DISSOLUTION D'UNE SOCIÉTÉ.

1070. On peut considérer les suites et effets de la dissolution d'une société sous deux points de vue. Les associés cessent non-seulement d'avoir les rapports et droits respectifs que la société avoit créés, mais encore, ils doivent, par une liquidation et partage, dans lesquels la veuve et les héritiers représentent leur auteur, mettre fin, d'une manière absolue, à la communauté qui existe entre eux. Ce sera l'objet du premier chapitre.

Quoiqu'en général des associés, en se séparant, n'aient ni le droit, ni le pouvoir de changer leurs obligations et leur qualité envers ceux avec qui ils ont traité pendant sa durée, cependant, la nature particulière des sociétés, apporte à cette règle quelques modifications que nous ferons connoître dans le second chapitre.

CHAPITRE PREMIER.

Effets et suites de la Dissolution d'une Société entre les Associés.

1071. Aussitôt après la dissolution de la société, les rapports entre les associés cessent d'exister; il n'y a plus qu'une communauté d'intérêts à laquelle un partage peut seul mettre fin.

Les associés doivent s'entendre sur les opérations à finir. S'ils ne peuvent s'accorder à cet égard, les opérations résolues, soit par une délibération, soit par tout autre mode légal et obligatoire, quoique non commencées, seroient considérées comme des affaires communes, s'il en résultoit déjà des droits et des obligations pour toute la société.

Si, par exemple, il a été envoyé un chargement à la Martinique, avec instruction d'employer le prix à l'achat et envoi de marchandises et qu'avant le retour du navire, ou même pendant le voyage d'aller, un associé vienne à mourir, ses héritiers auront part aux retours, soit pour le bénéfice, soit pour la perte. C'est par suite de ce principe que nous avons vu, n. 692, que la mort d'un homme de mer, engagé au fret ou au profit, n'empêchoit pas que ses héritiers ne partageassent les profits de la navigation, comme il l'eût fait lui-même.

Les actions que le contrat de société donne droit à quelqu'un des associés d'exercer contre les autres, soit pour faire opérer la liquidation, soit pour faire rendre compte de quelque gestion particulière, etc., ne sont point soumises à une prescription autre que les actions personnelles, et elles subsistent trente ans.

Civ. 2262.

1072. Tout associé est fondé à demander aux autres ou à leurs héritiers, qu'il soit procédé aux compte et partage des choses communes. Il doit agir contre tous les intéressés ; s'il n'avoit assigné qu'un seul, celui-ci seroit fondé à requérir, par exception, que le demandeur mît en cause tous les autres, le partage ne pouvant avoir lieu partiellement.

Pour atteindre ce but, il faut, comme dans toute opération de partage, établir la masse à diviser. Mais on n'y peut parvenir sans, au préalable, avoir procédé à la liquidation de la société, et aux comptes respectifs des associés envers la masse sociale. A cet égard, il y a des règles particulières que nous ne devons pas négliger de faire connoître.

Ainsi, dans la première section, nous allons parler de la liquidation et des liquidateurs ; dans la seconde, des créances que peut exercer ou des dettes dont peut être tenu chaque associé envers la société ; dans la troisième, de ce qui intéresse le plus la jurisprudence commerciale relativement au partage.

Section première.

De la Liquidation et des Liquidateurs.

1073. Il est peu de sociétés dont les affaires soient traitées avec assez de précision, et tellement *à jour*, que dès l'instant de la dissolution, tout ce qui lui est dû, tout ce qu'elle doit, soit déterminé d'une manière précise, et qu'il n'y ait ni contestation à essuyer, ni vérifications à faire, ni comptes à arrêter. Il faut donc faire ce qu'on appelle une *liquidation*, expression sur la force de laquelle on ne s'est jamais mépris dans le commerce.

Un ou plusieurs associés peuvent être nommés liquidateurs, soit par l'acte de société même, soit par celui de la dissolution, si elle est conventionnelle, et à défaut d'accord, par une décision d'arbitres qui, suivant qu'il a été dit, n. 1009, sont les seuls juges des contestations entre associés.

L'associé désigné pour faire cette liquidation, par l'acte de société, ou par convention postérieure, peut être requis par ses associés de donner caution, s'il n'en a été dispensé par sa nomination, et les arbitres peuvent l'y condamner si les autres offrent de se charger de la liquidation, en donnant ce cautionnement.

Lorsqu'il s'agit de prononcer entre plusieurs associés qui prétendent à la liquidation, et n'ont point de droits fondés sur une convention sociale, la principale règle qu'on puisse proposer aux arbitres est de préférer toujours un des associés survivans, aux héritiers d'un associé; à égalité de droits, de préférer celui qui étoit spécialement chargé, pendant la durée de la société, de l'administration, et sur-tout de la partie d'administration qui a le plus de rapports avec ce qui doit constituer la liquidation sociale; ou celui qui a créé l'établissement, et a admis les autres en société; ensuite, celui qui a fait la plus forte mise, ou si elles sont égales, celui qui a fait les plus fortes avances, ou dont le compte courant obligé étoit le plus considérable.

Si ces diverses raisons n'existent pas, ou ne servent pas à établir une préférence, ceux dont les noms entroient dans la raison sociale doivent être préférés à ceux dont les noms n'en faisoient pas partie; parmi eux, enfin, celui dont le nom étoit placé le premier. Dans ces derniers cas, les associés peuvent convenir, ou les arbitres ordonner, suivant les circonstances, que la liquidation sera faite en commun.

On sent la nécessité d'actes qui prouvent ce choix, et donnent au liquidateur un droit

que les tiers ne puissent contester ; car il est
évident que ceux contre qui il agira, en cette
qualité, pourront exiger qu'il justifie de sa
nomination, puisque ces tiers ont intérêt,
sur-tout s'ils sont débiteurs, à se libérer valablement. Aussi, dans les circulaires qu'on écrit
en annonçant la dissolution d'une société, ne
manque-t-on jamais de faire connoître aux
correspondans quel est le liquidateur ; et la
même précaution est prise dans les affiches de
dissolution, dont nous avons parlé, n. 1069.

1074. Il est convenable qu'un inventaire général de l'actif et du passif, précède l'entrée en
fonctions du liquidateur, puisque sans cela
il seroit difficile d'apprécier sa conduite, et
de juger sa responsabilité. Cet inventaire doit
détailler les marchandises et effets mobiliers,
l'argent, les lettres de change, les dettes actives
et passives, et généralement tout l'actif mobilier
et immobilier, et tout le passif de l'établissement.

Ce que nous venons de dire du liquidateur
apprend assez qu'il est tenu des obligations
d'un mandataire, qu'il a une responsabilité
semblable à celle d'un associé gérent. Il est
donc tenu, après l'inventaire, de procéder au
recouvrement des dettes actives, et à la vente
des marchandises, jusqu'à concurrence de ce
qui est nécessaire pour acquitter le passif.

Il demeure garant et responsable du défaut de diligences pour tous les effets négociables et autres, qu'il aura laissé péricliter par sa faute. Il doit régler avec chaque créancier ce qui lui est dû par compte courant, ou de toute autre manière; il fait les mêmes opérations avec chacun des associés, tant ceux qui ont des comptes courans que ceux qui pourroient, à un titre quelconque, être créanciers ou débiteurs de la société.

La liquidation se fait aux frais de la société, et le liquidateur les acquitte sur les sommes rentrées. Il doit employer tout le reste à payer les dettes passives de la société, loyers, et autres obligations envers les tiers. S'il recouvre plus qu'il ne faut, on le répartit entre les associés qui ont des comptes courans libres, jusqu'à ce qu'ils soient soldés; puis, de la même manière entre les associés qui ont des comptes courans obligés; puis enfin, entre tous, dans la proportion des parts qu'ils ont droit de prétendre.

Aucun associé ne doit prendre part aux répartitions tant qu'il n'a pas payé ce dont il est redevable envers la société, à quelque titre que ce soit.

Il est convenable que le liquidateur dresse, de temps à autre, des états de situation par lui certifiés et signés, que puissent vérifier au besoin les autres associés, qui conservent le droit de venir consulter les livres, titres, papiers et documens de commerce. Le dernier état de situation est signé de tous les associés, et contient décharge envers le liquidateur.

1075. Il peut s'élever des doutes sur l'étendue des pouvoirs du liquidateur, soit pour transiger, soit pour compromettre sur des objets douteux demandés par lui au nom de la société, ou réclamés contre lui, comme la représentant.

Lorsqu'un associé a été chargé par les autres de liquider les affaires communes, il n'est pas présumé, à l'égard des tiers qui ont des créances ou des dettes à liquider avec la société, avoir moins de droits qu'elle n'en avoit elle-même; il est la société toute entière, car les assignations qui auroient été données à la société, au lieu de son établissement, tant qu'elle subsistoit, peuvent être données au domicile du liquidateur.

Il est donc investi du droit de transiger, de compromettre, de choisir des arbitres de même que la société eût pu le faire, par ses gérens. Autrement la liquidation seroit impossible. Des associés pourroient se séparer, aller chacun s'établir dans une autre ville. Le liquidateur qui, lorsqu'on l'a nommé, ne prévoyoit pas plus que les autres que certains créanciers ou débiteurs élèveroient des difficultés a pu ne pas se faire donner de pouvoirs spéciaux pour chaque circonstance importante. N'aura-t-il que le

droit d'assigner ou de se laisser assigner? Chaque
fois qu'il s'agira d'arrêter dès comptes, de régler
des résultats d'opérations faites en participation
ou autrement, comptes et règlemens qui, par
leur nature, nécessitent souvent de s'en rapporter à l'avis d'arbitres ou de conciliateurs,
faudra-t-il qu'il demande des pouvoirs spéciaux?
On entrevoit tous les inconvéniens d'un tel système. On ne peut croire, qu'en prenant des
mesures pour effectuer leur liquidation, les
associés ayent entendu et voulu qu'elle ne fût
pas faite par des voies amiables. Il est donc
juste que les arrangemens, tels qu'ils soient,
intervenus entre le liquidateur et les tiers, sur
des matières qui étoient l'objet de la liquidation, obligent la société, dès qu'ils n'excèdent
pas les pouvoirs que des gérens auroient eus
pendant qu'elle subsistoit. Si ce liquidateur n'a
pas agi prudemment, s'il a reconnu des dettes
contre lesquelles la société avoit de légitimes
exceptions, si, par collusion ou de toute autre
manière, il a fait tort à ses associés, il est responsable envers eux.

SECTION II.

Des Créances et Dettes de chaque Associé envers la Société.

1076. Les fonctions des liquidateurs sont,
comme nous l'avons vu, de déterminer plus par-

ticulièrement ce que les tiers doivent à la société, d'en faire le recouvrement, s'il est possible, et d'acquitter ce qu'elle doit. A cette opération, succède, lorsqu'elle n'en fait pas partie, la liquidation de ce dont chaque associé est créancier ou débiteur de la société, tant pour causes qui ont existé pendant sa durée, que pour causes qui ont pu avoir lieu légitimement depuis qu'elle est dissoute. Ce sera l'objet de cette section.

On doit, avant tout, procéder au compte de la gestion de ceux qui ont eu le mandat d'administrer. Les livres qu'ils ont dû tenir, conformément à ce que nous avons dit, n. 1019, servent à l'établir. Leur qualité d'associés ne peut les dispenser de justifier, par ce moyen, tout ce qu'ils ont fait, et même, quand cela est possible, d'en rapporter les pièces justificatives; elle peut seulement induire à ne pas user de rigueur. Par exemple : si dans quelques affaires, un gérant portoit en dépense des sommes dont l'emploi seroit vraisemblable, d'après les circonstances, quoique l'exacte justification ne pût en être faite sans de grandes difficultés, la nature et la vraisemblance de l'emploi, l'exactitude avec laquelle il a tenu les livres où cet article est inscrit, et, s'il en est besoin, son serment, doivent suffire.

On pourroit même être convenu, en confiant quelqu'affaire spéciale à un des associés, qu'il ne sera pas tenu de rendre un compte articulé et qu'on s'en tiendra à ses déclarations. Une telle convention que ne pourroit invoquer un associé chargé de l'entière gestion de la société, seroit exécutée dans ce cas particulier. Mais si cet associé étoit convaincu d'inexactitude en quelque chose que ce soit, il devroit être condamné à rendre un compte justifié, sans pouvoir exciper d'une faveur dont il se seroit rendu indigne.

1077. L'associé qui n'a pas réalisé sa mise, en tout ou partie, doit être constitué débiteur de ce qu'il n'en a pas payé, et en doit les intérêts. Si, sur la demande de ses associés, il a été Civ. 1846. condamné, pour cette inexécution de ses engagemens, à des dommages-intérêts, il en est également débiteur; mais s'ils ont laissé la fin de la société arriver, sans les demander, ils n'y semblent plus fondés.

Chaque associé doit encore rapporter à la société ce que, depuis la dissolution, il auroit reçu, quoique pour sa part, des débiteurs de la société; parce que, s'il est vrai que toute créance Civ. 1847. solidaire, lorsqu'elle n'est pas indivisible par sa nature, se divise de plein droit entre ceux à qui elle est due, il est de principe qu'entre associés, la communauté d'intérêts et de droits, qui s'oppose à ce que l'un rende sa condition meilleure que celle de l'autre, ne permet pas qu'il agisse comme s'il avoit une part distincte et déterminée dans ce qui formoit le fonds social.

Il en seroit de même du prix qu'il auroit tiré
de la vente de quelques portions de marchandises communes, depuis la dissolution de la société, encore que ces valeurs n'excédassent pas
ce qui lui reviendroit par le partage.

Indépendamment des dettes qui peuvent
exister ainsi de la part d'un ou de plusieurs
associés, envers la société, pour gestion qui
leur a été confiée, ou dont ils ont pu se mêler,
chaque associé qui auroit occasionné, par sa
Civ. 1850. faute, quelques dommages à la société, doit
être considéré comme débiteur, jusqu'à concurrence. Il n'est pas, dans cette circonstance,
plus favorisé que des étrangers.[1]

C'est par les circonstances que l'on devroit
décider comment s'applique la règle du droit
commun, que chacun des associés peut se
Civ. 1859. servir des choses appartenant à la société,
sans être obligé de payer une rétribution.
L'exercice d'une telle faculté a lieu rarement
dans le commerce, où l'on suppose que tout
est destiné, soit à donner des produits, soit à
concourir aux travaux communs. On y présume
facilement que cet usage qu'un associé a fait des
choses communes, d'une manière profitable
pour lui, n'a été accordé ou toléré par les autres
qu'à la condition sous-entendue qu'il paieroit
ce que des étrangers auroient pu payer.

Le fait que les autres associés n'ont pas
voulu se servir de la chose commune, n'est pas

toujours un motif en faveur de celui qui en a usé. Ainsi un navire appartenant à plusieurs personnes, l'un des associés ne peut l'expédier à son profit, même au refus des autres, sans payer le fret, comme nous l'avons vu, n. 621.

L'associé qui a pris dans le fonds commun une somme d'argent ou des marchandises destinées à être vendues, pour les employer à ses affaires particulières, est débiteur envers la société, non-seulement du prix principal, mais encore des intérêts, à compter du jour qu'il les a employés, jusqu'à celui où il s'acquitte envers la société, sans préjudice de plus amples indemnités, s'il y a lieu. Civ. { 1846. 1859.

Chaque associé doit également rapporter ce qu'il a pu percevoir de profits personnels dans des affaires qui étoient communes. Nous en avons vu un exemple relativement aux associations des gens de mer au fret ou au profit, n. 691.

1078. On doit ensuite procéder aux comptes de ce qui est dû, par la société, à chaque associé, pour déboursés ou obligations personnelles contractées à l'occasion des affaires communes. Civ. 1852. Il a droit à l'intérêt de ses avances, à compter du moment qu'il les a faites, comme nous l'avons vu, n. 181, pour les mandataires, dont il a, dans ce cas, la qualité à l'égard de ses associés.

C'est d'après les conventions des parties, et

s'il n'y a rien de déterminé, d'après l'usage et l'équité, qu'on doit allouer les loyers, gages de domestiques, frais de voyages et autres dépenses qui ont eu les affaires communes pour objet.

Souvent, lorsque la société a pour but de faire le commerce en pays étranger, on détermine qu'une somme sera payée annuellement, par préciput, à celui qui quittera sa patrie, ou que sa nourriture et celle des domestiques pour le service de sa personne, qui, dans la règle, ne seroient pas une charge de la société, lui seront alloués en dépense.

Un associé peut encore porter au rang de ses créances les dettes ou dommages que lui ont occasionnés quelques accidens qui auroient été une suite nécessaire de sa gestion, et n'ont eu que cette cause; parce que la société devant avoir tout le profit qui résulte de cette gestion, il est équitable qu'elle en courre tous les risques. Par exemple, si un Français envoyé dans les Echelles du levant, ou autres pays turcs et barbaresques, pour les affaires de la société, dont il est membre, éprouve quelques vexations ou pillage, connus dans ces pays sous le nom d'*avanies;* si, dans un pays policé, il est arrêté par une mesure générale, soit contre les Français, soit contre *telle* classe de Français, les sommes ou la valeur des effets qui lui ont été pris, ou qu'il a donnés dans les cas d'*avanies,* toutes les dépenses faites pour obtenir sa

Civ. 1852.

liberté doivent être payées par la société. Nul n'est tenu du fait du prince, et l'on ne peut nier que ce ne soit la société qui ait donné lieu à ces vexations, que l'associé n'eût point éprouvées s'il n'en avoit pas géré les affaires. Il en seroit de même s'il étoit fait prisonnier sur mer; sa rançon devroit être payée par la société.

Les règles du droit commun, pour les dommages-intérêts, peuvent recevoir leur application dans ce cas. Ainsi, lorsque l'associé qui faisoit les affaires de la société est attaqué par des voleurs et dépouillé, la société ne doit l'indemniser que de la perte de ce qui lui étoit nécessaire et convenable, eu égard à son état et à la durée ou objet de son voyage. S'il a porté avec lui plus d'argent qu'il n'en falloit, ou des choses dont il pouvoit se passer, la société ne doit pas l'indemniser de la perte de ce superflu. Dans ce cas, ce qui a pu échapper aux voleurs s'imputera proportionnellement et sur ce qu'il devoit avoir, suivant les convenances et le but de son voyage, et sur ce qu'il avoit de superflu.

Pareillement, s'il a mené avec lui un trop grand nombre de domestiques, la société n'est tenue que du traitement de ceux qui étoient nécessaires pour son voyage.

1079. Si chaque associé n'a pas été rempli par les liquidateurs, comme nous l'avons vu,

n. 1075, de ce dont il est créancier, soit aux divers titres qui viennent d'être expliqués, soit pour solde de ses comptes courans avec la société, il est fait un prélèvement à son profit sur la masse à partager, parce que si le déboursé en avoit été fait au cours de la société, l'actif seroit d'autant moins considérable.

Par la même raison, lorsqu'étant débiteur pour ces diverses causes, il n'a pas payé son solde, soit effectivement, soit en prenant moins dans les distributions de sommes recouvrées, que les liquidateurs ont pu faire, on lui précompte, sur ce qui doit lui revenir, le montant de sa dette et des intérêts qu'elle a produits jusqu'à cet instant. Dans tous ces cas, on n'a point égard à l'exigibilité ou non-exigibilité de la créance ou de la dette de l'associé.

1080. Il faut encore classer parmi les créances de chaque associé, la reprise de son apport; mais avant tout, il faut remarquer avec beaucoup de soin, si l'intention des parties a été que la mise entrât dans la société pour devenir un objet commun entre tous, ou si l'on a entendu que chaque associé la préléveroit avant le partage des bénéfices.

Dans le premier cas, la société étant devenue propriétaire de la mise, l'associé qui l'a faite ne peut la réclamer, quand même elle subsisteroit encore. Dans le second cas, la société n'ayant été

qu'usufruitière, l'associé pourra réclamer le Civ. 1851.
produit ou l'estimation de sa mise, rentrer dans
l'exercice exclusif des découvertes de son industrie, etc.

Cette question, peu importante si toutes les
mises sont égales, est d'un grand intérêt lorsqu'il
y a inégalité. Ainsi, *Pierre*, *Jacques* et *Jean* sont
associés ; la mise de *Pierre* est de 10,000 fr., celle
de *Jacques* de 7,500 fr., celle de *Jean* de 5,000 fr.
Si chacun doit retirer sa mise, les prélèvemens
s'exercent sur la masse active, nette de tout
passif, et *Pierre* se trouve prélever plus que les
autres. Si la mise a été aliénée entièrement par
chacun, de manière à exclure tous droits de
reprise, *Jean* se trouvera obtenir un avantage
en prenant sa part dans l'excédent de mise des
autres.

Il est presqu'impossible que les parties ne
se soient pas expliquées à ce sujet. Dans le
doute, on doit croire que chacun a droit de reprendre sa mise. Mais les circonstances peuvent
extrêmement influer.

Par exemple, *Jean* et *Louis* se sont mis en
société pour cinq années. *Jean* a fait une mise
de 5,000 fr., *Louis* n'a apporté que des soins
et une industrie qui, pouvant être payés par
une personne à qui il se loueroit, environ 1,000
ou 1,200 fr., par an, seroient raisonnablement
appréciés 5,000 fr. pour cinq ans. Si à la dissolution de la société, *Jean* retire sa mise, *Louis*,

que la nature des choses prive de cet avantage,
se trouvera lésé; la stipulation de cette reprise
seroit même une injustice dans le for intérieur.
Dans le silence des parties, les juges, que la stipulation ne lieroit point, feroient donc une chose
équitable, en déclarant que les circonstances,
réunies au silence qu'elles ont gardé, s'op-
posent à la reprise prétendue par *Jean*.

Lorsqu'il est constant que l'usage seul des
choses a été mis en société, la manière dont la
reprise doit être faite, varie suivant les principes
que nous avons expliqués, n. 990 et suiv. Si la
nature de ces choses ou la convention a donné
droit à la société d'en disposer, ou, de toute
autre manière, les a mis à ses risques, l'associé
n'est créancier que de la valeur qui leur a été,
ou qui doit leur être donnée, d'après l'état des
choses au moment qu'elles ont été mises à la disposition de la société; peu importe qu'elles aient
péri ou soient détériorées. Dans le cas contraire, l'associé reprendra les choses telles qu'elles
se trouvent, et même si elles ont péri, il n'a
rien à réclamer, à moins que cette perte ou
détérioration ne soit l'effet d'une faute dont la
société est responsable.

Les mises ou les avances dont l'intérêt a été
stipulé, ou est dû de plein droit, continuent
d'en produire, parce que, s'il est vrai de dire
que la société soit dissoute, de manière que
les obligations qu'un associé contracteroit, même

sous la raison sociale, envers les tiers, cessent d'être communes, il n'en est pas ainsi entre les associés.

1081. Ce que nous avons dit dans cette section, peut aider à résoudre les difficultés dans les cas où les parties ne se seroient point expliquées. Mais des associés sont maîtres de régler leur liquidation comme bon leur semble ; il suffit de remarquer que quelles que soient les conventions des parties, jamais leur silence, sur des points qui dérivent de la nature des choses, ne peut être considéré comme une renonciation.

Si le résultat de ces opérations donnoit lieu à prononcer quelques condamnations au profit d'un associé contre les autres, il n'y auroit point solidarité ; ce mode d'obligation n'est qu'en faveur des tiers : mais elles s'exécuteroient par corps, comme toute autre condamnation résultant d'engagemens entre commerçans.

SECTION TROISIÈME.

Du Partage de la Société.

1082. La masse active est composée de tout ce qui appartient à la société en immeubles, meubles ou marchandises qui n'auroient pas été vendus par les liquidateurs, billets et autres titres des créances qui n'auroient pas été recouvrés, sommes dues par quelques associés, d'après les comptes dont nous avons parlé dans la section précédente , et argent en caisse.

Lorsqu'il reste des choses mobiliaires et des marchandises en nature, chacun peut exiger qu'on lui en délivre sa part. Néanmoins, il ne suit pas de cette règle et de celle d'après laquelle tous les objets qui composent une société, appartiennent indivisément à tous les associés , que chacun d'eux puisse demander qu'on partage individuellement chaque chose. Des experts doivent faire des lotissemens les plus égaux possible, en observant de composer chaque lot de choses qui ayent leur consistance et leur utilité individuelle.

Le partage des créances actives s'opère de la même manière ; on fait, aussi également qu'il est possible, des lots de créances sur l'acquittement desquelles on n'a point de doutes, et qu'on nomme bonnes créances. Quant à celles dont le recouvrement paroît incertain ou difficile , qu'on nomme créances caduques, elles sont ordinairement cédées à l'un des associés, ou mises dans son lot pour un prix quelconque inférieur à leur valeur nominale, à moins qu'on ne charge du recouvrement un des associés ou même un étranger, qui en rend compte.

1083. Les livres, titres, papiers et documens du commerce restent, s'il n'y a rien de convenu à cet égard, au liquidateur; et, s'il y en a plusieurs, au plus ancien; enfin s'il n'y a pas eu de liquidateur, à celui des associés qui auroit dû l'être; dans tous les temps ce dépositaire est tenu d'en donner communication aux autres associés.

Quant au droit de mettre sur ses marchandises les marques dont la société faisoit usage, celui qui l'a fondée, ou qui en a été le principal soutien, pourroit quelquefois le réclamer avec assez de justice. Mais en général, les associés l'attribuent par l'acte de partage à l'un d'eux, soit d'une manière expresse, soit d'une manière implicite, en lui cédant la continuation du commerce, ou la propriété, ou la suite du bail de l'établissement, ou les instrumens de l'exploitation.

S'il n'a été rien decidé à cet égard entre les associés, soit dans l'acte même de société ou de dissolution, soit dans des conventions postérieures, ceux qui continuent de faire le même commerce, peuvent se servir de ces enseignes ou marques, pourvu qu'il n'en puisse résulter aucune surprise, et en donnant les avertissemens nécessaires, pour qu'on sache qu'elles ne désigneront plus le même établissement.

1084. S'il est impossible de partager les immeubles, ils doivent être licités dans les formes ordinaires, à moins que la convention sociale n'en ait déterminé d'autres : cette convention alors ne seroit point modifiée par la qualité des héritiers d'un associé; par exemple, s'ils étoient mineurs, interdits, etc.; une telle clause faisant partie du pacte social.

Il est de même des circonstances dans lesquelles un copartageant est tenu de se contenter du prix de sa part, tel que le fixent des experts. C'est lorsque l'acte de société contient la clause qu'elle subsistera avec les survivans, sans la faire continuer avec les héritiers du premier mourant. Ceux-ci, tenus de n'apporter aucun obstacle à l'exécution de ce que leur auteur a consenti, sont obligés de souffrir une modification à la règle, que nul n'est tenu de vendre sa propriété malgré lui; et comme le partage ou la licitation détruiroient l'établissement social, ils sont obligés de le laisser en entier aux survivans, en se contentant du prix estimatif de leur part. La dissolution de la société les rend de plein droit créanciers de la somme à laquelle cette part sera fixée, et leur accorde tous les avantages dus à une créance privilégiée.

1085. Le partage d'une société est régi par les mêmes principes que celui qui intervient entre cohéritiers. Nous nous bornerons à en indiquer les conséquences les plus importantes.

En premier lieu, cet acte est susceptible de rescision pour lésion de plus du quart, et le droit de la demander dure dix ans. Sous ce

rapport il ne faut pas confondre le partage avec
la détermination des parts, confiée à un associé   Civ. 1854.
ou à un tiers, qui ne peut être attaqué que dans
le délai de trois mois, comme il a été dit,
n. 999. Cette opération n'est pas un partage,
elle n'a pour objet que de faire connoître
dans quelles proportions le partage aura
lieu.

En second lieu, il est déclaratif et non trans-
latif de propriété ; c'est-à-dire que chaque as-   Civ. 883.
socié est censé avoir toujours été seul propriétaire des objets tombés dans son lot, et n'avoir
jamais eu la propriété des objets tombés dans
les lots de ses copartageans.

Ainsi *Pierre* et *Paul* sont associés ; la société
dissoute, on en partage l'actif, composé en
partie d'immeubles : une maison tombe dans le
lot de *Pierre*, à charge d'une soulte ou retour ;
si quelques personnes avoient contre lui des
hypothèques générales, elles frappent cette
maison sans que les créanciers de même espèce de *Paul* puissent rien y prétendre. L'effet
du partage est de rendre incommutable, entre
les mains de *Pierre*, une propriété en quelque
sorte conditionnelle, et de déclarer que jamais
Paul n'y a eu de droits ; le retour, qu'il
toucheroit, seroit contribué entre tous ses
créanciers, sans préférence pour les hypothécaires.

En troisième lieu, le tiers auquel un associé

auroit, depuis que la société est dissoute et
Civ. 841. avant partage, cédé tous ses droits moyennant
une somme d'argent, pourroit être écarté du
partage, soit par tous les associés, soit par un
seul, en lui remboursant ce qu'il a payé.

Enfin, chacun des ci-devant associés doit à
Civ. 884. l'autre la garantie de son lot ; et s'il est entré
des immeubles dans les parts, l'inscription
Civ. 2109. prise, dans les soixante jours du partage, conserve le privilège de cette garantie contre tous
créanciers personnels du copartageant.

1086. Cette obligation de garantie étant la
conséquence des principes que l'égalité la plus
entière doit présider au réglement des intérêts
entre les associés, il peut se présenter une
question assez importante, et en quelque sorte
en sens inverse, dans le cas où loin de partager
un actif, les associés n'ont à diviser entre eux
que l'acquittement des dettes sociales. Il est clair
qu'ils doivent les supporter dans la proportion
convenue entre eux ; mais comme l'un d'eux
peut avoir payé aux créanciers au-delà de la
somme qui résulteroit de ce calcul proportionnel, les autres sont obligés ensuite de lui
en faire raison, et les bases convenues pour
leur association, sont, dans ce cas, la seule règle
à suivre.

Ainsi, *Pierre* et *Jacques* formoient une
société qui a été dissoute par leur faillite ; leurs

fortunes réunies ne pouvant acquitter la totalité de la dette sociale qui est de 200,000 fr., ils font cession de tous leurs biens. Cet abandon est inégal; *Pierre* abandonne 80,000 fr., et *Jacques* 50,000 fr.; ce qui au total ne produit que 130,000 fr., et laisse les créanciers en perte de 70,000 fr. Néanmoins, au moyen de cette cession, ils tiennent quittes leurs deux débiteurs. Après quelques années, *Jacques* rétablit ses affaires : *Pierre* pourra-t-il exiger de lui une somme de 15,000 fr., faisant moitié de ce qu'il se trouve avoir payé de plus que lui aux créanciers communs, et prétendre que si la somme payée aux deux créanciers de la société, n'a pas été du total de ce qui leur étoit dû, cependant cette somme a libéré la société; que chacun d'eux devant moitié de cette somme, si les circonstances ont pu faire que ce paiement eût lieu d'une manière inégale, ç'a été une sorte de prêt, dont le remboursement peut être exigé par celui qui l'a fait, dès que son ci-devant associé est revenu à meilleure fortune.

Il nous semble que *Pierre* ne seroit pas fondé : la faillite de la société, en la dissolvant, a fini les obligations de chacun. Si l'un et l'autre étoient débiteurs de 200,000 fr. envers les créanciers, ils étoient, entre eux, obligés de payer jusqu'à concurrence de 100,000 fr. chacun. *Pierre* s'en est libéré par 80,000 fr.; *Jacques*, qui devoit aussi 100,000 fr. s'en est

libéré par 50,000 fr.; *Pierre* n'a pas payé plus
qu'il ne devoit; il n'a donc rien payé à la
décharge de *Jacques* : or le recours du codébiteur contre son codébiteur solidaire, n'est fondé
que lorsqu'il a payé plus que sa part.

1087. Nous avons eu plusieurs fois, dans le
cours de cet ouvrage, l'occasion d'appliquer le
principe du droit civil, qui admet tout créancier à exercer les actions de son débiteur. Ce
principe, appliqué aux sociétés, autorise le
créancier d'un associé à former opposition
entre les mains des autres associés, pour qu'ils
ne procèdent à aucune liquidation avec son
débiteur, sans l'y appeler. Mais il ne peut venir
prendre connoissance des opérations, et sous
prétexte qu'une partie du fonds social est la
propriété de son débiteur, provoquer un partage avant l'époque de la dissolution, ou saisir
le mobilier de la société. Il ne nous semble pas
même qu'il pût, dans le cas où les associés, à
certaines époques, se partageroient quelques
portions de bénéfices, prétendre au droit de
toucher la part de son débiteur, à moins qu'il
ne donnât caution de rapporter en définitif,
puisqu'il peut se faire que les années suivantes présentent des pertes qui retomberoient
en totalité sur les autres associés : mais après
la dissolution il peut intervenir pour que le
partage ne se fasse pas en fraude de ses

droits, et former opposition à ce qu'on y procède sans l'appeler.

CHAPITRE II.

Effets de la Dissolution d'une Société envers les Créanciers.

1088. Toutes les dettes qui ont été contractées par la société doivent être acquittées avec les effets qui en composent l'actif, à l'exclusion des créanciers particuliers des associés, puisque la société étoit un être moral, qui avoit son individualité et ses droits distincts de ceux de chacun de ses membres. La raison s'en fait sentir facilement. Les créanciers particuliers d'un associé ne peuvent prétendre plus de droits qu'il n'en auroit lui-même; or, il n'a de part que dans ce qui restera quand les dettes seront payées.

Mais lorsque l'actif de la société étant insuffisant, les créanciers exercent leurs droits sur les biens personnels des associés, ils ne viennent qu'en concurrence avec les créanciers particuliers qu'il peut avoir; on rentre dans le droit commun, l'exception que nous venons d'indiquer ne pouvant plus avoir son effet.

Les droits des créanciers contre les associés individuellement, sont plus ou moins étendus, suivant les règles que nous avons données dans

le titre second : ils subsistent après la mort de
chaque associé, contre ses héritiers; et lorsque
la société ne continue pas avec eux, la dette
totale se divise entr'eux, conformément aux
principes du droit civil.

Par exemple, deux personnes sont en société.
Il est dû à un tiers 20,000 fr. Le créancier peut
demander les 20,000 fr. en entier, à celui des
associés qu'il veut choisir, tant qu'ils sont vivans.
Si l'un d'eux vient à mourir avant que l'obligation ait été acquittée, sa succession peut
bien être, en vertu de la solidarité, poursuivie
Civ. { 1220. 2249. } pour payer la totalité des 20,000 fr., mais s'il a
laissé plusieurs héritiers, chacun d'eux ne doit,
dans ces 20,000 fr., qu'une part virile, c'est-à-
dire, un quart, un cinquième, selon qu'ils sont
quatre ou cinq héritiers.

1089. En général, la durée et la conservation
des droits d'un créancier contre son débiteur ne
doit point dépendre de celui-ci, et jamais il ne
peut, par son propre fait, changer la nature ou
l'étendue de ses obligations.

L'intérêt du commerce et l'espèce particulière de la société, modifient les principes du
droit commun.

Tant que la société subsiste, la faculté d'agir
et contre elle et contre chacun des associés,
n'est sujette qu'à la prescription qui anéan-
tiroit une semblable action en faveur de tout

autre débiteur. Mais quand elle est dissoute, la personne morale n'existe plus, chacun de ceux dont la réunion servoit à la composer s'empresse de régler ses intérêts avec ses associés, pour se livrer à d'autres opérations. Les registres, les pièces justificatives, un grand nombre de renseignemens, ne peuvent rester toujours dans un dépôt commun, comme ils s'y trouvoient, pendant la durée de la société ; ainsi l'action des créanciers de la société, contre chaque associé personnellement, ou contre sa veuve, héritiers ou ayant-causes, se prescrit par un laps de temps de cinq ans, sans poursuites. Cette prescription commence à courir du jour que la durée de la société a fini, lorsque l'acte qui l'établissoit a été rendu public par affiche et enregistrement; et si l'acte de société n'indiquoit pas de terme fixe, ou si la société a été dissoute par anticipation, c'est l'affiche de la dissolution, dès qu'elle a été légalement rendue publique, qui fait courir la prescription.

Com. 64.

La qualité de la dette ou du créancier ne modifie point cette règle; il importe peu que le créancier eût des droits liquides, ou sujets à débat et susceptibles d'examen, à moins que la créance ne fût conditionnelle, ou dépendante d'un événement, parce qu'alors la prescription ne commence qu'à l'instant de cette condition ou de cet événement. Ce délai

Civ. 2257.

court même contre les mineurs, conformément
à ce que nous avons dit, n. 239, et l'on ne
peut demander le serment des prétendus débiteurs, sur le point de savoir si la dette subsiste encore, ou non, puisque précisément cette
incertitude est la cause de la prescription.

Néanmoins les considérations que nous
avons indiquées doivent s'arrêter du moment
où il est évident qu'elles affranchiroient de leurs
engagemens des personnes qui ne peuvent avoir
un juste sujet de se croire libérées.

Si donc, les associés ont nommé un ou plusieurs liquidateurs, ces personnes qui restent
en possession des titres, livres et autres renseignemens, ne peuvent ignorer que *telle*
dette n'a pas été acquittée. S'il est convenable
de mettre un terme aux actions contre les
autres associés qui sont dessaisis de tout,
qui ne connoissent pas la situation sociale,
le même motif ne milite pas en faveur du
Com. 64. liquidateur. La prescription ne peut donc
point être invoquée par lui, ses héritiers, sa
veuve ou ses ayant-causes.

Lorsqu'après le délai de cinq ans le liquidateur est poursuivi, rien ne s'oppose à ce
qu'il agisse en garantie contre ses ci-devant
associés. Si la possibilité qu'ils lui aient fourni
ou des moyens de payer les dettes, ou des
exceptions contre les prétentions des créanciers, a fondé la prescription qu'il leur est

permis d'invoquer contre ces derniers, l'équité ne veut pas qu'une déchéance fondée sur la présomption du paiement subsiste, quand il est évident que ce paiement n'a pas été fait. Ainsi le liquidateur poursuivi peut agir contre ses associés.

Les créanciers qui ne sont plus à même d'agir contre ces derniers directement, peuvent même les poursuivre du chef du liquidateur; mais il y a une grande différence entre cette action et celles qu'ils exerceroient si la prescription n'étoit pas acquise. Dans ce dernier cas les non-liquidateurs poursuivis ne pourroient leur opposer que les exceptions inhérentes à la dette, ou qui seroient personnelles à eux-mêmes; lorsqu'au contraire les créanciers agissent du chef du liquidateur, les associés qu'ils poursuivent ainsi peuvent faire valoir toutes les exceptions qu'ils auroient pu opposer à ce liquidateur; par exemple, qu'il avoit reçu des fonds, ou fait des recouvremens suffisans pour payer, ou même qu'il y a matière à des compensations particulières : en un mot, au lieu des droits de créanciers de la société, les tiers n'auroient plus, dans ce cas, que ceux de créanciers personnels du liquidateur.

Mais si les associés, en se séparant, ont fait leur liquidation eux-mêmes, et se sont partagé l'actif à recouvrer, il sembleroit conforme à l'esprit de la loi, de ne point admettre de prescription en leur faveur.

1090. Au surplus, la retraite ou l'exclusion d'un associé dans quelques circonstances, ou pour quelques causes qu'elle ait lieu, ne change rien à ses obligations envers les créanciers de la société; elles subsistent telles qu'elles résultent de sa qualité, non-seulement pour tout ce qui a été fait, mais encore pour ce qui en seroit la conséquence, quoique postérieur à la renonciation, ce que les tribunaux doivent apprécier.

Quelquefois, à la dissolution d'une société, l'un des associés se charge, moyennant une somme que lui remettent les autres, d'en acquitter toutes les dettes. Cette convention est étrangère aux créanciers, qui n'en ont pas moins le droit d'agir contre chacun des associés, comme il vient d'être dit; mais si un créancier ayant confié à ce liquidateur une procuration pour recevoir toutes ses créances sans distinction, celui-ci donnoit quittance à ses associés, ou si, de toute autre manière, le créancier prenoit ce liquidateur pour son unique débiteur, les autres associés seroient valablement libérés.

CINQUIÈME PARTIE.

DES FAILLITES ET BANQUEROUTES.

1091. On appelle *faillite* la cessation de paie- Com. 437.
mens d'un commerçant ou de certains inter-
médiaires du commerce, encore qu'il leur soit
défendu de l'exercer, tels que les agens de Com. 89.
change et courtiers commissionnés par le Gouvernement.

Si le débiteur s'est rendu coupable d'impru-
dences, de fautes, de dol, on donne à sa faillite Com. $\begin{cases} 438. \\ 439. \end{cases}$
le nom de *banqueroute*.

Lorsqu'après avoir failli, le débiteur paye à
tous ses créanciers ce qu'il leur devoit, il peut
être réintégré dans les droits que la faillite lui Com. 604.
a fait perdre, c'est ce qu'on nomme *réhabilitation*.

Ces définitions suffisent pour apprendre que
la simple *suspension de paiemens*, ne peut être
considérée comme un état de *faillite*; que cette
qualification ne convient point aussi aux non
commerçans devenus insolvables, dont l'état se
nomme *déconfiture*. Néanmoins, pour compléter notre travail autant qu'il est possible,
nous en ferons l'objet de deux titres particu-

liers; et comme la *cession de biens* est un mode de libération commun à la faillite et à la déconfiture, nous en parlerons ensuite.

TITRE PREMIER.

DES FAILLITES.

1092. L'OBJET de ce titre est de considérer les faillites dans tout ce qui concerne les intérêts pécuniaires, sans distinguer si la conduite du failli le met ou non à l'abri d'un soupçon de banqueroute. Il sera divisé en dix chapitres.

Le premier traitera de la déclaration de faillite; le deuxième, des effets immédiats de cette déclaration; le troisième, des premières mesures pour la conservation des droits des créanciers; le quatrième, de la nomination et des fonctions des agens provisoires; le cinquième, de la nomination des syndics provisoires et de leur administration; le sixième, de la vérification des créances; le septième, de l'action révocatoire des actes frauduleux; le huitième, du concordat; le neuvième, de l'union des créanciers; le dixième, des revendications.

CHAPITRE PREMIER.

De la Déclaration de Faillite.

1093. Des créanciers, quelque nombreux qu'ils soient, quelque considérable que soit la somme qui leur est due, et quand même ils auroient en main la preuve que le débiteur refuse de payer leurs créances échues, ne peuvent eux-mêmes le déclarer en faillite, ni provoquer l'apposition des scellés chez lui. Les poursuites individuelles leur appartiennent; ils peuvent, suivant la nature de leurs titres, exercer des saisies, la contrainte par corps, etc. Mais du moment qu'il s'agit de poursuites collectives, telle qu'une constitution en faillite, une main-mise générale, les tribunaux peuvent seuls prononcer.

Nous allons successivement faire connoître, à quelle autorité appartient le droit de déclarer qu'un commerçant est failli; d'après quels signes on reconnoît cet état de faillite; comment doit être fixée l'époque à laquelle la faillite a été ouverte; si un commerçant peut, après son décès, être déclaré mort en état de faillite; comment le jugement qui déclare une faillite est rendu notoire; de quelles réclamations il est susceptible.

Section première.

Quelle Autorité peut prononcer la Déclaration
de Faillite.

1094. Les tribunaux de commerce sont in-
Com. 441. vestis du droit de déclarer qu'un commerçant
est en faillite. Un état qui résulte de signes et
de circonstances pris dans les opérations les
plus habituelles du commerce, ne peut être
bien reconnu que par des magistrats accoutu-
més à ces mêmes opérations. Cela n'empêche
pas néanmoins que si le ministère public pour-
suivoit une accusation en banqueroute, devant
le tribunal correctionnel ou la cour criminelle,
ces autorités n'eussent droit de prononcer sur
le fait de la faillite, sans être obligées de renvoyer préalablement au tribunal de commerce.

L'importance d'une déclaration de faillite est
assez grande pour qu'elle ne doive pas être
prononcée par une simple ordonnance du président ; il faut un jugement, c'est-à-dire, une
décision émanée de juges délibérans au nombre
prescrit.

Une faillite embrassant l'universalité de la
fortune du commerçant qui tombe dans cet
état, il est évident que le seul tribunal compétent pour en connoître, est celui du domicile du
failli. Il faut suivre à cet égard les règles du

droit civil sur la manière de le reconnoître et Civ. 102.
de le déterminer.

Ainsi, qu'un commerçant ait plusieurs comptoirs ou établissemens, la connoissance de sa
faillite ne sera pas attribuée par préférence au
tribunal dans lequel est situé celui dont la
cessation de paiemens a, la première, éveillé
l'attention, mais bien à celui du lieu où le
débiteur sera reconnu avoir son domicile de
droit.

L'incertitude peut néanmoins être telle qu'aucun des moyens ordinaires ne la dissipe. Ce cas,
extrêmement rare, s'il ne s'agit que d'un seul
individu, se présente plus fréquemment en
matière de société. Plusieurs associés peuvent
avoir formé sous la même raison des établissemens différens que chacun dirige de son côté.
Si rien ne prouve quel étoit le principal, il sera
naturel d'attribuer la connoissance de la faillite
sociale au tribunal qui le premier aura été saisi;
mais il faudra que ni les circonstances, ni la
notoriété, ni même l'acte de société qui doit
être rendu public, comme on l'a vu n. 1002,
ne servent à lever l'incertitude.

Dans cette matière de société, on ne doit pas
perdre de vue, pour les questions qui nous
occupent, ce qui a été dit, n. 976, que souvent
les mêmes commerçans pouvoient être associés
d'établissemens indépendans : alors chaque
société étant un être moral distinct des autres,

les tribunaux dans le ressort desquels est situé chaque établissement, doivent respectivement en connoître, quand même la faillite de l'un auroit entraîné et décidé celle de l'autre.

Au surplus, les cours chargées, dans ce cas, de prononcer les règlemens de juges doivent être en garde contre les changemens de domicile calculés ; et lorsqu'il y a le plus léger soupçon de mauvaise foi ou d'intrigues, elles ne doivent pas hésiter à reconnoître la compétence du tribunal dont un failli n'auroit quitté le ressort que dans un temps où déjà le désordre de ses affaires devoit lui être connu.

SECTION II.

A quels signes on connoît l'état de Faillite.

1095. Le plus sûr moyen de s'assurer qu'un commerçant est en faillite c'est d'obtenir son aveu. Mais comme son silence ne doit pas nuire à ses créanciers, la loi appelle à la fois la vigilance de ceux-ci par l'intérêt, et celle des magistrats par le sentiment du devoir.

Nous allons en conséquence diviser cette section en trois paragraphes ; le premier traitera de la déclaration de faillite faite par le débiteur ; le deuxième, du droit des créanciers de provoquer un jugement qui déclare leur débiteur en faillite ; le troisième, du droit du tribunal de prononcer cette déclaration d'après la notoriété publique.

§. Ier.

De la Déclaration de Faillite provoquée par le Débiteur.

1096. Tout débiteur qui se voit forcé de cesser ses paiemens, doit en faire la déclaration au greffe du tribunal de commerce, ou, lorsqu'il n'en existe pas dans l'arrondissement, au greffe du tribunal civil qui en fait les fonctions. Com. { 440. 640.

Il ne faut pas en conclure qu'aussitôt qu'un commerçant ne paye pas une dette, quand même il n'auroit aucun motif légitime de refus, il doive faire cette déclaration ; elle n'est requise que lorsque la cessation de paiemens est de nature à constituer un état de faillite ; c'est à lui d'apprécier sa position.

Cette déclaration doit être faite au plus tard le troisième jour, en comptant et y comprenant celui de la cessation de paiemens. Le greffier doit en rédiger acte, et y insérer les renseignemens que le débiteur donne sur son domicile, ses divers comptoirs, ses magasins, et même l'instant où a commencé la cessation de ses paiemens. Com. 440.

Lorsque la faillite déclarée est celle d'une société en nom collectif, il faut nécessairement y énoncer la demeure de tous ses membres ; et si la société est en commandite, il suffit d'in- Com. 440.

diquer celle des associés constitués solidaires
par l'acte social.

1097. Lorsqu'une société est dans cette position, l'administrateur a certainement, par la
nature de ses pouvoirs, le droit d'en faire la
déclaration. Il en est de même de l'associé non
administrateur; puisque sa responsabilité est
solidaire et indéfinie, il peut avoir intérêt à ce
que la position, déjà assez malheureuse, de la
société, ne soit pas aggravée par la présomption de banqueroute qui résulte du défaut de
déclaration volontaire.

Com.587.

L'associé commanditaire, ou l'actionnaire
d'une société anonyme, ne pouvant rien perdre
au-delà de sa mise ou de son action, et n'étant
pas responsable, sa position semble le mettre
sans intérêt à faire cette déclaration; aussi nous
pensons qu'il n'y seroit admis qu'autant qu'à sa
qualité se joindroit celle de créancier, ce qui
rentreroit dans l'objet du paragraphe suivant.

La déclaration d'un commerçant constate
par elle-même et indépendamment de toute
autre circonstance, l'existence de sa faillite:
alors toute incertitude disparoît; c'est le débiteur lui-même qui se juge failli. Il faut remarquer toutefois que son aveu n'est qu'un
moyen de déterminer le jugement déclaratif du
tribunal. Ainsi, non-seulement un débiteur
qui trouveroit, avant que le tribunal eût

prononcé, des ressources pour solder ses engagemens, seroit fondé à retirer sa déclaration,
mais encore nous verrons que le jugement
pourroit être rétracté après un nouvel examen.

1098. La déclaration du débiteur n'a l'effet
que nous venons d'indiquer que lorsqu'elle est Com. 440.
faite par acte au greffe. Des aveux contenus dans
des lettres adressées à des créanciers, ou faits
dans des assemblées que le débiteur auroit pro-
voquées, ou consignés dans des significations,
commandemens, saisies, etc., quelques formels
qu'ils puissent paroître, de quelque manière
claire et précise que le débiteur annonce qu'il
n'a ni possibilité, ni espoir de remplir ses engagemens, ne seroient pas la déclaration dont
nous parlons. Sans doute les créanciers qui
provoqueroient un jugement, comme dans le
cas qui sera l'objet du paragraphe suivant,
pourroient en faire usage pour fortifier leur
demande, mais de tels aveux ne seroient pas
preuve par eux-mêmes.

§. II.

De la Déclaration provoquée par des Créanciers.

1099. La déclaration du débiteur, faite judi-
ciairement, ne peut laisser de doute sur son état
de faillite, quand même aucun signe extérieur
ne l'annonceroit encore ; mais le défaut de

cette déclaration ne doit, ni empêcher qu'il ne soit réellement failli, ni priver ses créanciers du droit de faire constater ce fait.

Cette faculté nous semble appartenir à tout créancier, sans distinction si la dette est, ou non, commerciale; l'intérêt est le même puisque tous les biens d'un débiteur répondent de ses engagemens, de quelque nature qu'ils soient. Il n'est pas nécessaire que la dette soit échue, le créancier d'une dette à terme n'a pas moins que tout autre, intérêt à ce que la fortune de son débiteur ne soit pas absorbée par des remboursemens ou des transactions qui n'auroient plus le caractère de la bonne foi, et à faire valoir l'exigibilité de sa créance, qui est l'effet immédiat de la faillite.

On sent toutefois les raisons de convenances qui ne permettroient pas d'accueillir cette action de la part d'un fils contre son père, d'une femme, contre son mari, fût-elle séparée, puisque l'état de faillite établit toujours, en plus ou moins grande étendue, une sorte de prévention de faute ou de crime.

1100. Le tribunal provoqué dans ces différentes circonstances, n'étant point guidé par l'aveu du débiteur lui-même, doit s'attacher à des indices qui n'ayent rien d'équivoque, et la cessation de paiemens est le seul signe qui ne laisse aucune incertitude.

Civ. 2092.

Com. 441.

Mais qu'entend-on par cessation de paiemens ? Nous avons observé, n. 1097, que le failli devoit apprécier sa position lui-même ; et l'on sent en effet qu'il n'y a pas de règles à lui proposer. Il n'en est pas ainsi dans le cas qui nous occupe ; c'est aux créanciers qui provoquent une déclaration de faillite, à faire la preuve de cette cessation de paiemens : il ne leur suffiroit pas d'établir, même par des états de situation qui sembleroient mériter la plus grande confiance que le débiteur a un passif qui excède considérablement son actif ; qu'il n'y a pour lui aucun espoir raisonnable de sortir de cette crise ; que déjà même une partie de ce passif est échue. Les chances du commerce sont telles qu'une position aussi critique n'est point encore désespérée, tant que le débiteur fait face à ses engagemens, ou n'est pas poursuivi pour les remplir. C'est la perte du crédit qui fait le véritable état de faillite, et le crédit n'est pas perdu parce qu'on doit beaucoup, mais parce qu'on ne paye pas les créanciers qui réclament ce qui leur est dû.

1101. La cessation de paiemens doit concerner les dettes commerciales. Quelques nombreuses que fussent les poursuites dirigées contre un commerçant pour dettes étrangères à son commerce, elles ne sauroient constituer la perte de son crédit commercial, si les obliga-

tions qui y sont relatives n'éprouvent aucun
retard.

Il n'est pas nécessaire, sans doute, d'une
cessation de tous paiemens, autrement quelques-
uns, modiques et peut-être même frauduleux,
seroient allégués comme preuves qu'on a conservé un crédit évidemment perdu.

On ne peut cependant se dissimuler la difficulté
de poser des règles. D'abord, il est constant que
le nom de cessation de paiemens ne peut convenir à des protêts ou refus de payer des traites
ou autres effets semblables, s'ils sont fondés
sur des causes qui excluent toute idée d'insolvabilité, telles que, contestation sur le fond
du droit, non-acceptation, déchéance ou prescription, etc.

Dans le cas même où le défaut de paiement
ne seroit pas expliqué et excusé par les circonstances, on ne devroit pas se décider légè-
rement à voir une cessation de paiemens dans
un ou quelques protêts. Combien de commerçans, même dans les grandes villes, mais
sur-tout dans les petites où les ressources pour
réaliser promptement soit des effets à longs
termes, soit des marchandises, sont extrêmement rares, se trouvent avoir leurs magasins et
leurs portefeuilles remplis, et sont néanmoins
forcés de laisser protester des engagemens qu'ils
acquittent ensuite, quelquefois avant que l'assignation en justice leur ait été donnée!

1102. La profession du commerçant doit d'ailleurs être considérée. Un banquier dont les caisses reçoivent et rendent à chaque instant de l'argent, et dont tout le commerce ne consiste que dans le mouvement qu'il donne à ce métal, ne peut manquer, hésiter même à faire un seul paiement, éprouver un seul protêt, à moins que ce ne soit par des motifs tels que nous en avons indiqué ci-dessus, sans qu'il en résulte un signe de faillite. La cessation de ses paiemens est la destruction de son état, et son commerce est anéanti dès l'instant qu'il manque d'acquitter une seule des obligations pécuniaires dont il se compose exclusivement.

Mais en doit-il être de même d'un fabricant, d'un marchand plus ou moins attentif à prévoir l'échéance des effets qu'il a souscrits ou endossés ? Le défaut d'acquitter quelques dettes, légitimes, il est vrai, lorsqu'il en paye d'autres, lorsqu'il ne cesse pas ses travaux ou son commerce, et lorsqu'aucune circonstance n'annonce le désordre de ses affaires, le constituera-t-il en état de faillite ? Il peut laisser prendre plusieurs jugemens, obtenir quelques délais de l'indulgence des poursuivans. Sera-ce pour d'autres créanciers, dont le titre n'est pas encore exigible, un motif de prétendre qu'il a cessé ses paiemens, et qu'il est en faillite ? Il est plus raisonnable, plus juste de ne le considérer dans cet état que lorsque, succombant sous le

14*

poids de ses engagemens, il est dans l'impossibilité d'y faire face; lorsqu'il existe un grand
nombre de refus de paiemens, d'où l'on puisse
conclure moralement qu'il y a cessation absolue;
ou, si le nombre des dettes qui ne sont pas acquittées est peu considérable, lorsque des circonstances accessoires annoncent une rupture de
commerce.

§. III.

De la Déclaration de Faillite d'après la Notoriété publique.

1103. Une provocation de créanciers n'est pas
toujours nécessaire : il peut arriver que les plus
intéressés soient éloignés, que quelques-uns qui
sont sur les lieux profitent de l'état du débiteur pour se faire donner des marchandises en
paiement, ou des nantissemens, etc. Le tribunal
doit donc, sur la seule notoriété acquise de la
cessation de paiemens par un commerçant,
déclarer qu'il est en faillite. Tout ce que nous
avons dit dans le paragraphe précédent retrouve
encore sa place; et seulement on peut dire que
le silence du débiteur réun à celui des créanciers, doit servir à rendre les juges encore plus
circonspects. Trop souvent on donne le nom de
notoriété à des bruits vagues et sans fondement.
C'est ici que les magistrats ont besoin de

Com. 449.

toute leur prudence pour ne pas céder à des bruits populaires, à des insinuations malignes répandues par l'ignorance ou la méchanceté, et cependant pour ne pas ranger parmi les vaines rumeurs des renseignemens exacts et véritables. Si des créanciers provoquoient la déclaration de faillite, il faudroit qu'ils en fissent la preuve. On ne doit pas moins exiger, lorsqu'on n'a pour instruction que la voix publique. Ainsi, un bruit d'insolvabilité, quoique général, quoique fondé sur ce qu'un commerçant n'acquitte pas un grand nombre de ses obligations échues, ne formeroit pas ce qu'on doit appeler notoriété de la cessation de ses paiemens, si des protêts ou des actes de même nature ne la constatoient pas.

Le juge de paix est aussi appelé à prendre des mesures conservatoires, lorsqu'il acquiert par la notoriété publique l'assurance d'une Com. 450. faillite que n'auroit pas encore déclarée le tribunal de commerce. Il peut procéder d'office à l'apposition des scellés; mais il doit sur-le-champ adresser son procès-verbal avec les motifs qui l'ont décidé au tribunal de com- Com. 443. merce, à qui seul appartient le droit de déclarer la faillite.

C'est la notoriété dont il est seul appréciateur qui doit le décider; une réquisition de créanciers ne seroit pas un motif suffisant; ils doivent dans ce cas s'adresser au tribunal.

Section III.

Fixation de l'époque à laquelle la Faillite est ouverte.

1104. Lorsqu'un commerçant tombe en faillite, le tribunal est, comme nous venons de le voir, appelé à vérifier et à rendre publique l'existence de cet état; mais une autre mission non moins intéressante lui est confiée. Il doit déterminer à quelle époque a commencé cette

Com. 441. faillite dont son jugement reconnoît l'existence.

Ce point, peu important, sans doute, quand il ne s'agit que des rapports entre les créanciers et leur débiteur, devient du plus grand intérêt lorsqu'il s'agit de juger les rapports des créanciers entr'eux. Nous verrons en effet dans le chapitre suivant que certains actes faits avec le failli, ou certains droits acquis contre lui sont annullés ou susceptibles d'être attaqués, selon qu'ils ont été faits ou acquis dans un délai de plus ou moins de dix jours avant celui auquel l'état de faillite a commencé.

Il est donc nécessaire de savoir d'une manière certaine quel est précisément ce jour, duquel il faut partir en remontant, pour juger si *tels* ou *tels* actes sont ou ne sont pas antérieurs de dix jours; car, déclarer aujourd'hui que *Pierre* est en faillite, ne signifie pas la même chose que déclarer que cette faillite, dont

l'existence est reconnue aujourd'hui, avoit commencé à se manifester dès *tel* ou *tel* jour.

Qu'un débiteur hors d'état de payer conserve néanmoins l'espoir de se relever, conjure
l'insolvabilité qui le presse de tous côtés par
l'emploi des moyens qui lui restent, s'agite
dans tous les sens pour éloigner le moment
qui rendra sa faillite publique, s'étourdisse sur
sa position, captive un reste de confiance par
des apparences illusoires ou des sacrifices in-
considérés ; tant d'efforts ne servent souvent
qu'à rendre sa ruine plus entière. Mais tandis
qu'il luttoit ainsi avec le crédit qui l'aban-
donnoit, quelques créanciers plus heureux ou
plus adroits, acquéroient des hypothèques,
obtenoient des nantissemens, des gages ou
autres sûretés. Enfin, les poursuivans, las des
délais des procédures ou des promesses sans
cesse éludées du débiteur, provoquent la déclaration de sa faillite. Le tribunal la prononce,
tous les secrets sont dévoilés, l'intérêt se ré-
veille ; et lorsqu'il a vainement exercé ses efforts
contre le failli, il se replie sur les créanciers
que le hazard ou leur adresse a le plus favorisés.

C'est alors qu'il faut connoître l'époque de
l'ouverture précise de la faillite pour juger de
la validité des privilèges, des hypothèques,
des paiemens, des transports, et autres actes
consentis par le failli avant la publicité de son
état. Le tribunal doit alors déclarer, non-

seulement que le débiteur est en faillite,
mais que depuis *quinze* jours, *un mois*, etc.,
il ne payoit personne ; et, en conséquence,
faire remonter l'époque de l'ouverture de la
faillite au jour auquel les différens faits dont
il obtient connoissance le portent à croire que
cette cessation de paiemens a commencé.

Assez ordinairement le tribunal surseoit à
déterminer cette époque jusqu'à ce qu'il ait
obtenu des renseignemens qui lui manquent
dans ce premier moment ; et l'ouverture est
provisoirement fixée au jour du jugement qui
déclare la faillite.

Mais soit que le tribunal statue à l'instant,
ou ne s'en occupe que plus tard, fût-ce même
après qu'un concordat a mis fin au dessaisissement, il est important de connoître les
règles qu'il doit suivre.

1105. La cessation de paiemens que nous
avons dit, n. 1101, être le véritable caractère de
la faillite, sert encore à fixer le jour qu'elle a été
ouverte. Si cette cessation n'a eu rien de public,
rien d'extérieur, si par exemple, c'est le jour
même qu'il ne paye plus, ou qu'il arrête la plus
grande partie de ses paiemens, que le failli fait
sa déclaration, ou que ses créanciers provoquent
le jugement, l'époque de l'ouverture de la
faillite sera fixée aussi à ce même jour. Mais
si l'on reconnoît, qu'avant le jour auquel la

déclaration de faillite est prononcée, le débiteur avoit cessé de payer, et que cette cessation de paiemens ait été accompagnée d'actes extérieurs capables d'instruire les tiers ou de les faire considérer comme coupables d'imprudence lorsqu'ils ont traité avec lui, l'époque de la faillite doit être fixée au jour où l'un de ces caractères publics a eu son effet.

L'inspection postérieure des livres et des registres du failli, pourra bien faire présumer et donner même la preuve que long-temps avant la cessation de ses paiemens, il y avoit eu le plus grand embarras dans ses affaires commerciales, et que son passif excédoit de beaucoup son actif, ce qui le rend coupable au moins d'imprudence pour avoir continué le com- Com. 586. merce, comme nous le dirons au titre des banqueroutes; mais tant qu'il a conservé son crédit, la confiance de ses correspondans, l'administration libre de ses affaires, les tiers ne peuvent être coupables d'avoir ignoré, ce que les tribunaux eux-mêmes n'apprennent que depuis la déclaration de faillite et par l'examen des registres.

L'absence d'un commerçant, quand même la cause en seroit ignorée ou inexplicable, ne peut être par elle-même un signe de son état de faillite. Des circonstances imprévues peuvent l'avoir obligé de s'absenter inopinément, en secret, et des protêts qui accompagneroient

cette absence pourroient n'être pas toujours un
signe de faillite. Si ce commerçant, de retour,
reprend les paiemens que son absence a pu
suspendre, et que son crédit n'ait pas été
détruit, elle n'est d'aucune considération,
quand même cette reprise de paiemens seroit
de courte durée; et la faillite qui se manifesteroit
ensuite, ne remonteroit pas au jour où le commerçant s'étoit absenté.

La clôture des magasins est un fait qui, tout
public et facile à connoître qu'il soit, est indifférent par lui-même. Il faut donc, pour qu'on
puisse en tirer des conséquences qui aident à
fixer l'époque de la faillite, que cette clôture ait
été réelle et apparente; ainsi la vente qu'un
commerçant auroit faite de son fonds de commerce, que néanmoins il auroit continué d'exercer en son nom, n'équivaudroit pas à une clôture de magasins, et comme telle, ne pourroit
être opposée à des créanciers, pour annuller par
l'effet rétroactif donné à la faillite, les engagemens qu'ils auroient contractés avec le failli. Il
faut aussi qu'elle ne puisse être attribuée à
aucune autre cause, et qu'il soit impossible de
l'expliquer autrement que dans le sens d'une
faillite.

1106. On a vu pourquoi le refus de payer
ne caractérise jamais isolément l'existence de la
faillite; mais il est naturel qu'une fois cette

existence reconnue, ce refus serve à en indiquer l'époque véritable. Néanmoins toutes sortes de refus ne peuvent conduire à ce but.

Il ne faut pas d'abord qu'il se trouve fondé; il seroit absurde de prendre un signe extérieur de faillite dans le refus de payer une dette non échue, non liquide, un effet faux ou une lettre de change non acceptée, et pour laquelle celui à qui le paiement est demandé n'a pas provision. Mais si de telles exceptions avoient été reconnues sans fondement et du nombre de ces moyens dilatoires qu'emploient les mauvais débiteurs, le résultat prouvant que le refus a été mal fondé, il deviendroit un caractère capable de fixer l'époque d'ouverture de faillite.

Il faut aussi que ce refus ne soit pas expliqué par des causes ou circonstances qui éloigneroient toute idée d'insolvabilité. Un commerçant peut avoir contracté l'engagement de payer à un domicile élu, et l'avoir oublié, ou négligé d'envoyer les fonds, ou des remises qui ne sont pas acquittées; on proteste l'effet, quoique dans le même temps il paie ailleurs, et notamment à son domicile véritable; huit, dix, quinze jours après, un événement imprévu le force à faillir, il ne sera pas juste de faire remonter la faillite à l'époque de ce protêt isolé, qui n'étoit pas le résultat d'une cessation de paiemens.

Il faut enfin que les engagemens dont le débiteur refuse le paiement soient commerciaux.

On doit, en effet, ne jamais perdre de vue qu'il
s'agit du commerce, du crédit, qui se conserve
tant qu'on acquitte les engagemens y relatifs.
Les créanciers pour dettes civiles ont les voies
ordinaires et l'expérience apprend que les
commerçans ne retirent pas toujours leur confiance à celui qui acquittant ses dettes commerciales est moins exact à payer les autres.

1107. Les protêts sont le plus généralement
les actes qui constatent ces sortes de refus.

Cependant, comme les commerçans ne s'engagent pas toujours par lettres de change ou
par billets à ordre, il est naturel que tous autres
actes, quels qu'ils soient, dès qu'il en résulte
un refus de payer une dette de commerce, indiquent le moment où la cessation de paiemens a
commencé. Tel seroit le refus non fondé de
payer le montant d'un compte arrêté, ou le
prix d'une livraison de marchandises faite au
comptant, et sous ce rapport, la saisie et vente
des meubles, l'interposition d'une saisie immobiliaire, l'emprisonnement du débiteur, sont
de ces preuves extérieures de refus, qui ne
sauroient être équivoques.

Des actes extrajudiciaires, des poursuites ne
sont pas toujours indispensables. Qu'un commerçant écrive une circulaire à ses créanciers,
pour demander une surséance de paiemens à
des dettes échues et exigibles; qu'il annonce ne

pouvoir s'acquitter que par portions, ces faits, qui par eux-mêmes n'auroient pu décider à le déclarer en faillite, qu'autant qu'une cessation effective de paiemens les auroit suivis, servent à prouver, dès qu'une fois la faillite est déclarée, qu'elle existoit en réalité le jour qu'ils ont eu lieu. Ne pas payer aux termes, ne payer que partie de ses dettes, est un refus à l'égard de ceux qui ne veulent pas accéder à de telles propositions. Ainsi la convocation qu'un débiteur feroit de ses créanciers, les délais qu'il obtiendroit d'eux pour payer, la surveillance qu'il leur accorderoit dans la gestion de ses biens, seroient autant de caractères propres à déterminer l'époque d'une faillite, qui n'auroit pas été prévenue par ces mesures conciliatoires.

Il faut encore que les actes de refus soient patens; des renouvellemens d'effets, des viremens de parties, des sûretés données pour obtenir des termes, s'ils n'ont rien de public, rien qui ôte le crédit, ne sont pas de nature à être considérés.

Enfin pour que les signes que nous venons d'indiquer soient capables de fixer l'époque précise de l'ouverture d'une faillite, il faut qu'ils soient immédiatement suivis de la cessation absolue de paiemens, d'après laquelle la faillite est déclarée. Car, si dans le temps intermédiaire, le débiteur avait conservé toutes ses relations

de commerce, telles que sa correspondance, la
vente publique dans ses magasins, et autres
marques apparentes d'affaires non interrompues,
les premiers signes seroient entièrement oubliés,
et pourroient être regardés comme indépendans de la faillite, dont il s'agit de déterminer
l'époque.

Section IV.

De la Déclaration de Faillite d'un Commerçant décédé.

1108. Nous avons vu dans les deux sections
précédentes, que le tribunal de commerce
devoit vérifier et constater deux choses tout-
à-fait distinctes; 1.º le fait que *tel* commerçant
est en faillite; 2.º l'existence de cet état *dès*
telle époque. On conçoit bien, par conséquent,
la possibilité qu'un homme puisse mourir dans
l'intervalle du temps qui s'écoule entre l'instant
où son état de faillite a commencé, et le jour où
le tribunal, sur la provocation des parties intéressées, déclare l'existence de cet état.

Mais, puisque l'intérêt est la seule mesure
des actions, ne peut-on pas dire que des créanciers, n'en ont aucun à provoquer la déclaration
de faillite d'un commerçant, dont la succession
est acceptée sous bénéfice d'inventaire, dès
qu'ils trouvent dans le droit civil, des moyens

suffisans pour que la totalité de l'actif soit partagée entre eux, et que l'héritier leur en rend
un compte fidèle; que la mort du débiteur a
éteint la contrainte par corps, et que, fût-il
coupable de banqueroute frauduleuse, cette
mort ne permettroit plus ni de le poursuivre,
ni de le punir ?

Ce raisonnement ne seroit pas exact. Lorsqu'un homme est déclaré en faillite, il y a lieu à
s'assurer de sa personne, à examiner sa conduite,
à le condamner, dans certains cas, aux peines
de la banqueroute : voilà ce qui touche sa personne; voilà ce qui ne peut plus avoir lieu après
sa mort. Mais, de plus, il y a lieu à faire administrer ses biens par les délégués de ses créanciers; il y a lieu à l'application des présomptions
légales de nullité de certains actes, à la préférence des créanciers sur la femme, ce qui est
particulier au régime des faillites, et ne peut
être invoqué dans une succession bénéficiaire.

Lorsqu'on aura connu l'ensemble de la législation sur les faillites, on sentira bien mieux
que la mort du débiteur n'empêche pas les
créanciers d'avoir un grand intérêt à ce qu'on
déclare qu'il étoit déja en état de faillite.

Nous ne disons pas que, si un commerçant
est mort sans avoir cessé ses paiemens, le fait
que sa succession se trouve insolvable doive
fonder une déclaration de faillite; mais que, si
un commerçant a cessé ses paiemens, et meurt

avant que le tribunal de commerce ait été
requis de déclarer sa faillite, sa mort ne change
rien à l'état des choses; que c'est la cessation
de paiemens qui constitue la faillite, et non la
déclaration du tribunal, en un mot, que la
mort ne change pas la qualité.

SECTION V.

Comment le jugement est rendu notoire.

1109. La connoissance du jugement qui
déclare la faillite et l'époque de son ouverture,
intéresse le débiteur, ses créanciers et les tiers
qui pourroient encore contracter avec lui; il
est donc nécessaire de le rendre notoire : à cet
effet, il doit être inséré, par extrait, dans un des
journaux imprimés au lieu où siége le tribunal
de commerce; et s'il n'y en a pas, dans l'un de
ceux qui sont imprimés dans le département.
Cette insertion est justifiée sur la feuille contenant ledit extrait, par la signature de l'impri-
meur, légalisée par le maire ou son adjoint. Il
doit en outre être affiché, et l'affiche être constatée par un procès-verbal d'huissier. Le certi-
ficat d'un afficheur, même commissionné par
l'autorité, ne suffiroit pas pour faire courir les
délais d'opposition dont nous allons parler.

Com. 457.

Ces insertions et affiches doivent être faites
par les soins et à la diligence des agens pro-

visoires, et sous la surveillance du juge commissaire, dont nous ferons connoître les fonctions
dans le titre troisième.

Le jugement étant exécutoire par provision,
l'action desdits agens et la surveillance du juge- Com. 457.
commissaire commencent à l'instant même que
le jugement est rendu.

SECTION VI.

Comment le jugement peut être réformé.

1110. Le jugement qui déclare la faillite, et
en fixe l'ouverture, peut être l'objet de réclamations, sous deux rapports. On peut prétendre
que l'état de faillite n'existoit pas ; on peut, sans
attaquer cette disposition, soutenir que l'époque
d'ouverture est autre que celle qui a été déclarée par le tribunal. Ce dernier cas est le plus
fréquent.

La voie d'opposition est donc ouverte contre
le jugement qui déclare la faillite, ou contre Com. 457.
la disposition qui en fixe l'ouverture.

Le commerçant que ce jugement atteint est
admis à former opposition pendant huit jours,
à compter de celui du procès-verbal d'apposition d'affiches, sans qu'il puisse exciper de ce
que le jugement ne lui auroit pas été signifié.
De même on ne pourroit prétendre contre lui
que l'insertion dans les journaux étant anté-

rieure à l'affiche, elle seule est un moyen absolu de publicité.

Le failli qui prouveroit qu'il n'est pas en cessation de paiemens, et parviendroit ainsi à faire rapporter le jugement, peut demander et obtenir, si son opposition est fondée, des dommages-intérêts contre ceux qui ont provoqué la déclaration de faillite. Les tribunaux apprécieroient les circonstances.

1111. Mais il peut arriver que, même en avouant sa faillite, le débiteur ait intérêt d'établir que la date a été reportée trop loin ou trop près ; c'est encore un juste sujet d'opposition.

Quant aux créanciers, leur intérêt n'est pas moins évident. Il n'est pas impossible qu'ils en aient un véritable, même à faire décider que l'état de faillite n'existoit pas. Par exemple, un commerçant, effrayé par l'embarras instantané de ses affaires qui le force à suspendre ses paiemens, fait la déclaration exigée par la loi, pour éviter les peines prononcées contre les débiteurs négligens, et le tribunal déclare sa faillite ouverte. Les créanciers se réunissent, voient que le débiteur est infiniment au-dessus de ses affaires, qu'il ne s'agit que de lui accorder quelques termes, ce qu'ils font unanimement ; ils déclarent qu'il a eu tort de se croire en faillite, ils se rendent en conséquence oppo-

sans au jugement et en demandent la rétractation.

Il semble que le tribunal étant à même
d'apprécier les motifs d'opposition, aucune loi
n'interdisant à des créanciers le droit de proroger les termes de leurs créances, la faculté de
se rendre opposant à un jugement, appartenant
à quiconque y a intérêt, ce droit des créanciers
unanimes ne pourroit être contesté par le
ministère public, et que le tribunal pourroit
l'accueillir si le jugement n'étoit point encore
passé en force de chose jugée.

Le plus souvent ce n'est pas de ce que le débiteur a été déclaré en faillite, que des créanciers
peuvent se plaindre; c'est de ce que l'époque
d'ouverture a été fixée un jour trop éloigné ou
trop rapproché.

Dans tous ces cas, on ne peut leur opposer
d'autres fins de non-recevoir, que celles qui
résulteroient de quelque consentement donné
en connoissance de cause. Par exemple, si un
créancier a lui-même provoqué la déclaration
de faillite de son débiteur, il ne peut prétendre
que l'époque de l'ouverture doit être portée à un
temps postérieur à sa demande en déclaration.

1112. Pour fixer le délai dans lequel un créancier peut se rendre opposant, il faut distinguer,
entre ceux qui se présentent à la vérification   Com. 457.
de leurs créances dans les premiers délais, que

15 *

nous verrons être accordés, à cet effet, et ceux qui font défaut.

Pour les uns et les autres, le délai d'opposition est de huitaine, mais le jour auquel ce délai commence à courir, est diversement fixé.

Cette huitaine ne court contre chacun de ceux de la première espèce, qu'à compter du jour qu'il s'est présenté pour faire vérifier sa créance, parce que ce jour là, il est établi contre lui qu'il a connu la déclaration de faillite. Contre les créanciers en demeure, elle court à compter de l'expiration du second délai que nous verrons leur être accordé pour se présenter.

L'opposition ne suspendant point l'exécution du jugement, comme on l'a vu, n. 109, elle est instruite et jugée contre les agens, sur le rapport du juge-commissaire. Il en est de même de l'appel, soit du premier jugement, si on avoit laissé écouler le délai d'opposition, soit de celui qui en auroit débouté. Cette opposition a tous les caractères de celles qui sont faites aux jugemens rendus par défaut, contre parties non comparantes; ainsi le nouveau jugement, fût-il rendu par défaut, est réputé contradictoire, et ne peut plus être attaqué par opposition.

Pr. 165.

Quant aux personnes qui, n'ayant point d'actions à exercer contre le failli, ni de droits à prétendre dans la masse, ne peuvent se dire créanciers au moment de l'ouverture de la faillite, si, par l'introduction de quelque demande contre elles, soit en nullité, soit en révocation d'actes qu'elles auroient passés avec le failli, elles se trouvent poursuivies, et croient convenable à leurs intérêts d'attaquer le jugement déclaratif de faillite, soit en lui-même, soit sous le rapport de la fixation de l'époque d'ouverture, il n'est pas douteux que la voie de tierce-opposition ne leur soit ouverte, sans délai fatal.

C'est une exception qui naît de l'action même dirigée contre elles, et qui dure autant que cette action. Ces personnes, pourroient aussi la former par action principale, si leur intérêt étoit de ne point attendre qu'on les attaque, et de faire annuller le jugement pour éviter le tort que son exécution pourroit leur causer.

Pr. $\begin{cases} 474. \\ 475. \end{cases}$

Une tierce-opposition n'est même pas indispensable; c'est une faculté accordée qui ne fait point obstacle au droit d'opposition simple, qu'a toujours droit de former celui à qui un jugement, rendu en son absence, cause quelque tort.

Dans quelques circonstances et par quelque voie que ce jugement soit attaqué, fût-ce incidemment à un autre procès, et devant un tribunal égal en pouvoirs ou supérieur à celui qui a rendu ce jugement, la question doit être renvoyée à la décision du tribunal qui a prononcé l'ouverture de la faillite; tout autre est incompétent, et cette incompétence est absolue; elle ne peut être couverte par aucun consentement.

1113. Le tribunal de commerce qui a fixé l'ouverture de la faillite peut toujours, d'office, quand même ni le failli, ni les créanciers ne seroient plus à temps de s'y opposer, changer cette fixation d'après les renseignemens nouveaux qu'il obtient.

Le jugement par lequel il déclare l'ouverture d'une faillite est d'une espèce particulière; c'est une sorte d'arbitration laissée sans cesse à sa conscience, et sur laquelle il peut revenir chaque fois que les renseignemens acquis lui en font connoître la nécessité, en se conformant toutefois aux principes expliqués ci-dessus.

CHAPITRE II.

Effets immédiats de l'état de Faillite.

1114. Dès l'instant qu'un débiteur est réduit à cesser ses paiemens, sa fortune devient le gage commun de tous ses créanciers; il en est dessaisi, et jusqu'au moment où l'administration commencera d'en être faite en leur nom, il n'en est plus que le gardien; toute disposition qu'il en feroit, dans quelque vue que ce fût, seroit illicite.

Comme il n'offre plus de sûretés aux créanciers, ses dettes, quelles qu'elles soient, deviennent exigibles.

Enfin, de justes considérations sur les fraudes dont les faillis se rendent souvent coupables en favorisant quelques créanciers au préjudice des autres, par des actes dont il n'est pas toujours facile de prouver l'injustice, ont fait établir des présomptions légales de nullité, déduites de la seule considération que certains actes ont été faits dans un temps voisin de l'ouverture de la faillite et indépendante de la preuve directe de fraude, qui sera l'objet d'un chapitre particulier.

Cet exposé indique la division du présent chapitre en trois sections.

SECTION PREMIÈRE.

Du Dessaisissement du Failli.

1115. Nous venons de dire que, par le fait de sa faillite, le débiteur étoit dessaisi de l'administration de ses biens. Il nous reste à faire connoître comment s'opère ce dessaisissement, à quoi il s'étend, quels effets il produit. Ce sera l'objet de trois paragraphes.

§. I.er

Comment s'opère le Dessaisissement.

1116. Le dessaisissement s'opère par cela seul

que l'état de faillite existe. Ainsi une disposition

Com. 442. particulière, dans le jugement déclaratif, n'est point nécessaire; et d'un autre côté, le tribunal ne pourroit en affranchir le failli.

Dans la rigueur, lorsque l'époque de la faillite est reportée à une date antérieure au jugement qui en déclare l'existence, tout ce qu'a fait le failli devroit être frappé de nullité, puisque le moment où il a été failli est aussi celui où il a été dessaisi. Mais la foi publique modifie singulièrement ces principes, comme on le verra plus bas. Il importe seulement de remarquer que l'intérêt des tiers, de bonne foi, dictant cette modification, ces actes sont toujours réputés frauduleux de la

Com. 445. part du failli. Cette présomption remonte même à dix jours avant l'ouverture; et s'il ne se justifie pas, soit en prouvant qu'il a agi dans un but d'utilité, soit en montrant l'emploi des valeurs dont il a disposé ou qu'il a reçues, il est réputé banqueroutier frauduleux.

§. II.

A quoi s'étend le Dessaisissement.

1117. Quels que soient les biens du failli, meubles, immeubles, dépendans ou non de son commerce, l'administration lui en est retirée.

Mais comme le dessaisissement n'est point une
interdiction, il reste habile à former ou soutenir
les demandes étrangères à cette administration :
par exemple, à plaider pour faire modifier le jugement qui le déclare en faillite, pour réclamer
ses droits personnels contre la masse, etc. De
même, il ne perd pas l'administration des biens
de ses enfans, jusqu'à ce que la tutelle lui
soit retirée, ni de ceux de sa femme, jusqu'à
ce qu'elle soit séparée ; et, dans cet état de
choses, ses créanciers ne peuvent en toucher
le revenu qu'à condition d'en supporter les
charges, qui sont l'éducation des enfans, les
dépenses du ménage, etc.

Les biens que le débiteur acquiert depuis
la faillite étant le gage des créanciers, comme
ceux qu'il possédoit alors, tombent à fur et
mesure dans ce dessaisissement, mais avec leurs
charges particulières. Ainsi, les créanciers
d'une succession demanderont et obtiendront
la séparation des patrimoines, de manière
que les créanciers du failli ne concourent point
avec eux sur les biens qui lui adviennent de
cette manière. Ainsi, les charges imposées à une
donation seront acquittées, avant les dettes de
la faillite, sur les biens donnés, etc. ; et ces
principes servent à décider que des entreprises
ou autres opérations commerciales auxquelles le
failli se livreroit, sont valables en elles-même,
pourvu qu'elles n'aggravent ou ne changent

point le sort des créanciers de sa faillite, c'est-
à-dire, de ceux dont les droits sont antérieurs
au dessaisissement.

Mais si ces créanciers peuvent, sans con-
tredit, faire rejeter ceux qui prétendroient
quelques droits par suite d'opérations postérieures : de leur côté, ceux-ci peuvent, à leur
tour, exiger que l'on ne fasse pas entrer dans
la masse du failli ce qui provient desdites nouvelles opérations, à l'occasion desquelles leurs
droits ont pris naissance, à moins qu'on ne
remplisse les obligations qui en résultent à leur
égard.

§. III.

Effets du Dessaisissement.

1118. On doit considérer deux époques qui
ne peuvent être confondues; 1.° l'intervalle du
temps qui s'écoule entre le jour auquel l'ouverture de la faillite a été fixée ou reportée,
et celui où les agens nommés par le tribunal
entrent en fonctions; 2.° l'intervalle du temps
qui s'écoule depuis cette entrée en fonctions
jusqu'à la clôture des opérations de la faillite.

La première de ces deux époques offre
quelques difficultés relatives à la validité des
actes faits par le failli, et aux effets qu'ils
peuvent obtenir au profit des tiers.

Nous ne parlons pas des présomptions légales qui seront l'objet de la section suivante et frappent les actes antérieurs au jour de l'ouverture; il s'agit ici de ce qui a été fait depuis que l'état de faillite existoit, mais avant que le jugement qui la déclare ait acquis une publicité capable d'avertir le public, et sur-tout avant que des administrateurs légaux aient remplacé le failli dans son établissement.

1119. Pour juger la validité de ces actes, on doit distinguer, entre ceux qui se consomment sans laisser de suite, et ceux qui créent des droits fondés sur le crédit. Par exemple, un commerçant cesse ses paiemens le 15 janvier; il ne déclare ou l'on ne fait déclarer sa faillite que le 30, et le tribunal en reporte l'ouverture au 15; pendant cet intervalle et même après, jusqu'au moment où la nature des choses fait que le dessaisissement s'annonce extérieurement, ce commerçant a vendu, débité ses marchandises, en a fait des envois; il a reçu le paiement de dettes échues, ou dont l'échéance est arrivée pendant ce temps intermédiaire : les acheteurs, les débiteurs, voyant les magasins occupés et desservis par le failli, ou en son nom; n'ont pu ni dû prendre d'informations; ils ont traité, si l'on peut s'exprimer ainsi, plutôt avec la chose qu'avec la personne; il seroit absurde de les forcer de rapporter ce

qu'ils ont acheté, sous le prétexte que le failli
ne pouvoit plus disposer de rien.

Il est donc conforme à la justice et à
la raison, que les négociations consommées
par le failli au comptant, c'est-à-dire, par
l'enlèvement des choses achetées, si c'est lui
qui a été vendeur, ou par le paiement, s'il a
été acheteur, ne puissent pas être attaquées,
à moins que ce ne soit pour cause de fraude.

1120. Mais lorsque ces négociations ont été
faites sur la foi d'un crédit accordé au failli,
par ceux qui lui ont vendu ou prêté, les créanciers auront le droit de refuser de les exécuter
s'ils n'y trouvent pas intérêt, ou s'il n'est pas
reconnu que les obligations dont il s'agit résultent de créances antérieures. Dans le cas
où, sur l'espérance de cette exécution, ceux
envers qui le failli se seroit obligé, lui auroient
fait quelques avances, ils ne pourroient les
répéter qu'autant qu'il seroit reconnu par les
livres qu'elles sont entrées dans la masse qui
ne doit pas s'enrichir à leurs dépens; alors,
ceux qui les auroient faites seroient considérés
comme de simples prêteurs, obligés de subir
le sort commun.

Par suite de ce qui vient d'être dit, si l'on
paie au failli des dettes échues, sans opposition,
le paiement sera valable, à moins qu'il ne soit
prouvé qu'on a connu le jugement de décla-

ration avant qu'il fût public, car alors l'on a
dû refuser.

1121. A l'aide de ces principes on peut prononcer sur la validité d'un paiement que le
débiteur auroit fait avec des marchandises de
son magasin. Si rien n'a pu instruire celui qui a
reçu, la dation en paiement, sera aussi valable
que l'eût été la vente. Mais si la créance ainsi
payée a donné lieu à des poursuites, qui, elles-
mêmes, servent d'élémens pour constater la
cessation de paiemens et l'état de faillite, ces
circonstances n'ont pas permis au créancier de
méconnoître l'état du débiteur : si les précautions particulières qu'a prises le créancier
annoncent qu'il se défioit lui-même de la légitimité de sa négociation, il sera bien mieux
encore présumé avoir connu ce qui étoit de
nature à être facilement remarqué : dans le
commerce, sur-tout, on prévoit à peu près le
moment où une maison sera en faillite.

Quelquefois on peut être embarrassé pour
apprécier les faits et l'intention, lorsque l'intervalle entre le jour où la faillite est déclarée,
et l'époque à laquelle on la fait remonter est
considérable ; mais il s'en trouve beaucoup moins
lorsque l'opération est plus voisine du moment
où l'état de faillite a acquis une notoriété capable
de décider le tribunal à prononcer la déclaration
sans y être provoqué. La notoriété est néces-

sairement précédée de notions individuelles qui s'accumulent.

1122. Quant aux négociations avec le failli depuis que le jugement a été affiché, ou que les agens sont entrés en fonctions, autres que celles qu'auroient pu faire des commis ou préposés éloignés avec des personnes de bonne foi, aucun prétexte ne pourroit les rendre valables par elles-mêmes; elles ne recevroient leur force que de la ratification et approbation, par exemple, s'ils souffrent que le failli reste dans ses magasins, et qu'il y continue le débit de ses marchandises, ses fabrications ou les autres travaux dont se compose son commerce.

1123. L'effet du dessaisissement est aussi, entre les créanciers, de fixer leur position de manière que d'un côté nul ne puisse acquérir de droits particuliers au préjudice de la masse; et de l'autre, que des actes conservatoires ne soient plus nécessaires pour assurer un droit existant au moment de la faillite. Ainsi, le créancier hypothécaire n'a plus besoin de renouveler son inscription, qui subsistoit au moment où la faillite, a été ouverte.

SECTION II.

De l'Exigibilité des Créances.

1124. Lorsqu'un créancier accorde terme à

son débiteur, c'est sous la condition que ce dernier conservera sa solvabilité. Ainsi la faillite
doit naturellement rendre exigibles toutes les
dettes du failli, mais il est important de déterminer les effets de cette exigibilité, tant à l'égard
du failli seul, qu'à l'égard de ses codébiteurs ou
cautions non faillies.

Civ. 1854.
Com. 23.

Ce sera l'objet des deux paragraphes suivans.

§. I.er

Effets de l'Exigibilité à l'égard du Failli.

1125. L'exigibilité dont nous parlons ici n'a
pas les mêmes effets que celle qui dériveroit
d'une convention ou de l'échéance régulière du
terme.

Elle ne donne pas au créancier le droit de
demander, ni de recevoir, à l'instant que la
faillite s'ouvre, le montant intégral de sa
créance; comme elle n'existe que par la faillite
et par le même événement qui produit le
dessaisissement, elle est subordonnée à tout ce
qui en est la suite naturelle, et notamment à ce
que le créancier ne puisse plus recevoir de
paiemens, que par le moyen des répartitions
qui auront lieu dans la suite, à moins que la
qualité privilégiée de sa créance, ne lui donne
droit de poursuivre.

Ainsi cette exigibilité accidentelle, ne produit

point, comme nous l'avons dit, n. 230, de
compensation avec une créance exigible par
elle-même, si ce n'est lorsque l'une et l'autre,
quoiqu'exigibles à des époques différentes, dérivent du même titre et sont corrélatives. Par
exemple, *Paul* avoit assuré les marchandises
de *Jean* pour 100,000 fr., moyennant une
prime de 10,000 fr., et tombe ensuite en
faillite. Sa masse ne peut exiger, en cas de
sinistre, que *Jean* paye la prime de 10,000 fr.,
sauf à entrer en contribution pour le capital de
100,000 fr.; ce dernier retiendra les 10,000 fr.
qu'il a promis pour prime, et viendra en contribution pour 90,000 fr. seulement. Nous avons
vu, n. 147 et suivans, qu'il en étoit de même
dans les comptes courans.

1126. On n'excepte point de cette exigibilité
les créances privilégiées, ou garanties par des
nantissemens; l'état de la faillite forçant les créanciers à se réunir pour conserver le gage commun
et convertir l'actif du failli en sommes qui
puissent être réparties, il seroit impossible d'arriver à ce but, si les créances privilégiées généralement sur tout le mobilier, ou particulièrement sur quelques meubles, n'étoient pas
rendues exigibles, car les créanciers, pour sûreté
de leurs droits non échus, s'opposeroient à la
répartition et quelquefois même à la vente.

Le même motif doit rendre exigibles les dettes

hypothécaires. Nous verrons, par la suite, que les créanciers de cette classe sont appelés à prendre part aux répartitions, tantôt par provision, en attendant que le résultat de l'ordre des immeubles hypothéqués, fasse connoître si le prix suffira pour les remplir, tantôt définitivement, lorsque l'insuffisance du prix des immeubles oblige de les rejeter dans la classe des chirographaires. Or, dans le premier cas, on ne pourroit les admettre à ces distributions, si leurs créances à terme ne devenoient pas exigibles, et, dans le second, leur condition seroit moins favorable que celle des chirographaires.

1127. Il pourroit se faire que l'obligation non échue d'un failli fût corrélative à une autre que le créancier auroit contractée envers lui; tels sont les achats de marchandises livrables à une certaine époque, le louage d'une maison, d'un magasin, etc.

La faillite donne juste sujet de craindre qu'à la livraison le vendeur ne soit pas payé, ou, s'il s'agit d'un loyer, que le prix n'en soit pas exactement acquitté aux échéances. Dans le premier cas, le vendeur a droit d'exiger son paiement; dans le second, le locateur peut exiger tous les loyers à courir, sans être obligé de se contenter de la responsabilité des meubles qui garnissent la maison, puisque cette obligation de garnir est imposée à tout locataire, même non failli.

A la vérité, comme l'obligation de l'acheteur, ou du locataire, avoit quelque chose de conditionnel, puisque le vendeur est tenu de livrer ainsi que le bailleur de faire jouir, et que chacun n'est créancier de l'autre que sous cette condition, la masse peut se borner à donner caution ; elle jouiroit de cette faveur, quand même elle céderoit ses droits, ou quand même elle reloueroit la maison à son profit.

La personne ainsi présentée pour caution, doit avoir la capacité de contracter en général ; la seule capacité requise pour faire le commerce ne seroit pas suffisante, comme on l'a vu, n. 71. Civ. {2018. / 2040.} Elle doit être domiciliée dans le ressort de la cour d'appel où elle est offerte, et susceptible de la contrainte par corps. Ce n'est pas que le fait du cautionnement y soumette de plein droit, puisqu'il n'est pas un acte commercial ; mais ce cautionnement étant judiciaire, le créancier a le droit d'exiger que la caution s'y soumette, et de la rejeter si elle le refuse.

Civ. 2019. Il n'est pas indispensable que la caution ait des immeubles, sa solvabilité connue peut la faire admettre par le tribunal sans cette sûreté.

Les obligations de cette caution sont d'acquitter en entier ce qui sera dû à l'événement, sans renvoyer le créancier à discuter préalablement la faillite, ou le débiteur revenu à meilleure fortune. Elles vont même jusqu'à répondre des suites de la fraude. Ainsi, dans les cas où, conformément à ce que nous avons dit, n. 825 et 932, l'assuré ne jouit pas du bénéfice du ristourne, parce qu'il y a fraude de sa part, la caution doit payer la totalité de la prime, encore bien que cette même prime eût été réductible, si l'assuré avoit été de bonne foi, et qu'on ne puisse reprocher à la caution d'en être complice.

1128. Il faut également suivre, à l'égard des créances conditionnelles ou éventuelles, des règles particulières, appropriées à leur nature. Si le débiteur, ou lorsqu'il s'agit d'un contrat aléatoire, si l'un ou l'autre des contractans, que l'événement peut seul déclarer débiteur, tomboit en faillite avant que cet événement fût arrivé, la résiliation du contrat pourroit être demandée contre la masse de ses créanciers, si mieux elle n'aimoit donner caution : nous en avons présenté, n. 921, des exemples qui peuvent s'appliquer toutes les fois que la convention, au lieu d'être simplement à terme, ne doit produire que des effets successifs et futurs.

§. II.

Effets de l'Exigibilité à l'égard des Codébiteurs ou Cautions non faillis.

1129. Le failli peut n'être pas seul obligé au

16 *

paiement de la dette que sa faillite rend exigible; ses codébiteurs étant restés solvables, il est naturel de ne pas leur appliquer une peine qu'ils n'ont pas méritée.

Mais si la créance résulte d'un effet de commerce, c'est-à-dire d'une lettre de change, billet à ordre ou autre engagement transmissible par voie d'endossement suivant les principes expliqués, n. 343 et suivans, dès qu'un des obligés est failli, les autres sont tenus de rembourser sans égard au terme, ou de donner caution.

La nature des engagemens que contractent ceux qui interviennent dans la négociation de ces sortes d'effets, a donné lieu à cette modification; et c'est en l'étudiant, qu'on peut en déterminer les effets. Un exemple va éclaircir cette matière. *Pierre* a tiré une lettre de change sur *Paul* au profit de *Jacques;* celui-ci l'a passée à l'ordre de *Jean,* celui-ci à *René,* celui-ci à *Joseph,* qui s'en trouve porteur au moment où *René* tombe en faillite. Le tireur, l'accepteur et les endosseurs ne seront point tenus de rembourser ou de donner caution. Aucun d'eux n'a présenté à *Joseph,* porteur, ce même *René* comme débiteur de la lettre; aucun d'eux n'a donc promis qu'il resteroit solvable jusqu'à l'échéance.

Mais c'est *Jean* qui a fait faillite : il est évident alors que *René,* en passant à l'ordre de *Joseph* une lettre endossée par *Jean,* lui a cédé, avec garantie, ses droits contre cet endosseur; dès qu'il fait faillite, *René* doit rembourser, ou donner caution. Supposons que c'est *Jacques* qui ait fait faillite, *Jean* doit garantie à *René*, qui la doit à *Joseph*; celui-ci peut demander à l'un et l'autre remboursement ou caution.

On entrevoit maintenant quel sera l'effet de la faillite de l'accepteur. Lorsque *Pierre* a tiré la lettre sur *Paul*, il a contracté l'obligation de faire exécuter par ce dernier le paiement de *telle* somme; si *Paul* n'avoit pas voulu accepter, le porteur auroit pu, après protêt, revenir contre *Pierre*, suivant les règles expliquées, n. 381. Quoique *Paul* soit engagé, par son acceptation, sa faillite annonçant qu'il ne tiendra pas ce qu'il a promis, le porteur peut demander à *Pierre* remboursement ou caution. *Jacques*, en cédant la lettre à *Jean*, celui-ci à *René*, et ce dernier à *Joseph*, ont tous successivement cédé, avec toute garantie, une créance sur *Paul*; ils peuvent donc aussi être poursuivis.

Supposons maintenant que ce soit *Pierre* tireur qui fasse faillite, *Paul* accepteur ne pourra être poursuivi pour donner caution, car en acceptant il a contracté l'obligation directe de payer, il n'a garanti la solvabilité de qui que ce soit. Mais tous les endosseurs y seront obligés, parce que chacun d'eux a garanti à son cessionnaire la solvabilité du tireur.

Ce qui est dit sur le tireur, dans la lettre de change, s'appliqueroit au souscripteur, dans le billet à ordre.

Il suit de ces explications, que, dans aucun cas, la faillite d'un signataire postérieur, ne donne lieu à poursuivre les signataires antérieurs, puisque n'ayant jamais connu cet individu, jamais ils n'ont pu consentir à se rendre garans de son obligation.

1130. Il ne nous reste plus qu'à voir les effets de l'exigibilité d'une dette cautionnée, soit dans le cas de la faillite du débiteur principal, soit dans celui de la faillite de la caution, ou de l'une des cautions. Les principes du droit civil sont appliqués sans modification. Si c'est le débiteur principal qui ait fait faillite, le créancier n'a rien à demander à la caution restée solvable; l'exigibilité que produit la faillite n'a ses effets que contre le débiteur. Lorsqu'au contraire le débiteur principal reste solvable, que c'est la caution seule qui fait faillite, ou l'une d'elles, s'il y en a plusieurs, le débiteur n'a d'autre moyen d'éviter une demande en remboursement, que de donner une nouvelle caution en place de celle qui est tombée en faillite, Civ. 2020. à moins que la personne qui étoit caution n'eût été spécialement choisie et demandée par le créancier.

SECTION III.

De l'annullation d'Actes faits ou de Droits acquis dans les dix jours qui ont précédé l'ouverture de la Faillite.

1131. Les approches de la faillite faisant entrevoir aux créanciers des pertes indispensables, et au débiteur la nécessité de se dépouiller d'un reste de crédit et de fortune, à l'aide desquels il subsistoit, on peut craindre que des créanciers n'emploient tous leurs efforts pour se procurer des paiemens ou des sûretés; on peut craindre que des aliénations déguisées ne soient pour le failli un moyen de se réserver des ressources aux dépens de la masse de ses créanciers.

Sans doute cette masse a le droit d'attaquer les actes qu'elle prétend avoir été faits en fraude, et les règles du droit civil lui offrent l'action révocatoire. Mais ce moyen que nous ferons connoître dans le chapitre sixième, ne seroit pas toujours suffisant pour atteindre des hommes qui, maîtres de choisir le temps, le lieu, la forme des actes, ne laissent aux victimes de leur fraude que ce que la réflexion et la prévoyance n'ont pu parvenir à leur enlever. Déjà dans une matière assez exposée aux fraudes, nous avons remarqué, n. 852, qu'on avoit admis des présomptions légales qui, dispensant de preuves celui qui l'alléguoit, ne permettoient pas de justification à celui qui vouloit s'en défendre. Le même système a été admis dans les faillites.

Les actes frappés de cette nullité sont, les acquisitions de priviléges et hypothèques sur les biens du failli, dans les dix jours qui précèdent l'ouverture de la faillite; les aliénations immobiliaires à titre gratuit, faites par le failli dans le même espace de temps; le paiement des dettes commerciales non échues, fait aussi dans le même temps. Nous allons en traiter dans trois sections.

§. I.er

Nullité des Priviléges ou Hypothèques acquis dans les dix jours.

1132. La marche des opérations commerciales exige qu'on souscrive des obligations, des reconnoissances, des engagemens chirographaires. La stipulation de priviléges ou hypothèques annonce une sorte de défiance de la solvabilité du débiteur.

Il a paru convenable d'anéantir des sûretés de cette espèce, lorsque leur stipulation dans un temps voisin de la faillite les frappoit d'une juste suspicion, sans toutefois anéantir l'engagement en lui-même.

Nous allons parler, dans trois articles, des priviléges sur les meubles, des priviléges sur les immeubles, et des hypothèques ainsi frappés de nullité.

Aʀт. I.ᵉʳ *Des Priviléges sur les Meubles acquis dans les dix jours.*

1133. Pour bien entendre et appliquer cette prohibition, il faut se reporter aux causes qui peuvent donner naissance aux priviléges. Les uns ne s'acquièrent point à proprement parler, c'est la loi qui les donne, tels sont les priviléges des frais de justice, funéraires, de dernière maladie, des gens de service, des fournisseurs, des contributions, des parties qui ont employé des fonctionnaires publics sur le cautionnement de ces agens, des défenseurs d'un accusé. Civ. 2101.

Les autres doivent leur naissance à une convention en quelque sorte conditionnelle. Le même fait qui augmente l'actif du débiteur est cause de son obligation et du privilége, tels sont ceux du voiturier sur des marchandises voiturées, de l'ouvrier sur les objets qu'il répare, de celui qui conserve, du propriétaire d'une maison louée, etc. Ces sortes de priviléges ne s'acquièrent point dans le sens que l'on attribue naturellement à ce mot. L'homme n'a pas la puissance d'en accorder les avantages à telle dette. Civ. 2102.

Les créanciers ne peuvent donc contester de tels priviléges sur le fondement que la quotité de la somme due est le résultat de faits qui ont eu lieu dans les dix jours de la faillite. Ils peuvent seulement vérifier si les sommes ainsi réclamées sont bien dues pour cause privilé-giée, si l'on n'y donne pas une extension mal fondée, en un mot, attaquer l'acte en lui-même et non son accessoire.

Les autres priviléges naissent des conven-tions, en ce sens que c'est par une stipulation indépendante et particulière, que les parties ont rendu privilégiée une créance qui eût pu exister sans jouir de cet avantage. L'exemple le plus sensible qu'on puisse en donner, c'est le nan-tissement. Le débiteur pouvoit emprunter, et son créancier n'auroit eu qu'un droit général, et concurrent avec les autres; il a donné des meubles en gage, et le créancier a acquis un privilége sur ces objets.

Com. 443.   Lorsqu'une telle convention a eu lieu dans les dix jours qui ont précédé l'ouverture de la faillite, le créancier ne peut faire valoir son privilége; le fait de la faillite le frappe d'une nullité de plein droit.

On ne peut objecter que les ventes mobi-liaires, les cessions par voie d'endossement, etc., faites dans les dix jours, n'étant point frappées de nullité, le même motif doit valider les nan-tissemens donnés pendant cet intervalle. Sans doute le failli pouvoit vendre des marchandises, endosser au profit d'un autre, *valeur en compte*, les effets qu'il n'a donnés qu'en nantissement, et ces négociations eussent été inattaquables, si la mauvaise foi de l'acheteur n'étoit pas prouvée ; mais les contrats ne doivent point être confondus, les raisons que nous avons données, n. 585 et suiv., reçoivent ici leur application, il nous suffit d'y renvoyer.

Art. II. *Des Priviléges acquis sur des Immeubles dans les dix jours antérieurs à la Faillite.*

1134. Tout ce que nous avons dit dans le paragraphe précédent, suffit pour prouver que les priviléges sur les immeubles acquis dans les dix jours qui précèdent l'ouverture de la faillite, ne sont pas frappés de nullité.

Quels seroient, en effet, ceux auxquels on pourroit en faire l'application ? Les priviléges généraux qui, à défaut de meubles, s'étendent subsidiairement aux immeubles ? Ce qu'on a vu, n. 1133, établit suffisamment que la présomption légale de nullité ne les frappe pas. Le privilége du vendeur sur l'immeuble qu'il a vendu ; des cohéritiers sur les biens de leur copartageant ; des légataires et créanciers d'une succession qui ont demandé la séparation des patrimoines ; des architectes ou entrepreneurs sur le bien qu'ils ont construit ou réparé ?

Nous avons assez clairement démontré que la nullité ne frappe que les affectations faites, pendant le terme de la prohibition, sur les biens que le commerçant près de faillir possède *actuellement*, et non les privilégiés qui, adhérant aux biens, ne sont à sa charge, que parce que les biens sont entrés dans sa main, et par la même cause qui les y a fait entrer.

Dans tous ces cas, il n'y a pas, à proprement parler, acquisition volontaire pure et simple; un créancier n'a point obtenu au détriment des autres une sûreté particulière, sans avoir de droits à cette faveur.

ART. III. *Des Hypothèques acquises dans les dix jours de l'Ouverture de la Faillite.*

1135. Les hypothèques sont ou légales, ou judiciaires, ou conventionnelles.

Les motifs qui ont fait établir les hypothèques légales sembleroient suffisans pour les affranchir de la nullité. Mais, parmi ces hypothèques, il en est qui pourroient être l'occasion d'un grand nombre d'abus, tels sont celles des femmes sur les biens de leurs maris. Les modifications que nous verrons par la suite avoir été apportées, dans le commerce, aux règles du droit civil en cette matière, nous conduisent à décider que, si un commerçant faisoit faillite moins des dix jours après son mariage, sa femme n'auroit pas

sur ses biens l'hypothèque accordée aux
femmes des non commerçans ; il en est de même
de l'hypothèque du Gouvernement ou des établissemens publics sur les receveurs, qui n'existant pas si elle n'est inscrite, rentre, sous ce
rapport, dans la classe générale. Dans l'un et
l'autre cas, il y a eu convention, stipulation
libre, et, par conséquent, possibilité de tromper
les tiers.

Mais si un commerçant perd sa femme
quelques jours avant sa faillite, et reste tuteur
de ses enfans, si dans les dix jours il est élu à
une tutelle, c'est la loi qui le nomme ou qui
l'oblige d'accepter, même malgré lui, et dans
ce cas, l'hypothèque légale des mineurs nous
semble valablement acquise.

1136. La nullité s'étend sans distinction à
toutes les hypothèques judiciaires et conventionnelles ; car ces deux sortes de sûretés existant
toujours par le fait de l'homme, sont celles qui
couvrent le plus facilement la collusion et la
fraude qu'il s'agit de prévenir et de réprimer.

Au surplus, il est bien important de
remarquer que, dans l'état actuel de la législation française, ce n'est pas par la condamnation ou la convention, mais par l'inscription, que de telles hypothèques existent.
Peu importe la date de la créance, l'hypo-

thèque non inscrite n'est point présumée exister à l'égard des tiers ; celle qui est inscrite dans les dix jours qui précèdent, quoique se rapportant à des titres plus anciens, n'a réellement d'existence, à l'égard des tiers, qu'à l'instant qu'elle est inscrite, et parconséquent elle est nulle, puisqu'elle n'obtient son existence légale que dans les dix jours de réprobation.

1137. S'il est des hypothèques qui sont accordées à celui qui se trouve actuellement créancier, il en est aussi qui ne sont données que pour garantir une créance à venir.

C'est naturellement ici le lieu d'examiner si l'hypothèque inscrite antérieurement aux dix jours qui précèdent l'ouverture de la faillite, pour sûreté d'un prêt ou des fournitures qui n'ont été effectuées, en tout ou partie, que pendant cet espace de temps, ne sera pas frappée de nullité, pour ce qui aura été ainsi compté ou fourni au débiteur dans un temps si voisin de la faillite. Nous allons poser un exemple.

Un commerçant propose à un banquier de lui ouvrir un crédit, au moyen duquel il prendra chez ce dernier, à fur et mesure de ses besoins, jusqu'à concurrence de la somme convenue, et lui donne une affectation hypothécaire sur des immeubles. Le prêt se réalise à mesure que l'emprunteur juge convenable de prendre des fonds ; et il peut arriver que quelques sommes soient payées par le banquier, dans les dix jours qui précèdent l'ouverture de la faillite. Le banquier inscrit avant cette époque pourra justement prétendre que son hypothèque est valable et l'exercer, tant pour ce qu'il a payé avant, que pour ce qu'il justifiera, d'une manière exempte de fraude, avoir payé pendant les dix jours qui précèdent la faillite.

Il est intervenu un véritable contrat synallagmatique dans lequel chacun a contracté envers l'autre une obligation, dont celle contractée envers lui étoit la cause. Le commerçant à qui le banquier s'est obligé d'ouvrir un crédit, est devenu créancier d'une obligation qui consiste, de la part de ce dernier, à lui livrer des sommes d'argent en *telle* quantité qu'il voudra, pourvu qu'elles n'excèdent pas le montant du crédit convenu. Or, une obligation n'est nulle que lorsqu'elle est contractée sous une condition purement potestative de la part du débiteur. Il n'en est pas Civ. 1174. de même de celle qui est contractée, sous une semblable condition, de la part du créancier.

A son tour, ce commerçant a contracté envers le banquier, non pas une obligation éventuelle, pour la restitution des sommes qu'il prendra chez lui, mais une obligation principale de prendre, à l'intérêt convenu entr'eux, *telle* somme dans *tel* délai; en cas d'inexécution, il peut être poursuivi en dommages-intérêts. Son obligation n'est donc pas purement potestative, puisqu'il ne peut impunément s'y refusér.

Dès que le contrat est valable, l'hypothèque que l'un des contractans a donnée pour son obligation ne peut manquer de l'être : elle l'est, comme toute hypothèque, tendante à assurer une obligation conditionnelle pour son existance. Quelle que soit la somme qui aura été inscrite, le créancier ne pourra l'exercer sans doute que pour ce qu'il justifiera avoir compté effectivement ; mais il l'exercera suivant le rang de l'inscription, et s'il l'a prise antérieurement aux dix jours de la faillite, on ne pourra la faire annuller sous prétexte que la tradition des sommes, qui est l'événement de cette obligation conditionnelle, ne s'est réalisée que pendant ces dix jours.

Civ. 2131.

§. II.

Des Aliénations à titre gratuit.]

1138. Des libéralités exercées dans un temps voisin de la faillite sont une sorte de larcin fait aux créanciers.

Néanmoins, on ne frappe d'aucune nullité de droit les donations mobiliaires. Les créanciers n'ont que l'action révocatoire fondée sur la preuve de la fraude.

Com. 444.

Quant à celles d'immeubles, dans quelque forme et sous quelque nom qu'elles soient faites, elles sont frappées d'une nullité que la loi présume, par cela seul, qu'elles ont été acceptées dans les dix jours qui précèdent l'ouverture de la faillite.

Ainsi, un riche commerçant marie sa fille et lui donne 100,000 francs en dot. Peu de jours après le mariage la nouvelle d'une faillite, ou la perte d'un navire, le force de cesser ses paiemens. La donation n'est point frappée, en elle-même, de nullité.

Au contraire, ce même commerçant a donné à sa fille, en dot, une terre de 100,000 francs, et, dans les dix jours suivans, des causes qu'il ne pouvoit prévoir entraînent sa faillite; quoique la donation ait été faite et acceptée de bonne foi, les tribunaux sont forcés de l'annuller, parce qu'on n'admet aucune preuve contre la présomption de la loi lorsque la crainte des fraudes lui fait prononcer l'annullation de certains actes.

Cette nullité n'a lieu qu'en faveur des créanciers. Des enfans ou autres intéressés non-créanciers ne peuvent pas en exciper; et si le failli peut tout payer sans entamer ou sans consommer les biens donnés, les donataires sont bien fondés à demander l'exécution des donations.

Elle ne profite pas aux créanciers postérieurs à la donation; et, si le prix des biens excède le montant des sommes dues à ceux qui ont droit d'invoquer cette nullité, le surplus demeure au donataire.

§. III.

Des Paiemens par anticipation.

1139. Le paiement d'une dette échue reçu de bonne foi, fût-ce la veille de la faillite, est inattaquable, puisque l'autorité du juge auroit pu y contraindre le débiteur.

Com. 446. Mais si le paiement est anticipé, on présume que le débiteur a fait cet avantage au créancier, pour le soustraire au désastre commun.

Par cette expression *dette*, on n'entend pas seulement les sommes d'argent, mais encore toute délivrance de choses quelconques. Néanmoins, il faut distinguer comme il a été dit, n. 272 et suiv., entre les corps certains et déterminés, et les choses indéterminées; la livraison anticipée des premiers ne seroit pas annullée, puisqu'en ce cas le créancier auroit été fondé à les revendiquer dans la masse de la faillite.

1140. On répute dettes non-échues les sommes dues pour marchandises vendues à un terme fixe, *tel* que 3, 6 mois, avec faculté

d'escompter ou de régler en effets à la satis-
faction du vendeur, et la même raison milite
contre l'escompte qu'un commerçant failli auroit
faite de ses propres billets.

La considération que le créancier, dans ce
cas, subit une diminution, ne peut détour-
ner de l'application de la loi : il est impossible que le législateur ne l'ait pas prévu;
jamais on n'anticipe un paiement dans le
commerce, que par l'espoir d'un escompte.
D'ailleurs la règle que tout paiement par anticipation est nul, rapprochée de celle qui déclare qu'un débiteur qui paie des effets de commerce avant l'échéance, répond de la validité
du paiement, comme on l'a vu, n. 186,
nous semble repousser toute distinction.

Quoique la loi ne désigne que les paiemens
de dettes commerciales, il nous semble dans
son intention de l'appliquer, à plus forte raison,
aux autres dettes dont l'échéance n'est point
encore arrivée, que les commerçans sont bien
moins dans l'usage de payer par anticipation
et par voie d'escompte, que celles de leur commerce: On peut dire, en quelque sorte, que
les termes qui désignent les engagemens commerciaux, pour en prohiber le paiement par
anticipation, sont plutôt employés dans la vue
de lever des doutes que pour restreindre la
disposition.

Dans tous ces cas, le créancier qui auroit

reçu son paiement anticipé en effets de commerce ou lettres de change, ne seroit obligé qu'à rapporter ces titres mêmes, et non la somme dont ils sont la représentation.

CHAPITRE TROISIÈME.

Des premières mesures pour la conservation des droits des Créanciers.

1141. On a vu, dans le chapitre précédent, les effets instantanés que produisoit l'existence de la faillite; il s'agit maintenant de faire connoître les mesures provisoires que doit prendre le tribunal de commerce, jusqu'au moment où l'on pourra réunir les créanciers, à l'effet de concourir eux-mêmes à la conservation de leurs intérêts.

Ces mesures sont au nombre de quatre : la nomination d'un juge-commissaire; celle d'agens provisoires; l'arrestation du failli; l'apposition des scellés. Ce sera la matière de quatre sections.

SECTION PREMIÈRE.

De la nomination d'un Juge commissaire.

1142. Quelles que soient les précautions que nous verrons dans la suite qu'on prend pour choisir ceux à qui doit être confiée l'administration de la faillite, elles seroient incomplètes si le tribunal n'exerçoit pas sur ces personnes une surveillance continuelle.

Le même jugement qui prononce la déclaration de faillite, nomme donc un des membres du tribunal pour en être le commissaire. Les fonctions de ce magistrat commencent à l'instant même de sa nomination, jusqu'à la liquidation définitive, ou jusqu'à ce qu'un concordat ait fait rentrer le failli dans l'administration de ses biens.

Ce juge-commissaire est nécessairement rapporteur auprès du tribunal, dans toutes les contestations relatives à la faillite, et quand même, par la division du tribunal en plusieurs sections, il appartiendroit à une autre que celle qui doit prononcer sur la contestation, il doit venir assister à celle-ci et faire son rapport.

Il surveille sans que jamais il soit nécessaire de l'en requérir; mais il doit se renfermer dans les seules bornes de la surveillance et ne point administrer, car alors ceux qu'il doit surveiller seroient à l'abri de toute responsabilité.

1143. Les diverses personnes qui se succèdent dans l'administration de la faillite ne sont donc point obligées de lui rendre compte de chacune des opérations projetées, ni de demander son approbation, ou de s'abstenir par le seul motif qu'il ne l'auroit pas donnée, à moins qu'il ne

Com. 454.

Com. 458.

s'agisse d'actes pour lesquels cette approbation est spécialement exigée par la loi.

A la vérité, la convenance, et bien mieux encore, la prudence, porteront souvent ces personnes à faire connoître au juge-commissaire ce qu'elles projettent, à s'abstenir de ce qu'il n'approuveroit pas; mais ce qu'elles feront n'en sera pas moins sous leur responsabilité. Le seul avantage que cette précaution produira, c'est qu'en cas d'inculpation par quelques créanciers, le commissaire, sur le rapport duquel toutes réclamations doivent être jugées, sera un témoin impartial de la pureté de leurs intentions.

Lorsqu'il faudra faire une dépense extraordinaire, par exemple, pour un travail considérable qu'exigera le dressement des états de situation, des comptes courans, ou pour des consultations, mémoires, défenses sur des procès importans, une autorisation expresse ou tacite, donnée par le commissaire, sera d'un très-grand poids.

On voit par là que si le commissaire n'administre pas, il entre dans ses fonctions et dans ses droits de s'opposer, soit par des ordres directs, soit en provoquant les décisions du tribunal, à ce qu'il voit faire de contraire aux lois ou à l'intérêt de la masse.

Dans ce dernier cas, une faillite étant moins un procès qu'une administration, les décisions du commissaire ne peuvent être assimilées à des ordonnances de référé, qui ne sont susceptibles que d'appel. La marche naturelle est de recourir au tribunal, qui a incontestablement droit de réformer les actes de son délégué, et le jugement rendu à ce sujet peut ensuite être attaqué par voie d'appel, parce que, par sa nature, il offre toujours un intérêt indéfini.

Section II.

De la Nomination d'Agens provisoires et de leurs Fonctions.

1144. Le jugement qui prononce la déclaration de faillite, contient encore la nomination d'un ou plusieurs agens. Le tribunal peut les choisir parmi les créanciers présumés, ou parmi Com. 454. toutes autres personnes, même non créancières, qui offriroient le plus de garantie pour la fidélité Com. 456. de leur gestion.

Mais comme il seroit à craindre que l'attribution de ces fonctions, accordée trop souvent aux mêmes individus, n'inspirât l'idée d'en faire en quelque sorte une profession particulière, nul ne peut être nommé agent deux fois dans le cours de la même année, à moins qu'il ne soit créancier dans les faillites dont l'administration lui seroit ainsi confiée.

Les fonctions des agens de la faillite commencent de même que celles du commissaire, à l'instant de la prononciation du jugement qui les nomme, de manière que s'il est

attaqué par voie d'opposition, c'est contradictoirement avec eux qu'elle doit être jugée, et
sur le rapport du commissaire, comme on l'a
vu, n. 1109. Mais avant de commencer leur
gestion, ils doivent prêter, entre les mains de
Com. 461. ce dernier, serment de remplir fidèlement leurs
fonctions.

Section III.

De l'Arrestation du Failli.

1145. Si la faillite n'est pas en elle-même un
délit, parce qu'il y auroit de la barbarie à confondre le malheur avec le crime, il suffit que des
créanciers ayent à craindre de n'être pas payés,
pour qu'on doive examiner si cet événement
n'est pas le résultat de quelque fraude, si du
moins il n'a pas été occasionné par des impru-
Com. 455. dences qui méritent d'être punies. Il est donc
juste de s'assurer de la personne du failli. Ainsi
le même jugement qui déclare sa faillite,
ordonne qu'il sera déposé dans la maison
d'arrêt pour dettes, ou qu'il sera commis à la
garde d'un officier, soit de police ou de justice,
soit d'un gendarme, et à Paris, d'un garde
du commerce, établi par le décret du 14
mars 1808. [1]

Le failli pouvant être déjà détenu, à la

---

[1] Bulletin des lois, 4.e série, n. 3236.

requête de quelque créancier, le tribunal doit ordonner qu'il soit écroué de nouveau, en vertu de son jugement : en effet, la contrainte par corps peut, s'il n'existe point de recommandation contre le débiteur, cesser par le consentement du créancier arrêtant : une connivence avec ce dernier pourroit par conséquent délivrer un homme qui, s'il eût été libre au moment de l'ouverture de sa faillite, eût été arrêté par ordre du tribunal.

Cette arrestation étant dans le seul intérêt de la vindicte publique, il ne peut être reçu de recommandations contre le failli, par suite Com. 455. de jugemens rendus en matière de commerce. Cette dérogation aux principes du droit civil, est fondée sur ce que, dans ce cas, l'arrestation du failli n'a pas pour objet de le forcer à payer, mais de le mettre sous la main de la justice.

S'il s'agissoit de quelques condamnations civiles, correctionnelles, ou de cours criminelles, emportant contrainte par corps ou de droits semblables du trésor public contre un comptable, cette modification n'y seroit point appliquée, parce que, dans ces sortes de positions, la contrainte par corps n'est pas seulement un moyen de parvenir au paiement, elle est en quelque sorte la punition ou de quelqu'abus de confiance ou de quelqu'autre délit.

Nous ferons connoître dans le chapitre suivant, quelles sont les suites de cette arrestation du failli. Il suffit d'annoncer ici qu'elle est exécutée sous la surveillance du juge-commissaire, et à la requête des agens.

Section IV.

De l'Apposition des Scellés.

1146. L'apposition des scellés, chez le failli, étant un acte conservatoire, ne peut être trop accélérée; en conséquence, si elle n'a pas été Com. 449. faite avant le jugement qui déclare l'ouverture de la faillite, dans le cas particulier dont nous avons parlé, n. 1103, elle doit être ordonnée par ce même jugement, et exécutée à la requête des agens, ou, s'ils tardent de la requérir, Com. 462. d'office par le juge de paix, qui transmet son Com. 450. procès-verbal au tribunal de commerce.

C'est dans cette vue que le tribunal de commerce doit envoyer son jugement, tant au juge de paix du lieu où demeure le failli, qu'à tous Com. 449. ceux des lieux où il peut être nécessaire d'apposer les scellés, soit parce que le failli y possède quelqu'établissement commercial, soit parce qu'il y auroit des marchandises dans quelques magasins.

Lorsque la faillite est celle d'une société, les scellés doivent être apposés au domicile de tous Com. 452. les associés solidaires. Cela ne contrarie pas ce que nous avons dit, n. 976, que la faillite d'une société ne rend pas tous les associés faillis. Celui chez qui on viendra ainsi pourra éviter ce désagrément en offrant de payer quiconque se dit créancier, car il est solidaire, et la faillite de l'établissement rend les dettes exigibles.

Ainsi cette mesure ne peut être prise contre un commanditaire, lors même qu'il seroit attaqué pour avoir fait des actes de gestion. C'est la conséquence de ce que nous avons dit, n. 1038. Il faut avant tout faire juger qu'il a dérogé à sa qualité de commanditaire. Seulement si le tribunal, après avoir jugé cette question, voyoit que, par le genre d'opérations dans lesquelles le commanditaire s'est immiscé, quelques parties de l'actif, des papiers ou autres documens de la faillite pussent se trouver chez lui, il n'est pas douteux que l'apposition des scellés ne fût justement ordonnée.

S'il s'agit d'une société anonyme, le scellé ne peut être apposé que sur les effets de cette société et au domicile des administrateurs ; non, qu'ils soient indéfiniment responsables, mais parce qu'ils devront rendre compte de leur gestion, et que la faillite survenue semble accuser leur exactitude ou leur prudence.

1147. Nous n'entrerons point dans les détails relatifs aux formes ; il suffit d'observer que, si l'apposition des scellés a lieu à la requête des agens provisoires, ils sont naturellement les gardiens de ce qui ne peut être mis sous le scellé; c'est à eux de désigner la personne à qui la responsabilité doit en être confiée.

Les scellés doivent être apposés sur les boutiques, magasins, comptoirs, caisses, portefeuilles, livres, registres, papiers, meubles et effets du failli. Mais presque toujours, il importe beaucoup aux créanciers que les affaires du commerce soient continuées. Les agens décident donc dans ce cas, avec l'autorisation du juge-commissaire ou, s'il en est besoin, du tribunal, ce qui est le plus opportun : alors, au lieu d'apposer les scellés, on fait la description des marchandises dont se chargent les agens ou celui qu'ils préposent pour continuer, soit le débit, soit les fabrications.

Com. 463. Le procès-verbal du juge de paix doit encore constater sommairement l'état dans lequel se trouvent les livres du failli, c'est-à-dire leur tenue extérieure et matérielle, et non les résultats des opérations qu'ils contiennent, et ce magistrat doit ensuite les remettre aux agens.

CHAPITRE IV.

Des Fonctions et de l'Administration des Agens provisoires.

1148. Le premier soin des agens provisoires doit être de rechercher et de constater d'une manière exacte la véritable position du débiteur, en dressant ce qu'on appelle son *bilan;* de s'occuper des actes conservatoires, ainsi que de tout ce qui ne peut, sans grand préjudice, souffrir un retardement. Comme ce travail peut obtenir une plus grande exactitude du concours du failli, on doit examiner avant tout s'il est possible de lui rendre au moins provisoirement sà liberté.

Nous allons traiter de ces trois objets dans les sections suivantes.

SECTION PREMIÈRE.

De la Mise en liberté provisoire du Failli.

1149. La détention du failli, dont nous avons parlé, n. 1145, étant dans le seul intérêt public, il s'ensuit naturellement qu'elle doit cesser lorsqu'il n'y a ni justice, ni utilité à la maintenir. Ainsi, après l'apposition des scellés, le commissaire doit rendre compte au tribunal de l'état apparent des affaires du failli, et s'il n'y trouve rien de répréhensible, s'il croit utile pour la masse des créanciers qu'il jouisse de sa liberté, il peut, à la suite de son rapport, proposer de l'élargir purement et simplement, ou en donnant caution, jusqu'à concurrence d'une somme arbitrée, laquelle, faute par le failli de se représenter, est adjugée aux créanciers. Dans l'un et l'autre cas, un sauf-conduit

Com. 466.

lui est accordé par le tribunal de commerce, sans qu'on ait besoin de recourir au tribunal civil.

Nous avons prévu, la possibilité que le failli fût déjà détenu pour dettes commerciales, avant la déclaration de faillite ; mais dans ce cas, y auroit-il aussi lieu de lui rendre la liberté provisoire, comme dans celui où son arrestation a été la suite du jugement qui l'a déclaré en faillite ?

L'affirmative ne nous paroît pas douteuse, parce que les raisons sont les mêmes. Dès l'instant de la faillite et par l'effet de son existence, toutes poursuites individuelles contre la personne du failli cessent. Sa détention ne peut plus rien opérer dans l'intérêt de *tel* ou *tel* créancier ; elle concerne toute la masse, et, par conséquent, c'est dans ses rapports avec cette masse qu'elle doit être considérée.

Or, qui jugera des intérêts, des besoins de la masse, si ce n'est le tribunal ; et si le tribunal seul peut en juger, comment la circonstance que la détention est antérieure à la faillite, circonstance indifférente en elle-même, puisque la faillite empêche qu'elle n'atteigne son but de faire payer le créancier, pourroit-elle être un obstacle à l'exercice des droits du tribunal ?

Vainement on diroit qu'il n'est pas permis

d'enlever des droits *acquis*, et, par un jugement postérieur, d'anéantir ce qui a été fait sous la foi de jugemens antérieurs.

Sans doute ce raisonnement seroit fondé, si l'exercice de la contrainte par corps faisoit *acquérir* quelque préférence sur les biens du débiteur; s'il en résultoit un droit réel, tel qu'un nantissement, un privilège.

Mais la contrainte par corps n'a point ces effets, la personne du citoyen et sa liberté ne pouvant devenir la propriété d'un autre; ce n'est qu'un moyen de co-action pour obtenir, par cette voie rigoureuse, un paiement auquel on suppose que le débiteur se refuse.

Si donc on ne peut supposer de mauvaise volonté dans un failli dessaisi de la libre disposition de ses biens; s'il n'est pas maître de choisir, entre *payer* et ne *pas payer*, entre *la liberté* et *la prison*; si tout effort de sa part, pour payer, est inutile, puisque tout son actif est entre les mains de ses créanciers; si le paiement qu'il feroit est frappé de nullité, comme on l'a vu, n. 1119, n'est-il pas vrai de dire que la contrainte par corps est devenue inutile à celui qui l'a exercée? N'en résulte-t-il pas que ce moyen d'être payé périt dans sa main par l'effet de la faillite: que c'est la loi qui s'oppose à ce qu'à l'aide de cette voie, il reçoive plus que ceux qui n'en ont pas usé? N'est-il pas constant que le tribunal ne lui ôte rien en accordant au failli la liberté avec sauf-conduit, puisque le sort de sa créance est désormais fixé, la mise en liberté du débiteur ne pouvant pas plus diminuer ses droits au dividende, que la détention ne peut en augmenter la quotité. D'ailleurs, s'il prétend le failli coupable de faute ou de dol, il a droit de s'opposer à une mise en liberté qu'on ne doit accorder qu'au débiteur malheureux, contre qui il ne s'élève point de soupçon légitime.

Du reste le tribunal conserve la faculté de révoquer cette faveur, soit d'office, soit sur la provocation du juge-commissaire, soit sur celle de quelque créancier, s'il étoit reconnu que le débiteur abuse de sa liberté, ou si de nouvelles découvertes apprenoient qu'il a agi frauduleusement.

SECTION II.

Du Bilan.

1150. On appelle *bilan*, l'état de situation active et passive des affaires du failli avec tous les renseignemens capables d'éclairer sur les causes et sur les circonstances de la faillite; et c'est de sa sincérité que dépend souvent le sort du failli.

Le bilan peut être considéré dans sa forme, dans les personnes chargées de le rédiger.

§. Ier

De la Forme et du Contenu du Bilan.

1151. Le bilan doit contenir l'énumération et l'évaluation de tous les effets mobiliers, biens, Com. 471. immeubles et droits du débiteur; l'état de ses dettes actives et passives; le tableau de ses dépenses; celui des profits et pertes.

Les deux premiers tableaux ont pour objet de faire connoître la situation présente du failli, les derniers de donner des renseignemens sur sa conduite.

Si quelque propriété est douteuse ou sujette à éviction, si quelque créance est caduque ou de recouvrement difficile, le bilan doit en faire mention. L'argent en caisse doit aussi y être porté, et si, comme il arrive en toute faillite, sans que la plus scrupuleuse probité puisse en faire un crime, le failli avoit tiré de sa caisse, à l'instant de l'ouverture de la faillite, quelque somme pour faire subsister sa famille jusqu'au moment où le tribunal aura pris une mesure à cet égard, il doit en être fait déclaration.

Le tableau du passif doit nécessairement énoncer le nom de chaque créancier et la somme qui lui est due : indépendamment de ces deux énonciations essentielles, il est convenable d'indiquer la cause de chaque créance, parce que nous verrons, en parlant de la vérification des créanciers, combien cela peut être utile.

Le tableau des pertes, profits et dépenses du failli peut donner des notions importantes sur les causes et les circonstances de la faillite, et c'est par ce motif qu'il doit remonter jusqu'à l'époque à laquelle a commencé le commerce ou l'entreprise. Nous avons vu, il est vrai, n. 86, qu'un commerçant n'étoit tenu de garder ses livres que dix ans. Mais rarement on les détruit après ce laps de temps, puisqu'un grand nombre d'actions commerciales ne se prescrivent que par trente ans, et d'ailleurs dès qu'on n'a point cessé son commerce, on seroit suspect de ne pas rendre compte exact du résultat de tous les inventaires annuels faits depuis qu'on l'a entrepris.

La plus scrupuleuse exactitude doit présider à ce travail; mais cependant la précipitation, l'oubli peuvent occasionner des erreurs ou des oublis; la quotité de l'actif et du passif dépend souvent de vérifications et de comptes courans non arrêtés au moment de la faillite, qui peuvent faire varier le résultat du bilan; ainsi il peut y avoir lieu à le rectifier par des additions ou autrement, sans qu'on doive en induire toujours que le failli qui l'a rédigé n'étoit pas de bonne foi. C'est en parlant de la vérification des créances, que nous examinerons quelle est la force des déclarations portées dans le bilan au profit des personnes qui y sont indiquées créancières.

§. II.

Par qui le Bilan doit-il être rédigé ?

1152. Naturellement, le bilan doit être rédigé par le failli qui connoît mieux qu'un autre
l'état de ses affaires.

C'est une sorte d'obligation morale pour lui,
s'il est de bonne foi, d'éclairer ses créanciers sur
ce qu'ils doivent craindre ou sur ce qu'ils peuvent
espérer. Il est d'ailleurs intéressé à ce qu'on
ne grossisse pas son passif, à ce que son actif
ne soit pas présenté comme au-dessous de sa
valeur, et sur-tout à ce qu'on ne fasse pas
de ses pertes ou de ses dépenses un tableau
désavantageux.

Lorsque le failli a rédigé son bilan avant
la nomination des agens, il doit le leur remettre dans les vingt-quatre heures de leur
entrée en fonctions, après qu'il l'a certifié véritable, daté et signé. S'il arrivoit, ce qui
ne peut être que très-rare, qu'un commerçant
ne sût pas signer, il pourroit faire rédiger son
bilan par un notaire, ou le faire dresser par un
tiers, et le déposer, soit lui-même, soit par
un fondé de pouvoirs, au greffe du tribunal
de commerce.

Com. 470.

1153. Des causes que la bonne foi ne dé-

Com. 472. savoue pas peuvent avoir empêché le failli de rédiger son bilan avant l'entrée en fonctions des agens; il doit le rédiger de concert avec eux. Comme les registres, papiers, etc., se trouvent, par l'effet du dessaisissement, entre leurs mains, ils sont obligés de lui en accorder communication suffisante. Mais, dans ce dernier cas, le failli ne pouvant se présenter aux agens, sans courir des risques pour sa liberté, qu'autant qu'il auroit un sauf-conduit, il

Com. 472. a droit, lorsqu'il n'a pu l'obtenir, de charger un fondé de pouvoirs de faire cette rédaction de concert avec eux.

La faillite pourroit n'avoir été déclarée

Com. 475. qu'après la mort du débiteur, ou sa mort pourroit être arrivée dans l'intervalle entre la déclaration et le moment où l'on s'occupe de la rédaction du bilan. La veuve et les enfans ont la faculté de faire ce travail.

Le tort qu'auroit eu le failli de ne pas rédiger son bilan, son refus de se représenter ou de donner des pouvoirs à quelqu'un, un refus semblable, ou l'impossibilité de ses héritiers de faire

Com. 473. ce travail, n'empêchent pas qu'il n'ait lieu : les agens provisoires doivent s'en occuper.

Le bilan est rédigé d'après les livres du failli : ainsi, celui des inventaires indiquera la situation du failli et la gradation par laquelle il est arrivé à l'insolvabilité; le journal, sur-tout en le conférant avec le copie de lettres, et avec la liasse des lettres reçues, donnera la suite et la clef de toutes les opérations, conduira aux causes de ses pertes, et servira de contrôle au livre des inventaires.

Les livres dont la tenue n'est pas exigée serviront d'explication ou d'éclaircissement aux autres, comme nous l'avons vu, n. 89.

Les papiers domestiques et de famille peuvent donner des renseignemens utiles et souvent indispensables sur les partages qu'il a pu faire avec des cohéritiers, sur les droits particuliers de ses enfans, de ses pupilles s'il est tuteur, de sa femme. Ils apprendront si les dépenses ont été portées fidèlement sur ses livres; si elles ne sont pas excessives ou inutiles.

1154. Les agens ont encore droit de prendre tous renseignemens qu'ils croient utiles auprès de la femme du failli, de ses enfans, de ses commis et autres employés. Com. 473.

Comme il seroit à craindre que ces personnes ne refusassent de donner des renseignemens, ou n'en donnassent que d'inexacts pour servir les intérêts du failli, et déguiser ce qui peut être à sa charge, le juge-commissaire peut les interroger, soit d'office, soit sur la demande des agens, même des créanciers, fût-ce d'un seul. Elles ne peuvent refuser de comparoître ou de répondre, sans encourir les peines prononcées contre les témoins défaillans, et même Pr. 263.

sans s'exposer à des soupçons de complicité de banqueroute frauduleuse.

Ce droit rigoureux ne s'étend pas toutefois jusqu'à la femme et les enfans du failli. Com. 474. On doit se contenter de leurs réponses quelles qu'elles soient, et respecter leur silence. Le juste désir de ne négliger aucun des moyens propres à découvrir la fraude, ne sauroit l'emporter sur les égards que mérite la position de ces personnes.

SECTION III.

Des Actes conservatoires, Recouvremens et Ventes de Marchandises périssables.

1155. Le juge de paix, en procédant à l'apposition des scellés, à la requête des agens, doit leur faire la remise des livres du failli, et Com. 463. si les scellés existoient déjà lorsqu'ils ont été nommés ils peuvent requérir ce magistrat de les en extraire.

Les effets du portefeuille qui sont à courte Com. 463. échéance ou susceptibles d'acceptation, doivent aussi leur être confiés, après avoir été décrits dans un bordereau que le juge de paix remet au commissaire.

La clôture et l'arrêté des livres contradictoirement avec le failli, est d'un grand intérêt, Com. 368. puisqu'il peut en résulter des renseignemens bien précieux sur l'état de ses affaires, sa bonne foi et sa conduite. Les agens doivent donc y procéder de suite, et requérir le failli d'y concourir avec eux. Le refus d'assister à une telle opération qu'il doit désirer plus que craindre, s'il n'a point de reproches à se faire, seroit, contre lui, un sujet de soupçons graves.

Cependant une distinction est nécessaire. Celui qui, jouissant de la faveur d'un sauf-conduit, ne répond ni à l'invitation, ni à la som- Com. 469. mation que lui font les agens, pour comparoître en personne, annonce qu'il craint l'examen de sa conduite et mérite qu'on le considère comme s'étant absenté à dessein, à moins qu'il ne justifie d'empêchemens dont la validité est jugée par le commissaire; encore, dans ce cas, rien ne le dispenseroit de se faire représenter par un fondé de pouvoir. Mais celui à qui le tribunal n'a pas accordé de sauf-conduit ne doit pas être placé entre le désir naturel de conserver sa liberté, et la crainte de paroître suspect de mauvaise foi. On n'exige donc point qu'il comparoisse en personne; il doit seulement charger un fondé de pouvoir, sous peine d'être réputé absent à dessein.

1156. Les lettres, de quelque part et pour quelque cause qu'elles soient adressées au failli, sont remises aux agens. L'instruction générale Com. 463.

du 28 avril 1808, sur le service des postes,
art. 75, prescrit aux directeurs et facteurs qui
ont connoissance de la faillite d'un commerçant,
de concourir à l'exécution de cette mesure, en
ne faisant aucune difficulté de remettre les
lettres aux agens, quoiqu'elles ne leur soient
point nominativement adressées.

L'intérêt des créanciers fait déroger au res-
pect qui est dû au secret des lettres, ou plutôt
on concilie l'un et l'autre, en n'autorisant les
agens à ouvrir celles du failli, qu'en sa présence,
s'il ne s'est pas absenté. Mais son absence éle-
vant une sorte de présomption défavorable
contre lui, l'intérêt des créanciers l'emporte
sur toute autre considération.

1157. Les agens doivent faire, aussitôt qu'il
leur est possible, tous les actes nécessaires pour
la conservation des droits de la masse des créanciers. En conséquence, s'inscrire sur les immeubles du failli, par simple bordereau énon-
çant qu'il y a faillite, et relatant la date du
jugement qui les a nommés.

Com. 500.

Cette inscription n'a pour objet que de
rendre plus notoire l'état de faillite, et d'empêcher que les immeubles puissent être vendus
à l'insu et au préjudice de la masse. Mais elle
ne conserve à chaque créancier que les droits
qu'en définitif il est reconnu avoir, et si un
hypothécaire n'étoit pas valablement inscrit

avant le terme dont nous avons parlé, n. 1136, cette inscription ne lui donneroit aucune préférence sur les chirographaires.

Les agens ne devant pas apporter moins d'exactitude à conserver l'actif du failli, doivent de même requérir sur les biens de ses débiteurs par créances hypothécaires qu'il n'auroit pas mises en règle, une inscription qui est reçue en leur nom, et qui contient les mêmes énonciations. Ils doivent enfin, s'il y a lieu, faire des saisies-arrêts sur les débiteurs, et interrompre les prescriptions par des demandes en justice. Com. 499.

1158. Ils sont tenus aussi de faire le recouvrement des créances qui échoient pendant leur gestion. Si ce sont des effets de commerce dont la remise leur ait été faite, ainsi qu'on l'a vu, n. 1155, ils peuvent y mettre valablement des *acquits*, sans autre formalité ; car ces effets étant indiqués dans un bordereau doivent être représentés en nature ou en argent provenant des recouvremens. Si ces effets ne sont pas payés à l'échéance, les agens doivent faire faire toutes les diligences convenables, tant contre le débiteur principal que contre les garans. Com. 463.

Quant aux sommes dues, en vertu de titres autres que des effets de commerce, ils doivent, si les créances sont échues, exiger le paiement, faire toutes poursuites nécessaires, et leurs quittances doivent être visées par le commissaire.

1159. La vente des marchandises ne présente pas le même degré d'urgence. Néanmoins il peut Com. 464. s'en trouver qui soient plus ou moins exposées à un prochain dépérissement. L'autorisation du juge-commissaire à qui les agens exposent leurs motifs, suffit. Il peut arriver aussi que le besoin de satisfaire à des dépenses urgentes, quand il n'y a pas de fonds disponibles, ou l'utilité de continuer l'achalandage de la boutique, rende utile la vente de marchandises non dépérissables; une autorisation du tribunal doit être demandée, et accordée, s'il y a lieu, sur le rapport du commissaire.

Dans la règle, les agens ne doivent faire ces ventes que par l'entremise de commissaires priseurs, ou, dans les lieux qui n'en ont pas, d'un notaire ou d'un huissier; néanmoins, avec une autorisation du tribunal de commerce, donnée sur requête, ils peuvent, suivant le décret du 22 novembre 1811 [1], y faire procéder par ministère d'agens de change ou courtiers, pourvu que les marchandises soient du nombre de celles dont le décret du 17 avril 1812 [2] contient la nomenclature, si la vente se fait

---

[1] Bulletin des lois, 4.e série, n. 7465.
[2] Bulletin des lois, 4.e série, n. 7910.

à Paris (*). Lorsque la faillite est ouverte dans une autre ville, on ne peut vendre ainsi que les marchandises classées dans les états que tribunaux et chambres de commerce sont chargés de dresser, par l'article 2 dudit décret, pour être soumis à l'approbation du ministre.

(*) *TABLEAU des Marchandises suscesptibles d'être vendues dans les formes établies par le décret du 17 avril 1812.*

Alizari.	Dents d'éléphant.
Alun.	Eau-de-vie.
Amandes.	Étain.
Amidons.	Essence de térébenthine.
Anis vert.	Fanons de baleine.
Argent vif.	Fer-blanc.
Bois de teinture.	Galles.
Bois d'acajou.	Garance.
Bois d'ébène.	Girofle.
Borax raffiné.	Gommes.
Brai.	Huiles.
Cacao.	Indigo.
Café.	Jalap.
Camphre.	Ipécacuana.
Canelle.	Laines.
Caret.	Litharge.
Céruse.	Manne.
Chanvre.	Mélasse.
Cire.	Miel.
Cotons en laine.	Minium.
Cochenille.	Muscade.
Colle.	Nankins.
Couperose.	Opium.
Crême de tartre.	Piment.
Cuirs en poils.	Plombs.

Avant de procéder auxdites ventes, il doit être dressé et imprimé un catalogue des denrées et marchandises à vendre, indiquant la date de l'approbation accordée par le tribunal de commerce, et signée par le courtier chargé de la vente.

Ce catalogue doit contenir sommairement les marques, numéros, nature, qualité et quantité de chaque lot de marchandises, les magasins où elles sont déposées, les jours et les heures où elles pourront être examinées, et ceux où la vente publique aux enchères en sera faite à la bourse. On doit y mentionner aussi les époques des livraisons, les conditions de paiement, les tares, avaries, et toutes les autres indications et conditions qui forment la base et la règle de la vente annoncée.

Poivre.	Sel.
Potasse.	Soudes.
Prunes d'Antes, en caisse.	Souffre en canne et en masse,
Quercitron.	Soie de porc.
Quinquina.	Sumac.
Réglisse.	Sucre.
Rhubarbe.	Sucre de réglisse.
Riz.	Suif.
Rocou.	Thé.
Safran.	Vanille.
Safranum.	Verdet.
Salsepareille.	Vins.
Savon.	Zinc.

Ces imprimés doivent être affichés aux lieux les plus apparens et les plus fréquentés de la bourse, pendant le tems fixé par le tribunal de commerce; mais au moins, pendant les trois jours consécutifs qui précèdent la vente.

Au moment de la vente, et avant qu'il soit procédé aux enchères, un échantillon de chaque lot est exposé sur le bureau, et placé de manière que les acheteurs puissent l'examiner, et le comparer avec l'indication portée sur l'imprimé. Les lots ne peuvent être, d'après l'évaluation approximative, et selon le cours moyen des marchandises, au-dessus de deux mille francs pour la place de Paris, et de mille francs pour les autres places du royaume.

Les tribunaux de commerce ont néanmoins droit de les fixer à un taux plus élevé, sans toutefois que, dans aucun cas, les lots puissent excéder une valeur de cinq mille francs.

Les enchères doivent être reçues et les adjudications faites par le courtier chargé de la vente. Il dresse procès-verbal de chaque séance d'enchères, qu'il dépose, dans les vingt-quatre heures, au greffe du tribunal de commerce, et mentionne, en marge de chaque lot, les noms et demeures des acheteurs et le prix de l'adjudication.

Après chaque séance d'enchères, les noms des acheteurs, le numéro des lots et les prix d'adjudications sont recordés; et les acquéreurs doivent apposer leur signature sur les feuilles qui contiennent leurs enchères, en témoignage de reconnaissance des lots qui leur sont échus.

S'il s'élevoit à cet égard quelqnes difficultés, la déclaration du courtier n'auroit pas d'autre valeur que dans les achats et ventes de gré à gré, comme on l'a vu n. 247.

Faute par l'adjudicataire de prendre livraison dans les délais fixés, la marchandise est revendue à sa folle enchère, et à ses périls et risques, trois jours après la sommation a lui faite de recevoir, et sans qu'il soit besoin de jugement.

Après les livraisons des marchandises, les comptes sont dressés par les syndics, ou celui qu'ils ont chargé de représenter la faillite, et visés par le courtier chargé de la vente : ils sont ainsi payés par les acheteurs, suivant la condition des enchères.

Le droit de courtage, pour ces ventes, est fixé par les tribunaux de commerce; mais, dans aucun cas, il ne peut excéder le droit établi dans les ventes de gré à gré, pour les mêmes sortes de marchandises.

En cas de contestation, elle est portée

au tribunal de commerce, qui prononce de même que dans toute autre contestation de sa compétence.

Au surplus, les courtiers de commerce sont tenus de se conformer aux dispositions prescrites par la loi du 10 février 1799 (22 pluviôse an 7)[1] , concernant la vente publique des meubles.

Lorsque l'on continue le débit ou autres opérations de commerce du failli, on vend comme il est d'usage dans tout magasin.

1160. Les sommes provenant de ces recouvremens et ventes, doivent être versées dans une caisse à double serrure, dont l'une des clés reste entre les mains du plus âgé des agens, et l'autre Com. {465. 496. est confiée à un créancier que désigne le juge-commissaire. Toutes les semaines, le bordereau Com. 497. de situation est remis à ce magistrat, qui a le droit d'ordonner, à raison des circonstances, et pourvu qu'il en soit requis par les syndics, le versement de tout ou partie de ces fonds, dans la caisse d'amortissement, qui tient compte des intérêts à la masse, à raison de trois pour cent par an, conformément à la loi du 18 janvier 1805 (28 nivôse an 13). Les fonds sont retirés lorsqu'il y a lieu, en vertu d'une simple ordonnance du commissaire.

---

[1] Bulletin des lois, 2.ᵉ série, n. 2451.

1161. Les personnes qui se prétendent créancières, ne peuvent s'attribuer le droit de surveiller la conduite des agens, ni exiger que les registres, papiers ou autres renseignemens sur l'état des affaires du failli, soient déposés en d'autres mains, sauf à fournir les renseignemens ou à faire les plaintes qu'elles jugent à propos au commissaire et au tribunal, qui conserve d'ailleurs le droit de les révoquer à sa volonté.

Com. { 460.
{ 495.

Section IV.

De la Cessation des Pouvoirs des Agens provisoires.

1162. Toutes les opérations des agens doivent, autant que possible, s'effectuer dans la quinzaine, à compter de leur entrée en fonctions, ou au moins dans la quinzaine suivante, seule prorogation que le tribunal ait le droit de donner à leur gestion.

Com. 45ç.

Après l'expiration de ce délai ou de sa prorogation, ils doivent nécessairement être remplacés par les syndics provisoires dont nous parlerons dans le chapitre suivant.

1163. Dans les vingt-quatre heures qui suivent la nomination de ces syndics, les agens doivent leur rendre compte de leurs opérations, ainsi que de l'état de la faillite, en présence du

Com. 481.

commissaire, à moins qu''ils ne soient eux-mêmes nommés syndics.

On suit pour ce qui concerne la reddition de ce compte, les règles de la procédure civile; et s'il y avoit lieu à quelque condamnation contre les agens, elle seroit solidaire, parce que leurs fonctions ont été indivisibles; elle entraîneroit en outre la contrainte par corps, comme toute espèce de séquestre judiciaire.

Proc. 527.

Civ. {1218, 1222.

Civ. 2060.

Après la reddition de ce compte, les agens peuvent, s'ils ne sont pas du nombre des créanciers, demander une indemnité que le tribunal de commerce arbitre suivant les circonstances; à défaut de règlemens locaux : elle leur est payée par les syndics provisoires, sur les premiers fonds, et jouit du privilége des frais d'administration, d'être acquittée par prélèvement sur les recettes brutes.

Com. {483. 484. 485.

CHAPITRE V.

Des Syndics provisoires et de leur administration.

1164. Les agens dont nous avons fait connoître les fonctions dans le chapitre précédent, étant nommés par le tribunal, sans le concours des créanciers, pour ne s'occuper que de ce qu'il y a de plus urgent, il a paru convenable de les remplacer, le plus tôt possible, par des hommes en qui la masse pût avoir une plus grande confiance.

Dans la rigueur des principes, les créanciers devroient seuls et directement choisir leurs délégués; mais un préalable est indispensable, c'est de connoître quels créanciers sont véritables, et les opérations pour y parvenir sont longues, en même temps qu'elles ne peuvent être faites utilement sans de légitimes contradicteurs.

Ces diverses considérations ont conduit à l'institution de syndics provisoires, nommés par le tribunal, sur une présentation des personnes que les divers renseignemens de la faillite annoncent être créancières.

Indépendamment de l'administration qui leur est confiée, et qui sera l'objet de ce chapitre, les syndics provisoires sont chargés de la vérification des créances et de ce qui concerne le concordat, s'il est possible qu'il ait lieu. Nous en parlerons dans deux chapitres particuliers.

Les deux sections de celui-ci traitent de la nomination et de l'administration des syndics provisoires.

SECTION PREMIÈRE.

De la Nomination des Syndics provisoires.

1165. Les agens provisoires doivent remettre

au juge-commissaire, le bilan, dès qu'il est venu en leur possession ou dès que la rédaction en est achevée, si elle a eu lieu par leurs soins.

Com. 476.

Ce magistrat dresse dans trois jours, pour tout délai, et remet au tribunal, la liste des créanciers que l'examen des papiers, registres ou autres renseignemens a pu faire connoître : il doit même la dresser sans attendre la confection du bilan, si le temps des fonctions des agens expire avant qu'il ait pu être rédigé. Il convoque ensuite les personnes portées sur cette liste.

Com. 477.

L'attention des créanciers étant déjà éveillée par la publicité donnée au jugement déclaratif de la faillite, une assignation n'a pas paru nécessaire. L'affiche et l'insertion dans les journaux, constatées comme il a été dit, n. 1109, en assurent la publicité; la vigilance du commissaire garantit encore l'envoi de lettres individuelles.

Com. 476.

Ainsi des créanciers de mauvaise foi ou malintentionnés, prétendroient inutilement que l'assemblée n'a été composée que d'une minorité clandestine ou irrégulière, et qu'il ne leur a pas été envoyé de lettres, ou que ces lettres ne leur sont point parvenues; il seroit toujours probable qu'ils ont été avertis par les affiches et les journaux.

Le juge-commissaire doit indiquer, dans l'avis inséré aux journaux et dans la circulaire, le jour de l'assemblée, et prendre ses mesures de manière qu'elle puisse avoir produit un résultat avant que l'administration des agens ait cessé. Il indique aussi le lieu de la convo- cation, qui, assez souvent, est au local même des séances du tribunal, mais qui pourroit, sans inconvéniens, être à son propre domicile ou à celui du failli. Il n'est pas nécessaire, et même il semble peu convenable d'intimer ce dernier à comparoître dans cette assemblée, où il ne pourroit que se voir exposé à des reproches pénibles, sans qu'un accommodement puisse encore avoir lieu.

Com. 478.

1166. Quoique cette première assemblée n'ait pour objet que de concourir à la nomination de syndics provisoires, les suites qu'un tel choix peut avoir par la suite, ont paru assez impor- tantes pour qu'on ait pris des précautions contre les tentatives de faux créanciers, qui arrive- roient dans la vue de servir le failli, et de faire nommer des hommes à sa disposition; en conséquence, quiconque se présenteroit comme créancier, et dont le titre seroit ensuite reconnu supposé, peut être poursuivi et soumis aux peines portées contre les complices de banqueroute frauduleuse, sans qu'il en évite l'application, sous prétexte qu'il n'a pas con- sommé son crime en se présentant, par la suite, à la vérification dont nous parlerons dans

Com. 479.

le chapitre suivant. Ce ne seroit pas le cas de dire qu'il y a eu seulement tentative d'un crime dont l'exécution a été arrêtée par la volonté même de celui qui le commettoit. Le crime n'est pas, dans ce cas, d'avoir fait vérifier une fausse créance, mais d'avoir, comme faux créancier, concouru à l'assemblée qui désigne des syndics provisoires. Il y a donc eu un fait consommé qui a produit ses résultats ; à l'aide d'un faux titre, ce prétendu créancier a concouru à une nomination importante, il est donc juste que, nonobstant sa prudence de ne plus reparoître, on puisse prouver sa collusion et l'en punir.

1167. Cette assemblée prépare, mais ne fait point la nomination de syndics provisoires. On n'a pas cru devoir abandonner ce choix absolu à des personnes qui ne sont point encore reconnues créancières. L'assemblée n'a donc que deux attributions ; la première, d'indiquer le nombre de syndics qu'elle juge nécessaire ; la seconde, de dresser une liste de candidats en nombre triple de ce qu'elle désire de syndics provisoires, afin que le tribunal, par jugement rendu sur le rapport du commissaire, Com. 480. sans assignation à qui que ce soit, même au failli, choisisse le nombre de syndics que les créanciers ont estimé être nécessaire.

1168. Cette liste peut être faite à la simple

pluralité des voix. Il n'est pas même nécessaire
que la désignation tombe sur des créanciers ;
l'intérêt de la masse est quelquefois, de les
prendre parmi des étrangers, à plus forte
raison, d'indiquer les agens provisoires.

Mais cette désignation ne peut porter que
sur des personnes capables de s'engager et
ayant la libre administration de leurs biens ;
le commissaire, ou sur son rapport, le tribunal, soit d'office, soit provoqué par quelque créancier, pourroit donc ordonner à l'assemblée de remplacer sur la liste, les personnes
qui n'auroient pas les qualités convenables.
Ainsi, un mineur non commerçant ne peut
être choisi, et le mineur commerçant ne
pourroit l'être que dans une faillite dont il
seroit créancier, autrement l'engagement qu'il
prendroit se trouveroit étranger à son commerce.

Ces mêmes principes s'appliquent aux personnes du sexe. Une fille, une veuve, ma-
jeures, une femme majeure et autorisée par
son mari, peuvent être nommées, parmi les
syndics d'une faillite dont elles sont créancières,
quoiqu'on doive croire que ce cas sera très-rare.

Un failli non réhabilité, à qui un concordat auroit rendu la libre disposition de ses
biens, pourroit également être indiqué par
ses cocréanciers, qui le connoissent pour un
homme probe et expérimenté.

Au surplus, l'assemblée n'étant composée que de créanciers présumés et non vérifiés, il ne peut y avoir d'exclusion fondée sur le seul doute de la vérité et de la légitimité de la créance prétendue. Mais aussi, lorsque le tribunal, éclairé par le juge-commissaire ou par la réclamation de quelque créancier, ou de toute autre manière, a des doutes sur la bonne foi d'un créancier porté sur la liste, il peut refuser de le choisir.

SECTION II.

De l'Administration des Syndics provisoires.

1169. Les Syndics provisoires doivent continuer les opérations commencées par les agens; il en est aussi qui leur sont particulièrement attribuées. Ils doivent les exercer par eux-mêmes; et s'il ne leur est pas interdit de se faire aider, ils ne peuvent les déléguer en totalité. Com. 482.

Mais quoique leurs pouvoirs soient plus étendus que ceux de ces agens, il ne faut pas perdre de vue qu'ils ne sont que des administrateurs provisoires. Cette qualité leur impose obligation de faire procéder à la levée des scellés et à l'inventaire, de prendre les mesures les plus convenables pour l'administration, d'intenter ou suivre des actions qui intéressent la faillite. Nous allons en parler dans trois para-

graphes; dans un quatrième, nous ferons connoître comment les actes des syndics provisoires peuvent être attaqués.

§. I.er

De la Levée des Scellés et de l'Inventaire.

Com. 486.

1170. Les syndics provisoires sont chargés
spécialement de requérir la levée des scellés,
et de procéder à l'inventaire.

Com. {487.
{489.

Le failli doit être appelé à cet inventaire,
qui a lieu aussi en présence du procureur du
Roi ou de son substitut. Nous ferons connoître
les motifs de cette dernière précaution, en
parlant des banqueroutes.

Com. 486.

Cet inventaire supposant quelquefois des
connoissances de commerce ou d'appréciation
que n'ont pas les syndics provisoires, ils
peuvent se faire aider pour l'estimation, par
qui bon leur semble.

Il n'est point nécessaire d'y intimer ceux
qui ont fait aux scellés des oppositions fondées
sur la qualité de simples créanciers. Mais il en
seroit autrement, si leur opposition étoit fondée
sur un droit de propriété de certains objets qui
sont dans l'actif du failli, tels sont les demandes en distraction, revendication, restitution de dépôt.

Les formalités prescrites par le Code de procédure, doivent être observées dans cet inven-

taire, qui peut néanmoins être dressé par les syndics provisoires eux-mêmes, sans notaire. Alors la minute n'en est point remise dans un dépôt public; la signature du juge de paix qui assiste à chaque séance la garantit suffisamment de toute altération; elle reste entre les mains des syndics, qui se chargent du mobilier au pied Com. 491. de cet inventaire, et sont obligés de la représenter lors de la reddition de leur compte.

§. II.

De l'Administration de la Faillite.

1171. Le droit des syndics provisoires et les obligations qui leur sont imposées, relativement aux actes conservatoires à faire dans l'intérêt de la faillite, sont les mêmes que pour les agens provisoires; ils ne peuvent en aucune manière se mêler de la vente des immeubles, et si une expropriation étoit commencée contre le failli, lors de leur entrée en fonctions, Com. 532. ou commençoit depuis, ils ne pourroient figurer dans cette procédure que pour la surveiller dans l'intérêt des créanciers. Tout ce qui tend à disposer directement ou indirectement des immeubles, leur étant interdit, ils ne pourroient même consentir la conversion d'une saisie immobilière en vente volontaire devant notaire, fût-ce de concert avec le failli qui, étant dessaisi, n'a pas ce droit.

Mais la location des immeubles, ou la la cession d'un bail d'immeubles, ne leur sont pas absolument interdites; ils doivent, s'il est urgent de prendre cette mesure, réclamer l'autorisation du tribunal, sans laquelle une telle location seroit nulle, même à l'égard du locataire qui ne pouvoit ignorer la qualité des syndics. En général, il est assez convenable d'emprunter, pour décider les questions sur cette matière, les règles qui concernent l'administration des tuteurs, puisque nous verrons que ce sont ces mêmes règles qu'on doit observer pour la vente des biens des faillis.

On peut considérer l'administration confiée aux syndics provisoires de la faillite, sous deux principaux rapports; 1.º la vente du mobilier et les recouvremens; 2.º la continuation du commerce, ou de quelques entreprises de commerce du failli.

Ce sera l'objet des deux articles suivans.

Art. I.er *De la Vente du mobilier et des Recouvremens.*

1172. Les syndics provisoires n'ont point le droit de faire une vente générale et indéfinie du mobilier qui compose l'actif. Il ne s'agit pas encore de vendre pour faire des répartitions entre les créanciers, mais d'éviter des pertes ou de frayer à des dépenses nécessaires.

Les principales circonstances dans lesquelles ces motifs autorisent les syndics provisoires à vendre, sont donc, la nécessité de prévenir le dépérissement de certaines marchandises; celle de payer des dépenses dont l'acquittement ne peut être différé, telles que des droits d'enregistrement, de procédure, des salaires ou honoraires d'officiers ministériels ou conseils.

Ils peuvent adopter le mode de vendre à l'amiable, par courtiers ou aux enchères, selon qu'ils le jugent à propos, suivant les règles que nous avons données, n. 1159; et dans ce cas, comme dans tous autres du même genre, le choix des officiers ministériels leur appartient à l'exclusion du juge-commissaire, parce que le choix seroit, de sa part, un acte d'administration, incompatible avec ses fonctions, comme on l'a vu, n. 1142.

La nécessité d'autorisations spéciales du tribunal n'est même pas requise aussi absolument que pour les agens provisoires, parce que le système de la loi est d'attribuer plus d'autorité aux syndics; et que d'ailleurs, souvent, et sur-tout dans les faillites considérables, les marchandises ne sont pas réunies dans le même lieu. Néanmoins, s'ils ont des doutes, ils doivent en référer au juge-commissaire, qui, à son tour, en réfère au tribunal.

1173. Il en est de même du recouvrement

Com. 492. des créances. Les syndics provisoires peuvent recevoir ce qui leur est offert, exiger ce qui est échu, dont le défaut de recouvrement exposeroit la masse à des pertes ou à des déchéances; mais dans les cas moins urgens, ils ne doivent agir qu'après que le juge-commissaire en a reconnu la nécessité.

Les fonds provenant de ces recettes, sont versés dans une caisse à deux clefs, comme il a été dit, n. 1160.

Art. II. *Continuation du Commerce du Failli.*

1174. Si les syndics provisoires voient dans la continuation du commerce du failli un moyen pour lui de rétablir ses affaires et d'augmenter le gage de ses créanciers, ils peuvent demander, et le tribunal leur en accorder la faculté; nous avons même vu, qu'il étoit possible que le tribunal y autorisât les agens.

Il n'y a pas de doute que les syndics n'aient le droit, comme tous les autres administrateurs, d'employer des tiers à la gestion dont ils sont chargés; et comme le débiteur qui se trouvoit dessaisi, n'est plus lui-même qu'un tiers par rapport à l'administration de ses biens, il peut être employé.

Mais quelqu'instruit qu'on puisse le supposer des moyens de tirer parti de son actif, les syndics n'ont la faculté de l'employer que
Com. 493. lorsqu'il a obtenu un sauf-conduit, c'est-à-

dire, lorsqu'il n'est atteint d'aucun soupçon de banqueroute. Ils n'ont, au surplus, cette faculté, que sous leur responsabilité ; le failli n'étant dans ce cas que leur agent.

Comme il n'est que leur facteur ou leur préposé, ils peuvent lui allouer un salaire, et, par la même raison, ils ont le droit de révoquer ou de restreindre le mandat qu'ils lui avoient donné.

SECTION III.

Des Actions et Poursuites qui intéressent la Faillite.

1175. La masse des créanciers étant représentée par les agens, et ensuite par les syndics, si l'intérêt commun exige qu'on soutienne quelque contestation qui intéresse la faillite, ce doit être par leur ministère.

Ces actions et poursuites peuvent exister entre la masse et le failli, ou entre la masse et des tiers. Ce sera l'objet de deux paragraphes distincts.

§. I.er

Actions de la Masse contre le Failli.

1176. Lorsque le failli prétendant avoir été injustement déclaré en faillite, se pourvoit contre le jugement, nous avons vu, n. 1110,

que les agens et syndics étoient ses véritables
parties adverses.

Leur ministère consiste également à faire
exécuter le dessaisissement et à poursuivre le
failli pour qu'il soit tenu de cesser la jouissance
ou l'administration, qui lui est enlevée dans
l'intérêt de ses créanciers.

Nous avons ajouté, n. 1117, que l'état de
faillite et le dessaisissement ne frappoient pas
le failli d'incapacité pour défendre ses droits,
ou pour se plaindre du tort que les administrateurs de ses créanciers lui occasionneroient
par leurs fautes ou prévarications.

On voit dans tous ces cas comment les agens
ou syndics peuvent être en contestation avec le
failli.

§. II.

Actions entre la Masse et les Tiers.

1177. Des créanciers isolés peuvent avoir des
instances à suivre, des poursuites à exercer
contre le failli. Dans ces différentes circonstances on ne doit point perdre de vue qu'il
est dessaisi de l'administration de ses biens,
qu'elle est confiée aux agens et syndics, et
qu'il importe de prévenir les poursuites di-
vergentes de chaque créancier isolé contre un
débiteur qui ne peut plus en payer aucun par
préférence aux autres.

La masse des créanciers est alors la seule intéressée à répondre à ces demandes, à se défendre de ces poursuites; et ce soin est confié aux syndics.

Il ne s'agit point ici des affaires correctionnelles ou criminelles. Si elles sont étrangères à la faillite, cet état ne peut nuire ni à la vindicte publique, ni à la réparation due aux parties lésées. Si elles naissent de la faillite, elles feront la matière du titre second de cette partie.

L'objet du présent paragraphe est donc limité à ce qu'on appelle intérêts civils, c'est-à-dire, purement pécuniaires. Nous allons le diviser en deux articles; le premier traitera des instances judiciaires; le second, des poursuites.

ART. I.er *Des Instances judiciaires.*

1178. Il peut arriver qu'au moment où s'ouvre la faillite quelques personnes soient en instance avec le failli; il peut arriver que même après cet événement il y ait lieu, par un grand nombre de causes diverses, à former des demandes contre lui.

S'il existe une instance pendante avec un failli au moment où sa faillite est déclarée, son adversaire n'est pas obligé de souffrir la suspension de l'instruction, et tant que les agens ne sont point entrés en fonctions, les

jugemens de condamnation, rendus même
par défaut contre le failli, sont réguliers, sauf
à la masse des créanciers à les attaquer par les
voies de droit.

Mais dès l'instant que l'entrée en fonctions
des agens a été connue de celui qui plaidoit
contre le failli, encore qu'elle ne lui ait pas
été notifiée, et que les agens ne soient point
intervenus, il a dû les appeler, et les jugemens
obtenus contre le failli seul seroient irréguliers.

1179. S'il s'agit d'intenter une demande
depuis que la nomination des agens a été rendue
publique, elle ne peut être formée que contre
eux.

Nous ne pensons pas qu'on doive faire
quelque différence entre le cas où la demande
concerne le mobilier du failli et celle où elle
concerne ses immeubles. Une distinction seroit
contraire aux principes sur le dessaisissement,
et deviendroit une source d'abus et de pertes
pour les créanciers. Le failli est dessaisi de
l'administration de ses biens; il ne peut donc
répondre valablement aux demandes qui y sont
relatives.

1180. Dans l'un et l'autre cas d'instances continuées avec les agens, ou intentées contre eux,
le failli doit rester, ou être appelé en cause. Il
n'est pas interdit et placé sous la puissance des

syndics, comme un mineur sous celle de son tuteur. Le dessaisissement n'est point une expropriation. Le failli peut conserver l'espérance de faire un arrangement ; quand même il n'y réussiroit pas , la diminution que ses biens éprouveroient par l'effet de condamnations que les syndics n'auroient pas empêchées, faute de renseignemens ou de zèle, retomberoit toujours sur lui en définitif.

Il est d'ailleurs d'autres circonstances dans lesquelles la nature même des demandes ne permettroit pas que le failli fût exclu du droit de se défendre.

Par exemple, s'il s'agissoit d'une demande de sa femme, en séparation de biens , seroit-il convenable qu'elle ne la suivît que contre les syndics ? La séparation de biens intéresse l'autorité maritale, et le concours du mari est nécessaire sous ce rapport , comme celui des syndics l'est pour conserver les droits des créanciers.

Art. II. *Des Poursuites de quelques Créanciers contre la faillite.*

1181. Ce qui vient d'être dit concerne les instances en demandant ou en défendant, c'est-à-dire, les contestations qui appellent la décision des magistrats.

Mais s'il s'agit de poursuites à diriger, en

vertu de titres exécutoires, ou d'autres titres qui en soient susceptibles, on distingue l'objet de ces poursuites.

Si elles sont dirigées contre les immeubles, ce qui s'appelle *saisie immobiliaire* et *expro-* Com. 532. *priation forcée*, l'état de faillite n'apporte aucun changement. Cette poursuite peut être continuée, si elle étoit commencée, même être commencée depuis l'entrée en fonctions des agens, sans que le créancier soit obligé de la diriger contre eux.

Le failli est toujours celui contre qui on agit, parce que sa faillite ne lui a enlevé que l'administration et non la propriété. C'est aux syndics provisoires à intervenir, s'ils croient avoir intérêt à arguer de quelque nullité, ou autre exception. Le poursuivant n'est obligé de les appeler que comme on appelle, suivant les règles de la procédure, les créanciers inscrits aux hypothèques, puisque nous avons vu n. 1157, qu'à leur entrée en fonctions, ils avoient dû prendre une inscription.

1182. Les créanciers peuvent avoir à exercer des poursuites contre la personne ou les biens mobiliers du failli.

Com. 494.   On ne peut guère entendre par actions *contre la personne*, les contraintes par corps. D'après ce qui a été dit ci-dessus, elles ne peuvent plus être exercées contre le failli, même en vertu de jugemens antérieurs à la déclaration de faillite. Les actions dont il s'agit se réduisent donc aux simples voies dont nous avons parlé dans le paragraphe précédent.

On entend sans peine ce que signifient *actions ou poursuites contre les biens mobiliers;* ce sont toutes saisies arrêts, saisies exécutions, saisies de rentes, ou autres voies semblables, en un mot, tout ce qui tend à exproprier le failli d'un objet mobilier, pour que le prix serve à payer le poursuivant.

Tous les créanciers ayant des droits égaux et concurrens au prix du mobilier de leur débiteur, nul ne peut être admis à faire des poursuites dans son seul intérêt ; il doit diriger son action contre les syndics.

Mais puisque cette règle est modifiée par les droits de préférence ou par les priviléges que certains créanciers peuvent avoir, il semble convenable de distinguer si le créancier poursuivant est dans ce dernier cas.

La faillite ne doit rien changer à sa situation et à ses droits. Si, avant qu'il ait interposé une saisie, on avoit déclaré le débiteur en faillite et apposé les scellés sur son mobilier, le créancier ne seroit point obligé d'attendre que les syndics aient fait vendre ce même mobilier : son privilége ne peut être paralysé ; et nonobstant la faillite, il procéderoit valablement contre les syndics à la saisie du mobilier du débiteur, sans que ceux-ci pussent lui opposer qu'il n'a pas encore fait vérifier sa créance, comme nous le verrons dans la suite. Il en est de ce cas comme de celui dans lequel le créancier d'un mineur peut saisir son mobilier en dirigeant la poursuite contre le tuteur. Le titre privilégié de ce créancier suffit, sauf aux syndics à le contester pour en faire arrêter ou suspendre l'exécution.

Mais au contraire, si le créancier n'a point de privilége, il doit suivre le sort commun, et quand même il auroit fait interposer une saisie sur les meubles du débiteur, dès l'instant que les agens se sont emparé de l'administration des biens du failli, sa poursuite ne peut être continuée.

Il est important d'observer que ce sont les actions seulement qui doivent être dirigées contre les syndics, c'est-à-dire, les actes de poursuites faits pour parvenir au paiement d'une créance. Mais s'il s'agissoit de significations et autres actes extrajudiciaires tels que des protêts, dénonciations et auters diligences, ces actes faits au failli ou à son domicile sans indication d'agens ou syndics ne pourroient être argués.

SECTION IV.

Des Réclamations contre les Syndics.

1183. Les syndics sont à la fois les représentans des créanciers, et ceux du failli; gardiens de l'actif de la faillite, ils doivent le défendre contre tout individu qui, sous prétexte de droits particuliers, entreprendroit de le diminuer par des prétentions qu'il croiroit mal fondées, et contre le failli lui-même, si l'intérêt de la masse l'exigeoit; c'est ce qui a fait l'objet des sections précédentes.

Il est d'autres obligations que la délicatesse leur impose : ils ne peuvent acheter directement ni indirectement des créances contre le failli, et le tribunal à qui des négociations de cette espèce seroient dénoncées, pourroit en prendre droit pour prononcer leur destitution, et pour ordonner que le bénéfice desdites opérations, s'il y en a, sera au profit de la masse. A cet égard, on pourroit tirer une sorte d'induction des principes du droit civil, qui ne permettent pas à un tuteur d'acquérir des créances contre son pupille. Civ. 450.

Mais comme leurs pouvoirs, quoique limités, sont encore assez étendus pour qu'il leur soit possible d'en abuser, soit en cherchant à améliorer leur sort aux dépens de la masse, soit en favorisant quelques créanciers au préjudice des autres, soit en servant la mauvaise foi du débiteur, le tribunal de commerce, peut d'office, sur la provocation du commissaire, les révoquer et ordonner que les créanciers seront de nouveau réunis pour faire une liste de présentation.

Chaque créancier isolément, ou plusieurs réunis, mais sans qu'une assemblée soit nécessaire, peuvent aussi réclamer contre la conduite des syndics. Ce droit appartient encore au débiteur; il est intéressé à ce qu'on ménage les ressources qui doivent opérer sa libération, et le tribunal doit scrupuleusement peser ses raisons.

Ils s'adressent pour cet effet au juge-commissaire, qui doit en faire son rapport. Le tribunal prend des mesures pour réparer ou arrêter les fautes ainsi dénoncées. Mais il est évident que, dans ces différens cas, les syndics destitués, ou même sans qu'on les ait destitués, dont quelqu'opération auroit été annullée, pourroient appeler du jugement qui s'exécuteroit néanmoins par provision.

CHAPITRE VI.

De la Vérification des Créances.

1184. La plus importante fonction des syndics provisoires est la vérification des créances. Quelle qu'en soit la nature, elles y sont sujettes; car lors même que la qualité de la créance ré-

clamée ne seroit pas douteuse, le fait de l'existence ou de la quotité de cette créance peut
être susceptible de vérification. Réciproquement, la légitimité de la dette peut n'être pas
contestée, et sa qualité qui la rendroit préférable à d'autres n'être pas reconnue.

Dans la première section, nous allons indiquer les formes de la vérification ; dans la
seconde, offrir les règles particulières à certaines créances.

Section première.

Formes de la Vérification des Créances.

1185. Tous les créanciers, même pour des
causes étrangères au commerce, privilégiés ou
hypothécaires, sont avertis par les papiers pu- Com. 502.
blics, et en outre, ceux que le bilan et les
autres actes ont fait connoître, par lettres des
syndics, de venir, dans le délai de quarante
jours, à partir de l'insertion de l'avis dans les
journaux, constatée de la manière indiquée,
n. 1109, déclarer à quel titre et pour quelle
somme ils sont créanciers.

On peut comparoître par un mandataire dont
le pouvoir n'a pas besoin d'avoir été passé devant notaire.

Le commissaire doit veiller à ce que la vérification ait lieu diligemment, à mesure que les Com. 501.

créanciers se présentent. Cette vérification est faite contradictoirement entre chaque créancier et les syndics, en présence du commissaire. La vérification de la créance d'un syndic se fait contradictoirement avec les autres, et l'on appelle en sa place un créancier vérifié.

1186. Le procès-verbal doit être dressé par Com. 503. le juge-commissaire, ce qui semble n'exiger ni l'assistance, ni l'entremise d'un greffier, ni l'acquittement des droits fiscaux qu'un acte de greffe peut entraîner, quoiqu'une décision du grand-juge ministre de la justice, du 27 septembre 1808, paroisse l'avoir cru nécessaire.

Ce procès-verbal énonce la présentation des titres de créance, le domicile des créanciers et celui de leurs fondés de pouvoirs, s'ils en ont. Com. 505. Il contient en outre la description sommaire des titres, avec énonciation des surcharges, ratures et interlignes qui s'y trouvent. Chaque créancier laisse son titre aux syndics, ou, s'il le Com. 502. préfère, au greffe du tribunal. Dans l'un et l'autre cas, on lui en donne *récépissé*, qui n'est sujet à aucun droit fiscal.

Il ne faut pas en conclure que toute créance doive être justifiée par titres; il peut arriver qu'ils soient perdus ou égarés, et nous en avons vu un exemple, n. 406; ils peuvent n'être pas dans les mains des créanciers, par exemple, s'il s'agit de lettres de change ou billets à ordre que celui qui se présente ait eu besoin de produire dans plusieurs faillites; dans d'autres cas il peut arriver qu'il n'en ait pas été souscrit, par exemple, si les créances ne résultent que des registres, si elles consistent en fournitures, comptes courants, etc.

Le commissaire peut, suivant l'exigence des cas, demander aux créanciers la représentation de leurs registres, ou l'extrait fait par les juges de commerce du lieu, suivant les règles données, n. 259. Com. 506.

Cette représentation des livres peut aussi être exigée, lors même qu'il existe des titres quelques réguliers ou authentiques qu'ils puissent paroître. Du reste, les titres qu'on produit n'ont pas besoin d'avoir acquis une date certaine par l'enregistrement avant l'ouverture de la faillite, ainsi qu'on l'a vu déjà, n. 246, ni même d'être revêtus de cette formalité pour être présentés.

A mesure de l'opération, tout créancier dont la créance a été vérifiée et affirmée, peut assister à la vérification des autres créances, et les contester, ainsi que celles qui ont déjà été admises; mais ce droit ne subsiste que jusqu'à la clôture du procès-verbal, et le créancier qui a laissé achever cette opération, ne peut plus demander la révision des autres créances, à moins qu'il n'allègue des faits positifs, ou la fraude de celui dont il veut attaquer le titre. Com. 504.

Si la créance n'est pas contestée, le procès- Com. 506.

verbal exprime que le porteur est reconnu légitime créancier de la somme réclamée, et les syndics font et signent sur son titre, ou, s'il n'y en a pas, sur l'extrait des registres, comptes, factures ou mémoires par lui produits, la déclaration suivante : « *Admis au passif de la faillite* » *de. . . . . pour la somme* » *de. . . . . le . . . .* ».

Ces déclarations sont visées par le commissaire entre les mains duquel chaque créancier est tenu d'affirmer, dans le délai de huitaine, sous peine de déchéance, que sa créance est sincère et véritable.

Com. 5o7.

Cette affirmation peut être faite par un fondé de pouvoirs, parce qu'il ne s'agit pas ici d'un serment déféré au cours d'une contestation pour en faire dépendre le jugement.

Si la créance est contestée en tout ou partie, les syndics peuvent requérir, et le juge ordonner le dépôt des titres du créancier au greffe du tribunal de commerce. Il peut même renvoyer les parties à comparoître à bref délai, et sans qu'il soit besoin de citation, devant le tribunal compétent. En effet, par cela seul qu'il s'agit de créance réclamée contre une faillite, et de contestation élevée incidemment à une vérification, il ne faut pas en conclure que le tribunal soit compétent de plein droit; il ne peut connoître que de ce qui est engagement de commerce, suivant les règles données, n. 5

Com. 5o8.

et suiv. Ainsi, les droits prétendus, par le trésor public, par la femme du failli, par des mineurs dont il a eu la tutelle, par un vendeur d'immeubles, etc., devroient, en cas de contestation, être jugés par le tribunal civil ; et même quand il s'agiroit d'opérations de commerce, il faudroit suivre les règles de compétence que nous expliquerons dans la sixième partie.

De même, s'il s'agissoit de matières que la loi soumît à des arbitres, les syndics devroient en nommer, mais non consentir le dernier ressort.

1187. Le tribunal compétent doit s'assurer, par tous les moyens qui sont en son pouvoir, de la sincérité des créances réclamées. L'examen du bilan, le rapprochement des renseignemens qu'il contient avec les titres ou pièces justificatives produits par le créancier, peuvent fournir des moyens puissans pour déjouer la fraude ou éviter des erreurs. Mais, ce ne seroit pas toujours, parce que les livres du failli ne contiendroient pas mention de l'existence d'une dette, qu'il en faudroit tirer la conséquence qu'elle n'est pas justifiée, si d'ailleurs elle paroissoit suffisamment établie ; cette omission ne seroit qu'une preuve que le failli ne tenoit pas ses registres exactement, et les tribunaux apprécieroient les circonstances et la bonne foi du demandeur, sur-tout si, n'étant pas commerçant, il ne pouvoit être réputé en faute, pour n'avoir pas de livres qui justifient sa demande.

Com. 509. Lorsque l'affaire est renvoyée au tribunal saisi de la faillite, et qu'une enquête est nécessaire, il peut ordonner qu'elle soit faite devant le juge-commissaire. Les autres tribunaux suivent les règles ordinaires de la procédure.

Com. 510. 1188. Cette vérification doit être terminée dans la quinzaine à compter de l'expiration des quarante jours donnés aux créanciers pour comparoître. Cette quinzaine écoulée, les syndics dressent un procès-verbal contenant les noms de ceux des créanciers portés sur la liste dont nous avons parlé, n. 1165, qui sont défaillans, et la seule clôture de ce procès-verbal les constitue en demeure.

Com. 511. Sur le rapport du commissaire, le tribunal doit fixer un nouveau délai, déterminé d'après la distance du domicile de chaque créancier en demeure, de manière qu'il y ait un jour au moins par chaque distance de trois myriamètres.

Pr. 73. S'il y a des créanciers résidans hors de France, on observe à leur égard les délais ordinaires des procédures.

Com. 512. Le jugement qui fixe le nouveau délai est notifié aux défaillans par la voie de l'insertion dans les journaux, suivant la forme ci-dessus prescrite, pour celui qui déclare l'ouverture de la faillite. L'accomplissement des formalités requises dans ce cas vaut signification à l'égard de ces créanciers qui, en conséquence, à défaut de comparution et d'affirmation dans ce nouveau délai, sont exclus des répartitions dont nous parlerons ci-après, sans qu'on ait besoin d'obtenir contre eux un jugement de déchéance.

Toutefois la voie de l'opposition leur est ouverte jusqu'à la dernière des distributions inclusivement. Elle n'a pas besoin d'être introduite et jugée comme une action en justice. Il suffit que le réclamant présente sa demande au juge-commissaire et lui déclare qu'il se rend opposant à ce que dorénavant les distributions aient lieu sans l'appeler et qu'il demande que sa créance soit vérifiée; si cette créance n'est pas contestée, il affirmera et sera compris dans les répartitions suivantes, sans qu'il puisse attaquer aucun des actes faits jusqu'à sa comparution, ni rien prétendre dans les répartitions commencées, qui à son égard sont réputées irrévocables, quand même il auroit été inconnu. Com. 513.

Mais si la qualité de créancier n'étoit survenue à un individu qu'après l'expiration de ces délais, tel que seroit un endosseur poursuivi en remboursement d'un effet du failli, passé dans ses mains au cours de la circulation, et protesté après la faillite, l'équité sembleroit exiger qu'il fût autorisé à prélever son dividende dans les distributions subséquentes. Cependant, s'il ne se présentoit qu'après l'épuisement entier des fonds, il ne pourroit exiger aucun rapport des autres créanciers.

Com. 512. Au surplus, quelles que soient les circonstances, en aucun cas, cette faculté qui reste aux créanciers défaillans de revenir à la vérification ne fait obstacle à ce qu'on procède à la nomination des syndics définitifs, ou au concordat dont nous parlerons ci-après.

Section II.

Des Règles particulières à certaines espèces de Créances.

1189. Nous avons vu la forme qui devoit être observée dans la vérification des créances. Toutes y sont soumises, quelle que soit leur qualité ou leur origine; mais s'il en est un grand nombre qui ne présentent d'autre point à vérifier que la légitimité du droit et la quotité de la dette, il en est qui peuvent donner en outre matière à d'autres questions, soit relativement à leurs effets particuliers et accessoires, soit relativement à la manière d'en constater l'existence ou d'en calculer l'étendue, par suite de principes particuliers au droit commercial.

Les créances qui méritent d'être considérés particulièrement, sont les privilégiées; celles auxquelles plusieurs personnes sont obligées ; celles que produit le cautionnement ; celles qui résultent des comptes courans ; celles de l'époux du failli.

Nous en ferons l'objet de cinq paragraphes.

§. Ier

Des Dettes privilégiées.

1190. On appelle *privilége,* le droit que la qualité d'une créance donne à celui qui l'exerce, d'être préféré à tous créanciers antérieurs. Ce droit est réel, c'est-à-dire, inhérent à la créance, et passe avec elle à tous ceux à qui elle est acquise par cession, subrogation ou autrement.

Civ. { 2095. 2100.

Les priviléges sont généraux ou particuliers. Ce sera l'objet des deux premiers articles de ce paragraphe ; dans le troisième, nous donnerons quelques notions sur les priviléges du trésor public.

Le droit d'affectation privilégiée ou hypo-thécaire sur les immeubles étant sujet, dans les faillites, aux seules règles de la législation civile, nous ne voyons aucune nécessité d'en parler ; ce qui a été dit, n. 1135, est suf-fisant pour faire connoître les modifications que la législation commerciale a apportées en cette matière au droit civil.

Du reste, nous supposons qu'il n'y a aucune difficulté sur la validité du privilége pour son acquisition dans un temps voisin de la faillite, cette matière ayant fait l'objet des n. 1133 et suiv.

Art. I. *Des Priviléges généraux.*

1191. Les priviléges généraux sont, les frais de justice, les frais funéraires, ceux de la dernière maladie, les salaires des gens de travail ou de service, les fournitures de sub- sistances, les frais de défense de l'accusé.

Civ. 2101.

Ils s'étendent sur tous les meubles, quelque part qu'ils soient situés, quand même ils se- roient affectés par privilége spécial à certaines créances.

Dist. Ire *Des Frais de Justice.*

1192. Les frais de justice qui jouissent du pri- vilége général dont nous parlons ici sont ceux qui ont rapport à la masse totale de la faillite, tels que les frais de scellés, d'inventaire et autres de même nature.

Civ. 2101.

Si les agens ou syndics avoient soutenu quel- que procès dans l'intérêt commun, et avoient succombé, le droit du créancier qui auroit fait condamner la masse aux dépens, ou celui des syndics, pour ce qu'ils auroient déboursé, ne seroit pas, à proprement parler, un privilége; il donneroit lieu à des prélévemens particuliers pour lesquels on suivroit les principes qui seront expliqués lorsque nous parlerons de la distribution des deniers.

Dɪsᴛ. II. *Des Frais funéraires.*

1193. Nous avons vu, n. 1108, qu'un commerçant pouvoit être déclaré en faillite après son décès. Les frais de ses funérailles peuvent donc se trouver au rang des dettes de la faillite. La Civ. 2101. somme à laquelle ils sont liquidés par le tribunal compétent jouit d'un privilége général qui passe immédiatement après les frais de justice.

Dɪsᴛ. III. *Des Frais de dernière maladie.*

1194. Lorsque le failli est décédé, soit avant que la faillite fût déclarée, soit au cours des opérations, la totalité des frais de la maladie dont il est mort, ou, si cette maladie étoit du nombre de celles qu'on nomme *chroniques* ou Civ. 2101. lentes, la quotité de ces frais, fixés par le tribunal compétent, jouit d'un privilége qui vient en troisième ordre.

Mais si le failli étoit vivant, il ne faudroit pas placer au rang des créances privilégiées, celles des médecins ou autres gens de l'art qui l'auroient traité dans une maladie immédiatement antérieure à la faillite.

Tome III. 21

Dist. IV. *Des Gages et Salaires des Gens de service.*

1195. Les gens de travail et de service habituel dans la maison du failli, sont privilégiés pour l'année échue et la courante des gages qui leur sont dus.

Toutes personnes qu'un commerçant emploie à son commerce, moyennant un salaire connu sous le nom de *gages*, *appointemens*, etc., doivent être classées parmi les *gens de service*. Mais on ne pourroit comprendre sous cette désignation, pour les faire jouir de ce privilége, les agens de change et courtiers. Ce sont des fonctionnaires, à peu près dans l'ordre des notaires, des avoués, des huissiers, qu'aucune raison d'analogie ne peut faire mettre au rang des serviteurs. Cette façon de voir nous semble résulter de l'esprit des lois en cette matière, puisqu'une disposition spéciale a été nécessaire dans le décret du 29 février 1811 [1], pour donner aux facteurs de la halle de Paris un privilége sur le dépôt de garantie fourni par les boulangers.

Le privilége des personnes qu'un commerçant emploie ainsi, n'est pas restreint à s'exercer sur les seuls objets du commerce; il est général. Mais souvent ces personnes réunissent à la qualité d'employé salarié, celle de mandataires

Civ. 2101. (margin)

---

[1] Bulletin des lois, 4.ᵉ série, n. 6556.

pour certaines dépenses relatives à la branche
de commerce qu'elles dirigent ; sous ce second
rapport, elles ont droit d'exercer des priviléges
particuliers sur les matières qu'elles ont payées, Civ. 2102.
augmentées ou conservées, comme le pourroient
des étrangers.

La différence de ces priviléges est grande : si
d'un côté celui des salaires est général sur tous
les biens, de l'autre il n'a lieu que pour une
année et ce qui est dû de la courante ; les autres
ne s'exercent que sur les choses qui en sont
spécialement frappées, conformément aux
règles qui seront expliquées dans le paragraphe
suivant.

Il ne faudroit pas étendre ces priviléges aux
dommages – intérêts qu'une personne louée
sous un titre quelconque à un failli pourroit
prétendre contre la masse pour inexécution
des engagemens pris envers elle. Sans doute,
la faillite ou la mort de celui à qui une personne a loué ses services ne rompt pas la convention, à moins de circonstances qui montrent
que celui qui s'est loué a voulu courir cette
chance ; mais il ne s'ensuit pas que la faillite
soit tenue de continuer les engagemens qui ne
sont pas compatibles avec les affaires du failli.
Dans ce cas, celui qui s'est loué a droit à une
indemnité que les magistrats déterminent ; mais
ce n'est plus qu'une créance ordinaire et non
privilégiée.

21 *

Dɪsᴛ. V. *Privilége des Fournisseurs.*

1196. Le cinquième ordre des priviléges généraux est celui des fournisseurs de subsistances
pour le débiteur et sa famille.

Civ. 2101.
Par ce mot *subsistances*, il ne faut pas entendre seulement ce qui concerne la nourriture,
mais ce que, dans le droit, on appelle *alimens*,
c'est-à-dire, tout ce qui est nécessaire aux
besoins de la vie, par exemple le vêtement, le
logement, l'instruction et autres besoins des
enfans, etc.

Les marchands en détail, tels que bouchers,
boulangers, marchands d'étoffes, maîtres d'institution qui donnent des leçons sans tenir les
enfans en pension, ne peuvent réclamer que
les six derniers mois, quand même le failli
auroit l'habitude de ne compter que tous les
ans avec eux. Les maîtres de pension, marchands en gros, tels que marchands de vin non
détaillans, marchands de bois tenant chantier,
peuvent réclamer leurs fournitures d'une année.

Dɪsᴛ. VI. *Frais de Défenses de l'Accusé.*

1197. Les faillites pouvant exposer souvent
un débiteur à des poursuites, il est dans l'ordre
des choses d'indiquer un sixième rang de priviléges que la loi du 5 septembre 1807[1] a établi

---

[1] Bulletin des lois, 4.ᵉ série, n. 2743.

pour les frais de la défense personnelle du condamné, sauf règlement, en cas de contestation,
par le tribunal qui a prononcé la condamnation.

Aʀᴛ. II. *Des Priviléges particuliers.*

1198. Les priviléges particuliers sur les
meubles sont, 1.º celui du locateur de la ferme,
de la maison, des magasins exploités ou occupés
par le failli; 2.º les frais faits pour la conser- Civ. 2102.
vation d'une chose; 3.º les frais de culture
ou de main-d'œuvre; 4.º les droits qui résultent du nantissement; 5.º les droits du vendeur non payé; 6.º les frais de voiture; 7.º les
faits de charge; 8.º les droits des créanciers
d'une société sur ce qui en dépend, par préférence à tous autres créanciers des associés.

Nous en ferons l'objet d'autant de paragraphes. Nous n'avons rien à dire ici des priviléges sur les navires ou sur les marchandises
expédiées par cette voie; le désir de rendre
complette la matière des contrats maritimes
nous a porté à nous en occuper dans le titre
septième de la troisième partie.

Dɪsᴛ. I.ʳᵉ *Privilége du Bailleur.*

1199. Le bailleur d'une ferme, d'une mai-
son, etc., a privilége sur tout ce qui les garnit, Civ. 2102.
quelle qu'en soit la nature, meubles, ustensiles,

chevaux de labourage, prix des sous-baux, récoltes pendantes par les racines, ou provenantes
d'années antérieures.

On ne doit point, en général, distinguer si
le fermier ou locataire a, ou non, la propriété
des objets qui garnissent la ferme ou maison,
à moins que le propriétaire n'ait connu les
droits d'autrui. Mais cependant il y a des
exceptions que commande l'équité. Ainsi, le
propriétaire d'une chose volée peut la réclamer
sans craindre d'être arrêté par le privilége du
locateur; il en est de même de celui qui auroit
prêté momentanément, déposé ou donné en
nantissement quelques meubles au locataire, depuis que celui-ci est en jouissance, et qu'il a
garni la ferme ou maison de meubles suffisans.

Ce privilége ne porte pas toutefois sur l'argent comptant, les billets, ou tous autres
objets qui ne sont pas censés être entrés dans
la maison avec le but d'y rester, et qui, n'étant
point de nature à être mis en évidence, ou
susceptibles d'un droit de suite, en cas de
déplacement, ne peuvent avoir été considérés
par le locateur comme devant lui répondre de
ses loyers.

1200. L'étendue de ce privilége, qui a lieu
pour toutes les obligations du locataire ou fermier, quelles qu'elles soient, varie selon que le
bail a, ou non, une date certaine. Dans le pre-

mier cas, il a lieu pour tout ce qui est échu
et ce qui reste à courir, sauf aux créanciers à
sous-louer, en payant les loyers à échoir, ou
en donnant caution suffisante, comme il a été
dit, n. 1126. Le propriétaire ne peut s'opposer à
cette sous-location, même quand le bail con-
tiendroit une clause prohibitive, à moins que
dans ce dernier cas il ne préfère résilier.

Si le bail n'a pas une date certaine, le propriétaire doit s'imputer de ne s'être pas fait
payer au bout de chaque année; il n'a donc
de privilége que pour l'année courante et pour
celle qui la suit.

En acquittant ces deux années, les créanciers
peuvent disposer librement du mobilier qui
garnit l'édifice loué, mais aussi le propriétaire
envers qui n'est plus exécutée l'obligation de
garnir de meubles en quantité suffisante, a
droit de provoquer la résiliation.

Dist. II. *Frais pour la Conservation de la Chose.*

1201. La raison qui a fait établir ce privilége
est facile à connoître. Ces mots, *frais pour la
conservation*, signifient toute dépense qui a em- Civ. 2102.
pêché la chose de périr, telle que la réparation
des vaisseaux ou enveloppes contenant des marchandises, les déboursés faits pour remédier à
des avaries ou autres accidens de transports,
les frais de chargement ou déchargement qui

en ont été la suite, ceux de magasinage, dans
la même vue, etc., et enfin l'assurance, comme
on l'a vu, n. 964.

Dist. III. *Priviléges des frais de culture et de main-d'œuvre.*

1202. Les sommes dues pour l'ensemence-
ment ou culture d'un héritage, ou pour la ré-
colte des fruits qu'il a produits, quand même
les réclamans seroient des journaliers qui
auroient négligé de se faire payer chaque jour,
sont privilégiées sur les récoltes, même avant
le propriétaire du fonds.

Nous avons dit, n. 524, qu'il étoit naturel
de mettre dans cette classe les sommes dues à
celui qui a augmenté la chose, soit par son
travail, soit même en y ajoutant d'autres matières, tel qu'est l'ouvrier à qui sont confiées
des marchandises pour les mettre en œuvre.

Mais ce privilége est perdu, si le créancier
se dessaisit de la chose que ses avances ont con-
servée ou augmentée.

Il ne faut pas néanmoins abuser de cette
règle. Dans l'usage, un ouvrier dont la main-
d'œuvre et même les fournitures accessoires ont
accru la valeur des matières qui lui avoient été
confiées pour travailler, rend l'ouvrage fini,
et reçoit d'autres matières pour les mettre en
œuvre; le privilége de ce qui lui est dû sur les
premières se reporte sur les dernières.

(marginalia: Civ. 2102.)

L'analogie nous porte à reconnoître le même privilége en faveur des ouvriers qui travaillent à la journée dans des ateliers, sur les choses que leurs soins ont produits, élaborés, etc. Les tribunaux décideroient, suivant les usages, combien ces ouvriers peuvent réclamer de journées.

Dist. IV. *Des Droits qui résultent du nantissement.*

1203. Nous avons donné, n. 584 et suiv., des notions qui dispensent de nouveaux détails. Il suffit de rappeler, par continuation de ce qui a été expliqué, n. 587, que les avances Civ. 2102. et prêts des commissionnaires ayant lieu presque toujours pendant que les marchandises qui leur sont destinées font le voyage d'expédition, ou même avant cette expédition, et sur la foi de l'annonce qui en est faite, leur privilége frappe ces marchandises à compter du jour qu'elles sont sorties des magasins de l'expéditeur, si le prêt est antérieur au départ, et à compter du jour du prêt, s'il est fait pendant le voyage. Il s'ensuit que si la faillite du propriétaire des marchandises étoit déclarée avant leur arrivée, le commissionnaire pourroit réclamer son privilége, comme s'il en étoit détenteur, conformément à ce que nous avons dit, n. 962, et que si elle étoit déclarée depuis l'arrivée, il pourroit prétendre que son nantissement s'étend aux prêts faits avant l'expédition des marchandises.

Le privilége de l'aubergiste sur les effets apportés chez lui, est du genre de ceux que produit le nantissement, et cesse lorsque les objets sont sortis de l'auberge ou des lieux qui en dépendent, sans opposition de sa part.

Dist. V. *Privilége du Vendeur non payé.*

1204. En général, le vendeur non payé d'effets mobiliers peut, s'il n'a point accordé de terme, les revendiquer dans la huitaine du jour de la vente, contre la masse de l'acheteur en faillite, s'ils sont encore dans le même état qu'au moment de la livraison; et faute par les créanciers de lui payer tout ce qui lui est dû, il peut faire distraire cet objet de l'actif, et le reprendre en nature, quand même le failli en auroit fait la revente à un tiers, tant que celui-ci n'en a pas encore été livré.

Après ce délai, ou quand la vente est à terme, le vendeur non payé ne peut empêcher la revente; mais il a un privilége spécial sur le prix qu'elle produit.

Ces principes du droit civil ne s'appliquent dans les faillites qu'aux meubles meublans, glaces, instrumens aratoires et autres choses que le failli n'est point présumé avoir achetés pour revendre dans son commerce. Lorsqu'il s'agit de marchandises, on suit des règles particulières que nous ferons connoître en parlant de la revendication.

Civ. 2102.

Dist. VI. *Privilége des Frais de voiture.*

1205. Nous avons vu, n. 544, que les frais
dus au voiturier, pour transport de marchan- Civ. 2102.
dises et autres accessoires, tels que les déboursés par lui faits pour en assurer la circulation ou la conservation, étoient privilégiés,
et quelle étoit la durée de ce privilége. Le rang
en est facile à déterminer, il tient du nantissement, et se perd par cela seul que le voiturier s'est dessaisi des choses sans agir dans le
bref délai qu'ont déterminé la loi ou les usages.

Dist. VII. *Priviléges sur les Cautionnemens.*

1206. La septième espèce de priviléges sur
certains meubles, est celui qui est établi sur le
cautionnement des fonctionnaires publics, tels
que notaires, avoués, huissiers, et plus particulièrement, pour la matière que nous traitons,
les agens de change ou courtiers. Il n'a lieu
que pour les abus et prévarications par eux Civ. 2102.
commis dans l'exercice de leurs fonctions ; car
tout ce qu'ils peuvent faire, même en prenant
la qualité pour laquelle ils ont donné caution,
n'est pas toujours *fait de charge.* Ainsi, un
courtier vend les marchandises d'un failli dans
le cas prévu, n. 1159, en touche le prix, et le
conserve, soit sans l'agrément, soit avec l'agrément des syndics et du juge-commissaire ; il

est, peu après, déclaré en faillite, et n'a pas eu la précaution de séparer, avec tous les signes d'individualité nécessaires, les sommes qu'il a reçues ; la créance qui en résulte ne sera pas privilégiée, parce qu'il n'est pas institué pour être dépositaire du prix des marchandises qu'il a vendues : mais si, par fraude, il a vendu à vil prix ces mêmes marchandises, les dommages-intérêts qu'il devra seront *un fait de charge.*

La créance du bailleur de fonds, pour tout ou partie du cautionnement, s'exerce ensuite par privilége sur ce qui reste dudit cautionnement, tant en principal qu'intérêts.

Dɪsᴛ. VIII. *Préférence des créanciers d'une société sur les créanciers d'un associé failli.*

1207. Nous avons vu, n. 975, qu'une société est une personne morale, dont l'actif se distingue de la fortune particulière de chaque associé, et ne s'y confond que pour ce qui peut rester de net après que toutes les dettes sociales ont été acquittées. Il s'ensuit qu'encore bien que les associés soient solidairement obligés envers les créanciers de la société, cependant ceux-ci n'ont sur les biens de chacun d'eux que les mêmes hypothèques ou préférences qu'ils auroient, s'il n'y avoit pas de société; mais que, sur les effets sociaux, ils sont préférés aux créanciers particuliers des associés, comme nous l'avons expliqué, n. 1689.

Par suite du même principe, les créanciers de deux sociétés différentes, quoique les associés soient les mêmes individus, ont un privilége respectif sur les effets de chacune.

Mais ces droits cessent après la dissolution de la société et son règlement. Si, par cet acte, un des associés avoit reçu tout ou partie de l'actif social, avec charge d'en acquitter les dettes, et qu'ensuite il fît faillite, les créanciers de la société ne pourroient venir prétendre un privilége sur les objets qu'il avoit reçus de ses associés lors de la liquidation.

Art. III. *Des Droits particuliers du trésor public.*

1208. Le trésor public peut avoir des droits à exercer dans une faillite, à différens titres; 1.º si le failli est comptable de deniers publics, et les mêmes règles s'appliquent aux comptables des communes, hospices et autres établissemens semblables; 2.º s'il a été condamné en quelques frais de procédure ou à quelqu'amende en matière criminelle, correctionnelle ou de simple police; 3.º s'il doit des contributions directes ou indirectes, dans les cas où les préposés lui ont fait des crédits autorisés.

Les préposés du trésor public ne sont pas tenus de cesser leurs poursuites, pour attendre que les syndics de la faillite aient vendu le mobilier. Ils peuvent décerner des contraintes, comme si le débiteur n'étoit pas failli, les faire exécuter sur ses biens, et si les représentans de la masse y forment opposition, les droits prétendus doivent être examinés et jugés par l'autorité compétente, suivant les règles de cette matière qu'il est inutile d'indiquer ici.

Le trésor ou les établissemens publics ont sur les meubles de leurs comptables un privilége que la loi du 5 septembre 1807 [1] place immédiatement après ceux dont nous avons parlé dans les deux paragraphes précédens.

Il en est de même pour le recouvrement des frais de justice et amendes résultans de jugemens criminels, correctionnels ou de simple police, conformément à une autre loi du même jour [2].

1209. Le privilége du recouvrement des contributions directes, telles que la contribution foncière et mobilière et les patentes, pour l'année échue et celle courante, a lieu conformément à la loi du 19 novembre 1808 [3], sur les meubles, avant tout autre, quel qu'il soit, sans qu'aucun de ceux qui ont été expliqués dans les paragraphes précédens puisse y être préféré.

Plus ce privilége peut entraîner d'inconvéniens, plus il est convenable de ne lui donner

---

[1] Bulletin des lois, 4.ᵉ série, n. 2775.
[2] Bulletin des lois, 4.ᵉ série, n. 2743.
[3] Bulletin des lois, 4.ᵉ série, n. 3886.

aucune extension. Ainsi, un percepteur qui auroit fait un crédit plus long que le temps pour lequel le privilége est accordé, ne pourroit l'invoquer, même en justifiant des reconnoissances du débiteur.

Dans la règle, ces principes ne sont applicables qu'aux contributions directes; et même la loi ne désigne que celles-là, parce que les contributions indirectes doivent être payées comptant, et que les percepteurs qui font crédit ne sont que des créanciers ordinaires. Mais il y a une modification pour les douanes, dans l'art. 31 du tit. 13 de la loi du 22 août 1791, qui permet aux receveurs de faire crédit aux redevables, et dans diverses autres lois et instructions postérieures qui permettent à ceux-ci de fournir des billets payables à certaines époques, ou qui leur accordent des délais, moyennant caution.

§. II.

Des Dettes auxquelles plusieurs personnes sont obligées.

1210. Un créancier peut avoir plusieurs obligés solidaires, et cette circonstance offre quelquefois des difficultés pour la vérification et la fixation de ses droits contre chacun des co-obligés. Cette matière peut être considérée sous deux rapports : 1.° les droits que le créancier peut exercer contre chacun de ceux qui sont obligés envers lui; 2.° les droits que les codébiteurs peuvent avoir à leur tour dans la faillite de leur codébiteur. Ce sera l'objet de deux articles.

Art. I.er *Droits du créancier contre ses co-obligés.*

1211. Il faut, avant tout, remarquer que l'obligation ne change point de nature, lorsque quelques-uns des co-obligés sont incapables, ou qu'ils sont tenus d'une manière moins rigoureuse, par exemple, si une femme non-commerçante se trouvoit tireur d'une lettre-de-change endossée par d'autres personnes capables de s'obliger sans restriction par une négociation de cette espèce.

Civ. 2012.

Cela posé, ou les codébiteurs sont faillis, ou quelques-uns seulement le sont. Si quelques codébiteurs seulement sont en faillite, le créancier n'en a pas moins droit de se faire payer intégralement par celui qu'il juge à propos des codébiteurs solvables, sauf le recours de ce dernier contre les autres, de la manière qui sera expliquée dans l'article suivant.

Si tous sont faillis, cette circonstance particulière ne change rien aux droits du créancier; il peut se présenter dans toutes les faillites et s'y faire mettre au rang des créanciers, pour participer aux distributions dans chacune des masses, jusqu'à ce qu'il ait été payé intégralement.

Le seul moyen de parvenir à ce but, est qu'il soit compris dans chacune des faillites pour la somme totale de ce qui lui est dû en capital, intérêts et frais, sans égard à ce que déjà, dans la faillite de quelqu'un des co-obligés, il auroit touché un à-compte sur sa créance. Par ce moyen, il obtient son entier paiement, que ne pourroit jamais lui procurer un autre mode. En effet, une contribution suppose insuffisance ; si le créancier ne prenoit part dans la seconde faillite que pour ce qui lui resteroit dû, il ne recevroit qu'à proportion de ce reste, et comme ce qui seroit contribué seroit toujours moins considérable que la masse des dettes d'après laquelle se feroit la répartition, la conséquence nécessaire seroit que ce créancier ne parviendroit pas à obtenir son paiement entier. Il en seroit de même quand il se présenteroit dans une troisième faillite pour ce qui lui resteroit dû de la seconde, et ainsi de suite.

Art. II. *Des Droits des codébiteurs dans la Faillite de leur codébiteur.*

1212. Nous avons vu comment le créancier d'une dette à laquelle plusieurs personnes sont solidairement obligées, peut se faire payer par tel des codébiteurs que bon lui semble.

Le codébiteur d'une ou plusieurs autres personnes tombées en faillite, peut avoir remboursé au créancier, ou la totalité de la dette, ou seulement ce qui en restoit dû après que le créancier a pris son dividende dans les faillites.

Au premier cas, il faut distinguer, comme on l'a vu, n. 191, si la solidarité provenoit de ce que la dette a été contractée en commun, ou si un seul étant débiteur direct, les autres ne sont, à son égard, que des cautions.

Dans la première hypothèse, celui qui a payé toute la dette est subrogé aux droits du créancier contre les autres, mais pour exiger d'eux leur part seulement ; par conséquent, s'ils sont faillis, il ne peut, en vertu de cette subrogation, se présenter à chacune des masses comme créancier de tout le capital, dans la vue d'obtenir un dividende qui approche le plus possible de ce qui lui est dû.

Supposons *Pierre*, *Jacques* et *Jean* débiteurs solidaires envers *Paul*, de 30,000 fr. *Pierre* paie toute la dette. Si *Jacques* et *Jean* étoient solvables, ils lui rendroient chacun 10,000 fr. ; mais ils sont faillis, et, par exemple, ils donnent 5o pour 100. *Pierre* n'aura pas droit de se présenter dans la faillite de chacun d'eux comme créancier des 20,000 fr. excédans sa part dans la dette, ce qui lui fourniroit l'espoir d'être intégralement payé de la somme de 10,000 fr. que chacun d'eux lui doit ; il ne touchera dans chaque faillite que 50 pour cent de 10,000 fr., somme que lui doit chacun de ses coobligés, pour sa portion dans la dette.

Il en est autrement dans la seconde hypothèse que nous avons indiquée, c'est-à-dire, lorsqu'il s'agit de lettres-de-change et autres effets de commerce qui se négocient par endossement. L'accepteur de la lettre, et, s'il n'y en a pas, le tireur, ou, dans un billet, le souscripteur, est, en définitif, le véritable débiteur ; les divers endosseurs dans les mains desquels la circulation l'a fait passer, n'ont été que des cautions solidaires. Lorsque l'un d'entr'eux l'a acquittée, il n'est pas réduit à réclamer de chacun des signataires qui le précèdent, sa part dans la dette ; il peut en demander le remboursement total à quiconque est son garant dans l'ordre des négociations, suivant les règles données, n. 442, et celui qui le rembourse a, comme lui, droit d'entrer dans les faillites de tous ceux contre qui il a une action de garantie, pour la totalité de la créance jusqu'à parfait paiement.

1213. Au second cas, c'est-à-dire, lorsque le créancier a commencé par prendre un dividende dans les masses des co-obligés faillis, et ne se pourvoit contre le non failli que pour avoir le complément de ce qui lui reste dû, il

faut distinguer si la masse faillie paie plus que
la portion individuelle du failli, ou si elle paie
moins. Si elle paie plus, elle a droit de se faire
rendre par le co-obligé non failli, la somme
qu'elle a payée à sa décharge; si le dividende
qu'elle paie au créancier est moindre que sa
portion dans la dette, ce co-obligé non failli
forcé de compléter au créancier tout ce qui lui
reste dû, n'a rien à demander à la faillite de
son co-obligé, car cette faillite a payé tout ce
qu'elle pouvoit de la dette, et si ce codébiteur
venoit encore s'y porter créancier, la même
dette entreroit deux fois en contribution. Ainsi,
en continuant l'exemple, *Paul*, créancier de
30,000 fr. dus solidairement par *Pierre*, *Jean*
et *Jacques*, s'est présenté dans la faillite de ce
dernier, qui payoit 50 pour 100, et a reçu
15,000 fr. ; il s'est présenté de même dans la
faillite de *Jean*, qui payoit aussi 50 pour 100,
et par conséquent, il est entièrement soldé ;
chacune des faillites se trouvant avoir payé
5000 francs de plus qu'elle ne devoit, à la décharge de *Pierre*, non failli, dont la part étoit
de 10,000 francs, pourra recourir contre lui.

Mais au lieu de donner 50 pour 100, chacune de ces faillites ne donne que 10 pour 100;
Paul reçoit donc dans celle de *Jacques* seulement 3000 fr., et dans celle de *Jean* pareille
somme. Il réclame, et se fait payer 24,000 fr.
par *Paul*; celui-ci ne pourra se porter créancier

dans chacune des faillites de ses codébiteurs, de la somme de 7000 fr. qu'il se trouve avoir payée pour eux, puisque déjà la créance qu'il exerceroit par subrogation a reçu le seul dividende que puisse lui procurer la situation de chaque faillite.

1214. Les mêmes principes s'appliquent lorsqu'au lieu d'être codébiteurs pour un intérêt commun, les divers co-obligés ne sont que des cautions solidaires les uns des autres.

Par exemple, si le porteur d'une lettre-de-change s'est présenté dans la faillite de l'accepteur, et a reçu un dividende proportionnel à celui des autres créanciers, le tireur ou les endosseurs qu'il poursuit en vertu de la garantie dont nous avons expliqué les effets, n. 442, ne peuvent venir dans la faillite de ce même accepteur, se présenter comme créanciers de ce qu'ils ont payé à sa décharge.

Mais si, par l'exercice du droit qu'a le créancier de se faire payer par tel des co-obligés qu'il juge à propos, quelques-uns de ceux qui ont des garans dans les autres ont été tenus de payer, ils sont fondés à agir contre eux et à se présenter dans les faillites de ces derniers pour y exercer les droits que le porteur auroit pu y exercer lui-même, et ne peuvent être repoussés qu'autant que ce porteur s'y seroit déjà présenté.

1215. Tous les codébiteurs peuvent être en
faillite, et le créancier peut alors userdu droit de
se présenter dans toutes jusqu'à ce qu'il soit payé,
comme on l'a vu dans le paragraphe précédent.

Il faut alors régler les intérêts respectifs de
ces faillites, suivant la distinction établie n. 1212.

Au premier cas, si le créancier s'est présenté
seulement dans une ou quelques faillites, et que
ce qu'il y a reçu l'ait complétement remboursé,
les syndics de ces faillites pourront se présenter
dans celles de leurs co-obligés, pour s'y faire
colloquer comme créanciers de ce qu'ils ont
payé à leur décharge. Nous en avons donné un
exemple, n. 1087, qui, quoique pris des sociétés, s'applique à tous les cas d'engagemens
solidaires.

Si la dette est d'un effet de commerce, et
que, par la marche des événemens, les faillites
des signataires à qui garantie est due, soient
précisément celles qui ont payé le créancier,
il y aura lieu à des recours dont l'objet sera de
leur faire rendre, par les faillites de leurs
garans, ce qu'elles auront avancé, si celles-ci
n'ont rien payé au porteur, ou lui ont payé
moins que le dividende auquel la totalité de la
créance auroit donné lieu.

§. III.

Des Droits résultans des Cautionnemens.

1216. Nous avons indiqué, n. 830, la nature du cautionnement en montrant en quoi il diffère de l'assurance. Il est ou conventionnel, ou légal, ou judiciaire, et les règles du droit civil sur la manière dont il se forme dans tous ces cas, ne sont pas modifiées dans le commerce.

Nous allons, dans deux articles, indiquer ce qui est plus particulier à cette législation relativement aux effets du cautionnement entre le créancier et les cautions, et à ceux qu'il produit entre le débiteur cautionné et la caution.

ART. I.er *Effets du Cautionnement.*

1217. Tout cautionnement doit être exprès; on ne pourroit donner ce nom à une lettre ou toute autre déclaration qui recommanderoit une personne, ou par laquelle on donneroit des renseignemens favorables sur sa probité et sa solvabilité.

A la vérité, les tribunaux pourront apprécier les circonstances. Sans doute, celui qui recommanderoit comme solvable une personne dont la fortune est chancelante, seroit tenu d'indemniser celui à qui il a fait cette recommandation, des pertes occasionnées par l'insolvabilité de cette personne, s'il l'a connue ou s'il a dû la connoître; mais ce n'est pas précisément par les principes du cautionnement qu'on se décideroit, quoique le cautionnement puisse se faire par une lettre missive, ou même verba-

lement; on appliqueroit le principe qui veut
que le tort fait à autrui soit réparé par son
Civ. 1371. auteur, lors même qu'il n'y a eu que de l'imprudence ou de la négligence.

1218. Nous avons donné, n. 1127, quelques
règles sur l'étendue des obligations de la caution; et pour les espèces particulières de cautionnement relatives aux lettres de change, aux
armateurs, aux navires ou gens de mer prêts à
partir, aux contrats aléatoires, il faut se reporter
à ce que nous avons dit sur ces matières. Souvent la nature de l'obligation cautionnée, ou la
position respective des parties sert à déterminer
cette étendue : par exemple, un commerçant
écrit à un banquier qu'il le prie d'ouvrir un
crédit de 50,000 fr. à *telle* personne. Tant qu'il
n'a pas révoqué cet ordre, ou que le terme de
durée de ce crédit, s'il en a été fixé, n'est
pas arrivé, il est obligé jusqu'à concurrence de
cette somme. Il peut se faire, néanmoins, que
celui à qui le crédit étoit ouvert ait plusieurs
fois rendu et repris des sommes chez le banquier, bien au-delà de 50,000 fr. : peu importe;
la caution ne pourroit prétendre que la dette a
été remboursée et qu'une nouvelle a été créée.
C'est en cela que le cautionnement d'un crédit
diffère du cautionnement d'un simple emprunt.
Car si ce commerçant avoit seulement invité
le banquier à prêter 50,000 fr. à son ami, et

que cet emprunteur l'eût remboursé, le banquier n'auroit prêté de nouveau qu'à ses risques.

1219. L'obligation principale n'est pas même
toujours la mesure de l'étendue du cautionnement, si cette obligation est susceptible de quelque restriction établie par la loi ou par une
clause particulière de la convention, en faveur
de l'obligé principal, personnellement : ainsi,
le donneur d'aval d'une lettre de change dont
une femme ou un mineur est obligé principal,
est tenu, par toute la rigueur du droit de change,
encore que l'obligation soit pure et simple, ou
même rescindable, du chef de cette femme ou
de ce mineur.

Les seules exceptions que la caution puisse
invoquer du chef du débiteur principal, sont
les exceptions réelles, telles qu'une nullité fondée sur le dol, la violence, l'erreur, le défaut
de cause, et par cette raison, le serment prêté
par ce débiteur, sur le fond de la dette, profite
à la caution.

Nous avons donné, n. 220 et suivans, des
règles qui peuvent servir à connoître comment
la caution peut invoquer, du chef du débiteur,
les exceptions de novation, compensation, remise, etc.

Art. II. *Effets du Cautionnement entre la Caution*
et le Débiteur.

1220. Tout ce qui vient d'être dit concerne

les droits du créancier contre la caution. Quant
à ceux que cette dernière peut exercer contre
le débiteur failli, lorsqu'elle a été obligée de
payer, ou même avant qu'elle ait payé, les règles
sont les mêmes que dans le paragraphe précédent. Si la caution a payé partie de la dette, et
que le créancier ne se présente dans la faillite
du débiteur que pour le reste, elle peut se
porter créancière de ce qu'elle a acquitté ; si
le créancier se présente pour le tout dans la
faillite, et reçoit un dividende en conséquence,
la caution ne peut plus se porter créancière,
dans cette faillite, du complément qu'elle est
forcée de lui compter.

§. IV.

Des Créanciers par comptes courans.

1221. L'application des principes que nous
avons exposés, n. 475, peut servir à résoudre
la plupart des difficultés qui se présentent, lorsqu'il s'agit de liquider un compte courant entre
deux commerçans dont l'un est failli, ou qui
le sont tous deux. Nous allons ajouter aux
exemples que nous avons donnés, une des
hypothèses qui se présentent le plus fréquemment ; elle peut aider à éclaircir les questions
analogues.

Pierre a remis à *Paul* pour 50,000 fr. de
ses propres billets. *Paul* l'en a crédité, et ne

lui a fourni que pour 25,000 fr. de valeurs qui ne sont pas contestées, de sorte qu'il se trouve débiteur de *Pierre*, par compte courant, d'un capital de 25,000 fr.

Mais *Pierre* a fait faillite avant l'échéance des billets qu'il avoit fournis à *Paul*; il s'agit de de régler le compte.

Paul peut exiger qu'on défalque de son débit 25,000 fr., en remettant pour 25,000 fr. des billets que *Pierre* lui avoit fournis. A ce moyen, le compte courant se trouvera soldé. Quant aux autres 25,000 fr. de billets dont la valeur a été payée, *Paul*, s'il en est resté porteur, ou les porteurs, se présenteront comme tous créanciers dans la masse, de la manière indiquée, n. 1210.

Les syndics de *Pierre* ne seroient pas fondés à exiger de *Paul* le paiement des 25,000 fr. qu'il devoit pour balance de compte courant, sauf à lui à se présenter comme créancier des 50,000 fr. de billets de *Pierre*.

Cela n'est point contraire aux principes des compensations expliqués, n. 233. *Paul* se libère avec le titre même qui a donné l'existence à sa dette; et nous avons vu, n. 1226, que la faillite n'étoit point un obstacle à la compensation qui prenoit sa source dans le titre même de la dette qu'elle servoit à éteindre.

Peu importe que *Paul* ait mis dans la circulation la totalité des 50,000 fr. Les porteurs,

soit qu'ils usent du droit que leur donne la
faillite, conformément à ce qui a été dit,
n. 1125, soit qu'ils attendent l'échéance, se
présenteront chez *Paul*, qui les remboursera;
les billets se trouveront, par ce moyen, dans
son portefeuille, comme s'ils n'en étoient pas
sortis, et lui fourniront la matière de l'exception de compensation dont nous venons de
parler.

Mais s'il arrivoit que *Paul* ne fût plus intéressé à l'acquittement des billets souscrits par
Pierre, soit parce qu'il les auroit négociés, sans
garantie, soit parce que les porteurs auroient
laissé encourir la déchéance à son égard, il ne
pourroit rapporter en compensation des effets
dus par *Pierre*, autres que ceux qui étoient
entrés dans leur compte courant, quand même
il se les seroit procurés avant l'ouverture de la
faillite; car la compensation ne prendroit plus
sa source dans les opérations du compte courant, condition que nous avons vu être essentielle pour opérer la compensation.

Si *Paul* étoit aussi en faillite, ces règles ne
seroient point modifiées, et les deux masses rè-
gleroient leur compte courant, suivant les
mêmes principes, puis, celle qui auroit un
recours contre l'autre, l'exerceroit conformément à ce qui a été dit ci-dessus.

§. V.

Droits d'un époux dont l'autre est failli.

1222. Ce que nous avons à dire ici sur les droits d'un époux dont l'autre est failli, suppose des notions de droit civil sur le contrat de mariage, qu'il nous est impossible de présenter sans perdre absolument de vue le plan que nous nous sommes tracé. Nous allons nous borner à indiquer les règles spéciales du droit commercial : 1.° sur les droits de la femme d'un commerçant failli; 2.° sur ceux d'un mari dont la femme commerçante est tombée en faillite.

Art. Ier *Droits de la femme d'un commerçant failli.*

1223. Sous quelque régime que la femme ait été mariée, elle peut reprendre en nature les immeubles qu'elle avoit en se mariant et qu'elle n'a point fait entrer en communauté; ceux qui lui sont survenus par succession, donation ou legs; ceux enfin qui ont été acquis soit par elle, soit en son nom, de deniers provenans de la même source. Mais il faut qu'elle justifie que ces biens lui appartenoient avant le mariage, ou des titres en vertu desquels ils lui sont provenus. S'ils ont été achetés en son nom pendant le mariage, l'origine des deniers doit être constatée par inventaire ou tout autre

Com. { 545.
{ 546.

acte authentique, et par la déclaration d'emploi
expressément stipulée dans les contrats d'acquisition.

Si le mari n'avoit point fait constater
légalement cette origine et cet emploi de
deniers, la femme ne seroit pas fondée, comme
dans le droit civil, à recourir aux simples renseignemens; la présomption légale établie en
faveur des créanciers de la faillite, est que les
Com. 547. biens acquis par la femme ont été payés des
deniers du mari et appartiennent à celui-ci. Il
faut donc que la femme fournisse la preuve
de sa propriété, et encore, lorsque cette preuve
a été faite, la reprise n'a lieu qu'à la charge des
dettes et hypothèques dont elle aura pu laisser
gréver lesdits biens par conventions ou con-
Com. 548. damnations, même pour dettes du commerce
de son mari, sans qu'elle ait droit à aucune indemnité contre la masse de la faillite.

Par suite de ces principes, quand la femme,
même séparée ou mariée sous le régime dotal
Com. 550. a payé quelques dettes de son mari commerçant, la présomption, jusqu'à ce qu'elle prouve
le contraire, est, nonobstant toute subrogation,
qu'elle a fait ces paiemens avec les deniers de
son mari; elle n'a, en conséquence, aucune
répétition contre la masse.

Quoiqu'il ne soit pas contraire aux principes
du droit commun que la femme séparée ou
mariée sous le régime dotal ait en propre des

effets mobiliers, tels que linge, hardes, bijoux, diamans, vaisselle, etc., etc., et que de simples déclarations du mari, ou des preuves non authentiques puissent être invoquées contre lui ou ses héritiers, on présume, quand il y a faillite, que toutes ces choses ont été acquises des deniers du mari seul; la femme n'a droit qu'aux habits et linge nécessaires à son usage. Com. 554.

Quant aux bijoux, diamans et vaisselle que le contrat de mariage justifieroit lui avoir été donnés par tout autre que par son mari, elle peut les reprendre, pourvu toutefois, si elle est commune, que ces objets aient été stipulés propres. Il en est de même de ceux qu'elle prouveroit lui être provenus pendant le mariage à titre héréditaire seulement. On n'a point accordé la même faveur aux donations. Ce titre est souvent suspect par la possibilité que le mari donne à un tiers qui donneroit ensuite à la femme.

Tous les avantages faits à la femme par son mari sont perdus pour elle, quand même ils seroient réciproques; à la différence de la femme mariée à un non-commerçant, qui, alors même que son mari décéderoit insolvable, jouiroit de tous les avantages que lui assureroit son contrat, et auroit une hypothèque légale à compter de la célébration du mariage. Le seul équivalent que la femme du commerçant reçoive dans ce cas, consiste en ce que les Com. 549.

avantages qu'elle a faits à son mari, sont également révoqués.

S'il s'agit, pour la femme, de répéter les deniers ou effets mobiliers qu'elle justifie, par actes authentiques, avoir apportés en dot, ou le remploi de ses biens aliénés pendant le mariage, ou l'indemnité des dettes par elle contractées avec son mari, ou des sommes qu'elle justifie avoir employées au paiement des dettes de celui-ci, elle n'a hypothèque que sur les immeubles qui appartenoient à ce dernier à l'époque du contrat de mariage. Les biens sont censés avoir été acquis avec l'argent des créanciers, et cette considération fait préférer ces derniers à la femme.

Com. 551.

C'est en cela qu'il existe une grande différence entre les droits de la femme d'un commerçant failli, et ceux d'une autre femme ; l'hypothèque légale de cette dernière, pour les répétitions de ce genre, frappe, tant les biens appartenans au mari à l'époque du contrat de mariage, que ceux acquis postérieurement. Du reste, le rang de l'hypothèque légale de la femme d'un failli, relativement aux droits qui ne lui sont pas enlevés, n'est pas moins avantageux que celui de l'hypothèque de toute autre femme ; et même il n'est pas nécessaire qu'elle ait fait prononcer sa séparation de biens pour les exercer.

Tout ce qui vient d'être dit s'applique à la

femme dont le mari n'étoit pas commerçant mais étoit fils de commerçant, si par la suite il entreprend le commerce ; ou dont le mari, sans profession déterminée lors du mariage, et même n'étant pas fils de commerçant, entreprend le commerce dans l'année de sondit mariage.

Com. $\begin{cases} 552. \\ 553. \end{cases}$

1224. Les créanciers particuliers de la femme, ou ceux qui, étant créanciers du mari, ont aussi la femme pour obligée, peuvent exercer ses droits. Il est donc extrêmement important de ne pas confondre les notions, en considérant comme commerçante la femme d'un commerçant. On peut dire, en général, par suite des principes expliqués, n. 63, que lorsque le mari fait le commerce, la femme n'est pas commerçante.

La différence est grande. Si la femme est commerçante et en faillite, ses créanciers particuliers, qui l'ont pour obligée, ne peuvent plus exercer ses droits, puisqu'elle est débitrice de tous les engagemens du commerce. Si elle n'est pas commerçante, elle se porte créancière de son mari, suivant les règles expliquées en ce paragraphe, et ses créanciers personnels peuvent exercer ses droits.

1225. Il ne faut pas perdre de vue que ces

restrictions ne sont établies qu'en faveur des créanciers, que ni le mari, ni ses héritiers ne pourroient les invoquer, et qu'enfin ils ne s'appliquent qu'aux faillites. Si un commerçant avoit joui de tout son crédit jusqu'à son décès, si l'on ne parvenoit pas à le faire déclarer en faillite après sa mort, quel que fût l'état d'insolvabilité de sa succession, les créanciers ne pourroient s'opposer à ce que la femme exerçât tous les droits qu'elle peut prétendre d'après la législation civile.

Art. II. *Droits du mari dont la femme commerçante est en faillite.*

1226. Lorsque la femme seule est commerçante, elle seule aussi peut être déclarée en faillite. Mais la position de son mari est déterminée par le régime sous lequel ils se sont unis.

S'il y a communauté, le mari est, comme on l'a vu, n. 66, associé de sa femme, et ce que nous avons dit sur les sociétés et la faillite des sociétés, prouve qu'il est tenu indistinctement de toutes les dettes.

S'il n'y a pas communauté, il en est de même : la femme ne gagnoit que pour le mari.

S'il y a séparation de biens, la femme, sans doute, est seule obligée ; mais on devra faire un examen attentif de ses livres, pour connoître si ses gains, ou si quelque partie de son actif n'ont pas tourné au profit de son mari, au-delà de la proportion fixée par le contrat de mariage ou du tiers qu'elle doit verser à défaut de stipulation, pour subvenir aux charges Civ. 1537. du ménage, et les tribunaux devront être extrêmement en garde contre les abus de confiance ou détournemens que le mari pourroit commettre au préjudice des créanciers.

CHAPITRE VII.

Des Actions révocatoires d'Actes faits en fraude des Créanciers.

1227. Les syndics provisoires doivent considérer comme une de leurs principales et plus importantes attributions, de poursuivre l'annullation ou la révocation des actes faits en fraude des créanciers.

Lorsque ces actes auront eu pour objet de créer des obligations à la charge de la faillite, ce sera par des exceptions et en contestant les prétentions des créanciers, à mesure qu'ils se présenteront à la vérification. Mais souvent ces actes ont diminué l'actif par des aliénations, cessions, abdications de droits : ceux qui en ont profité ne viennent rien demander ; il leur suffit

23 *

qu'on les laisse paisibles ; une action principale est donc nécessaire, et c'est un devoir
pour les syndics de l'intenter : à leur refus
ou en cas de leur silence , des créanciers
peuvent former la demande en leur nom.

Nous avons déjà fait connoître, n. 1131 et
suivans, les présomptions légales en vertu
desquelles certains actes étoient frappés de
nullité. Il ne s'ensuit pas que tous autres
actes soient valables de plein droit. Le principe que tout ce qui est reconnu fait en
fraude des créanciers doit être annullé, subsiste dans toute sa force, et doit être ap-
Com. 447. pliqué non-seulement par les tribunaux de
commerce dans les matières de leur compétence, ou par les tribunaux civils dans
les autres matières, mais même par les cours
de justice criminelle saisies d'une plainte en
banqueroute frauduleuse, fondée sur des
actes qu'on prétendroit simulés, parce que
l'attribution de ces cours consiste, en un
tel cas, à juger l'acte dont la confection
constitue le délit.

Nous allons essayer d'offrir quelques notions qui pourront servir de guide dans une
matière où les circonstances peuvent singulièrement modifier les raisons de décider.

1228. Les créanciers ne sont pas appelés
par le débiteur pour concourir aux acte

dont le résultat est d'anéantir leurs droits en dissipant sa fortune. Plus ils ont d'intérêt à ce que ces actes n'aient pas lieu, parce qu'il doit en résulter une lésion pour eux, plus le débiteur qui cherche à les tromper, et les complices de ce débiteur qui ont voulu soit s'enrichir par des acquisitions déguisées ou faites à vil prix, soit l'aider dans la soustraction de son actif, etc., prendront de précautions pour couvrir leur fraude d'une apparence de justice.

La fraude consiste rarement dans un acte particulier; elle est une série de combinaisons perfides : variée comme les intérêts, les ressources, le génie de ceux qui la commettent, elle arrive à son but à pas lents et mesurés, et, dans sa marche timide et circonspecte, elle ne se développe que par degrés.

Il est donc juste que les magistrats se contentent d'indices, de présomptions dont l'appréciation est nécessairement laissée à leur conscience, parce qu'on n'appelle pas de témoins pour commettre la fraude, qu'au contraire on pense bien plus à se dérober à tous les yeux.

Civ. 1353.

La position des parties avant et après les actes attaqués, le caractère des conventions et la qualité des personnes qui les ont contractées, les lieux où les actes ont été passés, leur nombre et le temps dans lequel ils ont été faits, sont autant de circonstances qui rendent la fraude plus ou moins vraisemblable.

1229. Il est sur-tout une règle d'une grande importance à considérer, il faut savoir si l'acte attaqué est intéressé de part et d'autre, c'est-à-dire, s'il annonce qu'un équivalent ait été donné par celui qui le fait valoir, ou si cet acte lui procure un avantage gratuit. Dans ce dernier cas, le seul fait que les créanciers perdent, est un motif pour enlever à celui qui l'invoque une faveur qui l'enrichit; telle seroit une renonciation à quelqu'usufruit, un abandon anticipé de biens grevés de restitution, le silence gardé sur la prescription.

Civ. { 622. 1053. 2225.

Si l'acte annonce, au contraire, qu'un équivalent a été reçu par le failli, cet acte n'est susceptible d'être annullé sur la demande des créanciers, que s'il paroît aux juges porter des caractères de fraude, tant de la part du failli que de la part de celui qui a traité avec lui. Si donc on prouve seulement une intention de fraude de la part du failli, et que la bonne foi de ceux avec qui il a traité soit reconnue, il en résulte bien contre le débiteur une présomption de banqueroute frauduleuse, mais l'acte reste valable dans l'intérêt de l'autre contractant.

Com. 444.

S'il s'agissoit d'un jugement lors duquel le failli ne se seroit pas défendu, ou se seroit mal défendu, la seule considération du tort qui en résulteroit pour les créanciers ne suffiroit pas, pour le faire considérer comme non avenu ; ils n'auroient que l'usage des voies de droit, telles que les avoit le failli ; car une tierce-opposition ne seroit pas recevable, puisqu'ils n'étoient pas du nombre des personnes qui auroient dû être appelées.

On sent qu'il en seroit autrement du jugement rendu depuis le dessaisissement ; ce que nous avons dit, n. 1118 et suiv., suffit à cet égard.

Les tribunaux ne doivent point oublier aussi que la seule crainte de la fraude ne peut pas être une source d'injustices. Ainsi, quoique la proximité de la parenté entre l'acheteur et le vendeur, puisse donner lieu à des soupçons de collusion, cette circonstance ne suffiroit pas seule pour annuller la vente d'un immeuble que le failli auroit faite à son frère, quand même cet immeuble seroit le seul qu'il possédoit.

Mais une vente, fût-ce de marchandises, que feroit le failli hors de son domicile et en cachette, à une personne envers qui il seroit redevable de sommes non-échues, si cette personne n'a aucun besoin pour son commerce ou ses affaires des choses que

lui vend son débiteur , offriroit de légitimes soupçons qui porteroient à l'annuller.
Une vente , même à une personne qui fait
commerce des objets achetés et en qui ne
se rencontreroit point la qualité de créancier,
présumé vouloir se faire payer par anticipation, présenteroit moins de matière aux
soupçons, elle pourroit cependant être annullée, si d'autres circonstances portoient à
croire qu'elle n'est pas sincère, par exemple,
si les marchandises n'avoient pas encore été
livrées, si le vendeur étoit resté en jouissance, avec relocation et faculté de réméré;
ce qui feroit de cette vente apparente un
prêt sur nantissement déguisé; si l'acheteur
n'avoit encore ni facture, ni lettre de voiture. A plus forte raison s'il s'agissoit d'une
créance dont la propriété n'est transférée
que par la signification du transport, la
vente, même avec date certaine, faite de
bonne foi et dans un temps utile, n'en seroit
pas moins privée de tout son effet.

1230. Les créanciers sont toujours admissibles à attaquer ainsi les actes de leur
débiteur , encore que celui-ci n'y fût pas
recevable. La fin de non-recevoir qui mili-
teroit contre lui proviendroit de ce que nul
n'est admis à invoquer l'intention qu'il a eue
de violer la loi pour se dispenser d'exécuter

l'acte qu'il a souscrit, et l'on sent que cette exception ne sauroit être opposée à la masse de ses créanciers.

Il ne faut pas perdre de vue, au reste, que ces nullités ne sont prononcées que dans l'intérêt des créanciers du failli, qui, seuls, peuvent les provoquer, sans qu'elles puissent jamais être demandées par lui, ni par ceux qui ont traité avec lui dans l'acte attaqué.

Elles n'empêchent point, aussi, l'exercice d'autres moyens de rescision, tels que ceux que fourniroient le dol, l'erreur, la violence, la lésion, dans les cas où ils peuvent être invoqués, puisqu'alors le failli lui-même seroit admis à les faire valoir, s'il avoit l'administration de ses biens.

1231. Lorsque la fraude est prouvée, quelle que soit la date de l'acte, il doit être annullé. Ce n'est plus ici le cas d'une présomption, fondée sur la seule proximité de la faillite. Néanmoins, cette annullation n'a lieu que, sauf le droit des tiers étrangers à la fraude. Ainsi, le failli a souscrit une lettre de change en fraude de ses créanciers; celui au profit de qui il l'a tirée, l'a endossée au profit d'un tiers : si la fraude est prouvée à l'égard de l'endosseur, et qu'elle ne le soit pas à l'égard du porteur, ce dernier figurera dans la faillite, et viendra par contribution;

mais le premier sera tenu d'indemniser la masse des créanciers, de ce qui sera payé au porteur pour son dividende.

CHAPITRE VIII.

Du Concordat.

1232. Les créanciers d'un failli ont intérêt à faire un arrangement quelconque, plutôt que d'éprouver les lenteurs et les embarras d'une union qui finit presque toujours par consumer la fortune du débiteur. Mais comme rarement tous sont d'accord, et qu'il est naturel de présumer que le plus grand nombre a pris les arrangemens les plus convenables à l'intérêt commun, on a cru devoir faire céder la volonté de la minorité à celle de la majorité; les présens ont été admis à décider pour les absens.

Cette minorité, ces absens doivent, au moins, avoir l'assurance que de sages précautions, de mûres réflexions ont dirigé ceux dont le vœu doit faire leur loi.

Tel est l'objet des règles prescrites pour la validité du concordat.

Dans une première section, nous allons parler de l'assemblée des créanciers nécessaire pour le former; dans la seconde, nous verrons comment il doit être délibéré; la troisième traitera des oppositions dont il est susceptible; la quatrième, de son homologation.; la cinquième, des suites et effets de cette homologation.

Section première.

De l'Assemblée des Créanciers.

1233. Dans les trois jours qui suivent l'expiration des délais prescrits pour l'affirmation des créanciers qui se sont fait connoître à la vérification, et sans qu'il soit nécessaire d'attendre l'expiration du nouveau délai que nous avons dit, n. 1186, être accordé aux créanciers établis en demeure, les syndics provisoires convoquent par lettres, affiches et insertion aux journaux, ceux dont les créances ont été admises, à comparoître en personne ou par fondés de pouvoirs. Le lieu, jour et heure de cette assemblée sont indiqués par le commissaire, qui peut, suivant les circonstances, par exemple, s'il existoit quelque prévention de banqueroute contre le failli, dont il est probable qu'il pourra se justifier, différer le jour, jusqu'à ce que l'instruction ait fait connoître si le débiteur n'est pas victime de quelques fausses apparences ou de la calomnie.

Com. 514.

Il ne doit, au reste, autoriser la convocation, qu'autant qu'il s'est assuré que tout
ce qui a été précédemment prescrit sur la
Com. 519. formation du bilan, l'inventaire, l'affirmation
et vérification des créances a été exécuté
régulièrement.

L'assemblée se forme sous sa présidence.
Com. 515. On n'admet personne qui n'ait fait vérifier
et n'ait affirmé sa créance. Ainsi, ceux à qui
l'on auroit contesté leur qualité de créancier lors de la vérification, et dont les droits
ne seroient pas encore jugés, ne peuvent se
présenter; mais il n'en seroit pas de même,
si, tout en reconnoissant cette qualité, on
ne contestoit que la quotité de leurs prétentions. Ils peuvent, s'ils le requièrent, se faire
établir provisoirement, et pour le calcul de
l'intérêt à la délibération, comme créanciers
de la somme que les syndics consentent leur
allouer. On se décideroit ici par analogie
Pr. $\begin{cases} 534 \\ 535. \end{cases}$ de ce qui a lieu en matière de reddition de
comptes.

Le failli, lorsqu'il a obtenu un sauf-
Com. 516. conduit, est appelé à cette assemblée; il ne
peut se dispenser de paroître en personne
que pour des motifs jugés valables par le
commissaire. Faute par lui de se présenter,
ou, quand il est excusé, d'envoyer un fondé
de pouvoirs, il est constitué en prévention
de banqueroute, et un concordat ne peut

avoir lieu. Du reste, il peut se faire assister
d'un conseil.

Le commissaire vérifie les pouvoirs. Les
syndics rendent, en sa présence, compte à Com. 517.
l'assemblée de ce qui a été fait jusqu'à ce
moment, et de l'état de la faillite.

Lorsque, dans l'exposé ou dans les observations faites par quelque créancier, le juge-
commissaire découvre que certaines opéra- Com. 519.
tions ont été omises ou sont irrégulières,
il doit ordonner qu'on les recommence, et
ajourner l'assemblée jusque-là, sans permettre
de passer outre.

1234. Le failli ou son fondé de pouvoirs,
suffisamment autorisé, peut proposer un concordat. On procède alors comme il sera dit
dans la section suivante.

Mais si l'assemblée, après avoir attendu le
temps que le commissaire juge à propos de
fixer, n'est pas assez nombreuse pour offrir
le nombre de votans capables de former la
majorité d'intérêts et de voix que nous verrons
être requis pour arrêter un concordat, ou si
le failli ne se présente ni en personne ni par
un fondé de pouvoirs, on forme un contrat
d'union de la manière que nous indiquerons
dans le chapitre suivant.

Le commissaire dresse procès-verbal de Com. 518.
tout ce qui se passe dans cette assemblée,

sans que l'intervention d'un notaire soit requise pour ceux qui ne savent ou ne peuvent
signer : mais quelques résolutions qu'il con-
tienne, cet acte n'est qu'authentique et non
exécutoire ; on a vu n. 242, en quoi consistoit cette différence.

SECTION II.

Comment doit être délibéré et arrêté le Concordat.

1235. Dans la règle, le concordat devroit
être l'ouvrage de tous les créanciers ; mais les
considérations que nous avons indiquées n.
1133, ont dicté certaines précautions, dont
quelques-unes ont pour but d'éloigner de la
délibération les créanciers qui n'ont pas un
intérêt assez direct à balancer avec impar-
tialité les propositions du failli.

Ainsi, le droit de délibérer est refusé aux
créanciers hypothécaires utilement inscrits.
Comme ils trouvent dans leurs hypothèques
la sûreté de leurs créances, ils pourroient
voter impunément des remises considérables
qui ne seroient supportées que par les seuls
créanciers chirographaires.

Mais il peut arriver souvent que des créanciers hypothécaires, craignant de n'avoir
qu'une sûreté incertaine ou incomplète, soit
parce que les frais d'expropriation et d'ordre

Com. 520.

diminueront considérablement le prix des immeubles, ou l'absorberont, soit parce qu'une autre créance plus ancienne, ou quelques priviléges les primeront, désirent être admis dans la délibération avec les chirographaires.

Cette chance d'une diminution par les frais qui peuvent avoir lieu, ne nous semble pas devoir être prise en considération ; elle a pu être prévue. La position du créancier qui prouveroit par une estimation ou tous autres moyens admis dans le droit civil, l'insuffisance des biens hypothéqués, pour que sa créance soit colloquée en ordre utile, seroit plus fa-vorable ; le juge-commissaire, ou, s'il croit devoir en référer, le tribunal de commerce décideroit pour quelle somme ce créancier sera admis.

Dans l'un et l'autre cas, au surplus, le créancier qui renonceroit à son droit d'hy-pothèque, devenant de plein droit chirogra-phaire, aucun motif ne pourroit s'opposer à ce qu'il prît part à la délibération.

La même exclusion et les mêmes modifi- Com. 520. cations s'appliquent au créancier muni d'un gage, et l'analogie porte à les étendre aux privilégiés, puisque, d'un côté, sûrs d'être payés avant les autres, ils sont présumés pouvoir plus facilement voter des sacrifices qui ne pèseront pas sur eux, et que, de

l'autre, ils ne peuvent être tenus de se soumettre aux remises que votera la majorité.

Le droit de délibérer appartient du reste
aux chirographaires sans distinction; et sous
ce nom sont compris non-seulement les créanciers porteurs d'un titre non authentique,
mais tous ceux qui ne sont pas hypothécaires, soit parce qu'une hypothèque ne
leur a été ni accordée, ni consentie, soit
parce que l'hypothèque que le titre de leur
créance accordoit n'a pas été valablement
inscrite. L'inscription étant, comme on l'a
vu, n. 1136, une formalité nécessaire pour
rendre efficace l'hypothèque qui n'en est pas
dispensée spécialement, ces espèces de créanciers ne font pas une classe particulière pré-
préférable à ceux qui n'ont que des titres
non-hypothécaires : ils doivent être confondus avec ces derniers, et ne participer
aux distributions qu'au *prorata* de leur
créances.

La parenté avec le failli quelque proche
qu'elle soit, n'est point une raison qui exclue
du droit de délibérer et de compter dans le
nombre de voix requis. La justice est rassurée
par la vérification de la créance.

1236. Le concordat ayant été considéré
comme une faveur accordée au failli de
bonne foi, il n'a pas paru convenable, quoiqu'il

cependant les créanciers puissent en être quelquefois victimes, d'y admettre un homme en prévention de banqueroute.

Mais la seule existence d'une plainte sur laquelle le ministère public n'auroit pas cru devoir suivre, ne suffiroit pas pour empêcher le concordat; et si la cour criminelle ou le tribunal correctionnel avoit acquitté le failli de l'accusation, cette décision seroit réputée chose jugée entre tous les créanciers, qui ne pourroient plus s'en faire, dans la suite, un moyen d'opposition.

1237. Le concordat n'est valablement consenti que par la majorité des créanciers présens, pourvu que les sommes dues aux personnes qui forment cette majorité égalent les trois quarts de tout le passif vérifié, sans en déduire même les sommes dues aux créanciers qui ne peuvent pas figurer au concordat, pour les motifs qui viennent d'être expliqués. Com. 519.

Cet acte doit être signé séance tenante ; ce qui ne suppose pas toutefois qu'il ne puisse y avoir qu'une seule séance ; la lecture des pièces, l'exposé des propositions, leur discussion pouvant exiger plusieurs jours. Mais ces opérations doivent avoir lieu dans une réunion des créanciers, et le concordat doit être signé dans la séance même où il a été arrêté, sans pouvoir être revêtu de signatures Com. 522.

obtenues isolément. Si néanmoins le nombre requis avoit signé, séance tenante, l'adhésion postérieure de quelques autres isolés ne seroit pas un vice dans le concordat.

Si dans la première séance où l'on va aux voix sur l'ensemble et l'adoption définitive du concordat, il y a majorité en nombre pour le consentir, mais que cette majorité ne fasse pas les trois quarts en somme des créances, la délibération est continuée à huitaine pour tout délai.

Si toutefois quelqu'événement de force majeure empêchoit la réunion; par exemple, si un créancier de mauvaise humeur rendoit plainte contre le failli, et qu'une détention ou une instruction suivît cette plainte, le juge-commissaire pourroit dans sa prudence ajourner les créanciers à un jour qu'annonceroient de nouvelles invitations, afin que dans le cas où la plainte seroit jugée mal fondée, on pût reprendre la suite du concordat.

Tout ce qui a été fait dans la première séance est considéré comme existant provisoirement, et oblige ceux qui l'ont signé, sans qu'il soit nécessaire de les appeler à la seconde; mais si, à la nouvelle assemblée, on n'a pas la signature des trois quarts en somme, le traité devient nul.

Le commissaire est chargé de veiller à ce

qu'il ne soit point fait de concordat, sans ob- Com. 521.
server toutes ces règles.

Aucune formalité particulière n'est requise,
quand des mineurs ou interdits sont intéressés. Quoiqu'à la rigueur on puisse considérer un concordat comme une transaction,
les formes dont il est entouré et l'intervention
de la justice dispensent le tuteur de recourir
à une assemblée de famille et à une autorisation spéciale.

1238. Il arrive assez souvent que des créanciers, dont la voix est nécessaire pour que
le concordat ait lieu, vendent en quelque
sorte leur consentement au débiteur, en se
faisant souscrire des billets ou autres engagemens qui deviennent un supplément du dividende que doit leur assurer le concordat. Il
n'est pas douteux que si les tribunaux acquéroient la preuve qu'un engagement de cette
sorte, soit antérieur, soit postérieur au concordat, a eu la cause qui vient d'être indiquée, toute action devroit être déniée au prétendu créancier. C'est la conséquence des
principes expliqués n.º 178. Mais l'adresse
de ceux qui agissent ainsi, déjoue presque
toujours la prudence des juges.

SECTION III.

Des Oppositions au Concordat.

1239. S'il est vrai que dans cette matière, le voeu de la majorité lie la minorité ou les absens, cela ne doit s'entendre qu'autant que l'autorité de la justice supplée au défaut de consentement de ces derniers. De là est venue la nécessité de l'homologation qui fera l'objet de la section suivante.

Il étoit juste, par conséquent, de laisser aux intéressés le droit d'éclairer le tribunal sur les vices que pourroit offrir le concordat. Tel est le but des oppositions.

Le droit d'en former appartient à tout créancier, même à ceux qui auroient signé le concordat, parce qu'ils ne sont présumés avoir voulu consentir qu'un acte régulier; et qu'ils n'avoient dans l'assemblée aucun moyen de contraindre le commissaire à ne point s'écarter des formes prescrites. A plus forte raison, ce droit appartient au créancier qui a refusé d'y accéder, ou même qui n'a pas assisté aux délibérations, pourvu qu'il soit vérifié et qu'il ait affirmé sa créance; autrement il n'est pas réputé créancier aux yeux de la justice, et ne sauroit être admis à critiquer un acte auquel il n'auroit pas eu droit de concourir.

1240. Les opposans sont tenus de faire signifier leurs oppositions aux syndics et au failli, dans la huitaine du jour que le con- Com. 523. cordat a été signé. Ce délai n'est point prorogé en raison des distances ; chaque créancier, averti depuis long-temps, a pu charger un fondé de pouvoirs, ou se tenir sur ses gardes. Il n'est point également nécessaire de mettre chaque créancier en demeure par des significations individuelles, et l'on n'accorde aucune faveur à ceux qui n'auroient pas été présens à l'assemblée , par des motifs qui, dans d'autres circonstances , seroient considérés comme excuses valables.

Cette voie d'opposition est indispensable pour empêcher l'homologation du concordat. Quelles que soient les irrégularités qu'on fasse valoir, une protestation, quand même elle auroit été faite dans l'assemblée, une plainte en banqueroute quoique rendue antérieurement au concordat, ne peuvent en tenir lieu. Ainsi, un créancier qui n'auroit pas formé opposition, ne pourroit rétracter sa signature en se fondant sur ce qu'un autre est opposant, ni même intervenir dans la contestation, si lui-même n'avoit pas fait opposition dans la huitaine qui suit le jour de la clôture du concordat.

1241. L'opposition doit être motivée à

peine de nullité. Ce que nous avons dit sur
les conditions requises pour qu'un concordat ait lieu, et sur les formes, apprend aisément en quoi les moyens d'opposition
peuvent consister.

Ainsi, lorsque par une incurie qui seroit
répréhensible, le juge-commissaire aura
laissé délibérer le concordat avant que les
opérations de vérification et affirmation de
créances aient eu lieu; lorsqu'il l'aura laissé
passer à un nombre de voix moindre que
celui qui est requis, ou que le projet d'arrangement aura été colporté; lorsqu'il aura
toléré que la délibération soit prorogée au-
delà de huitaine, hors les cas que nous avons
prévus; enfin lorsqu'il ne se sera pas opposé
à ce qu'on passe outre au concordat avec un
failli contre qui est dirigée une procédure en
banqueroute, ou qui a été condamné pour
ce délit, ces vices du concordat sont autant
de moyens d'opposition.

L'accomplissement postérieur des formalités qui ont dû précéder l'assemblée, la
rectification des vices qu'elles contenoient,
faite postérieurement, n'apporteroient aucun
obstacle à l'emploi de ces moyens.

Mais si la présomption de faillite qui auroit
existé lorsqu'on a signé le concordat, n'étoit
dissipée par l'examen ou par le jugement de
l'accusation, que postérieurement à la signa-

ture de cet acte, l'opposition fondée sur ce qu'on auroit passé outre, nonobstant cet état de prévention, seroit inadmisssible; car toute décision de la justice qui déclare l'innocence, a un effet rétrocatif, et la capacité n'en a pas moins existé, quoiqu'elle fût susceptible d'être contestée.

Les mêmes principes peuvent montrer comment la nullité fondée sur l'inobservation des règles relatives à la défense de faire concourir au concordat les créanciers hypothécaires ou munis d'un gage, peut être appliquée : il est évident que, si indépendamment de ces créanciers, il s'étoit trouvé un nombre suffisant de ceux qui ont droit de délibérer, cette irrégularité, n'ayant causé aucun tort, ne seroit pas considérée.

1242. Les contestations auxquelles les oppositions donnent lieu, sont instruites contre les syndics et le failli, et jugées par le tribunal de commerce, lorsqu'elles sont fondées Com. 635. sur des actes ou opérations dont la connoissance lui est attribuée par la loi. Dans tous les autres cas, elles sont jugées par le tribunal civil du domicile du failli. Ces jugemens sont, comme tous autres, susceptibles d'appel.

L'opposition admise n'est point, dans tous les cas, un obstacle à ce qu'un concordat ait lieu. Si elle n'a été accueillie que pour des vices de forme, pour défaut de conditions préalables, etc., on peut, en rectifiant ce qui étoit vicieux, procéder à une nouvelle délibération. Ce n'est que l'annullation fondée sur ce que le concordat auroit été fait dans des cas où la loi ne permet pas qu'il ait lieu, qui empêche de recommencer.

SECTION IV.

De l'Homologation du Concordat.

1243. L'homologation est indispensable pour rendre le concordat obligatoire, même à l'égard de ceux qui l'ont signé.

Com. 524.

Le droit de la provoquer appartient au débiteur et à ses créanciers, représentés par les syndics; car ils sont intéressés à ce qu'un traité qu'ils ont sans doute combiné de la manière la plus avantageuse pour eux, dans les circonstances, reçoive son exécution.

Elle est portée au tribunal de commerce saisi de la faillite, quand même tous les créanciers ne seroient pas ses justiciables, parce que, dans ce cas, la qualité du failli fonde la compétence.

Com. 635.

Cette demande ne peut être formée qu'après l'expiration de la huitaine accordée pour faire les oppositions dont il a été parlé dans la section précédente.

S'il y a eu opposition signifiée, et qu'elle ait été rejetée, l'homologation doit être poursuivie dans la huitaine du jour que le jugement a été prononcé. Néanmoins, l'opposition au défaut, ou l'appel signifié avant la huitaine dont il vient d'être parlé, suspendroit l'homologation. Au contraire, si l'appel n'étoit interjeté qu'après cette huitaine, et que l'homologation eût été requise avant qu'il ait été signifié, le tribunal de commerce ne seroit pas obligé de suspendre; mais on sent bien que si, en définitif, le jugement qui a rejeté l'opposition au concordat étoit infirmé, l'homologation se trouveroit sans effet.

Le jugement d'homologation n'est point rendu sur des plaidoiries contradictoires; le failli ou les syndics qui le demandent, n'assignent, pour le voir prononcer, ni les créanciers non signataires, ni ceux qui ont accédé, ni même ceux qui auroient formé opposition. .

Le demandeur présente une simple requête. Le tribunal doit vérifier si l'acte qu'on lui présente constate que les conditions nécessaires à la formation d'un concordat ont été remplies; s'il en établit la preuve, et qu'elle ne soit contestée par aucune opposition, formée à temps utile et pendante ou admise, il doit le considérer comme régulier.

Il peut cependant apprécier si le failli mé-

rite ou non cette grâce ; en conséquence,
Com. 526. examiner si les actes, livres, registres ou
papiers ne présentent pas des présomptions
de banqueroute, ou s'il n'existe pas une procédure sur ce délit, et dans ce cas, même
quand le failli auroit été absous, il a la faculté de refuser l'homologation. Il en est de
même, si la conduite du failli présente des
caractères d'imprudence, de dissipation,
d'agiotage.

Mais l'intérêt public ne force pas le tribunal à suppléer d'autres moyens, quand
même on n'auroit pas fait précéder le concordat des opérations que nous avons vu,
n. 1233, en être le préalable nécessaire. Toute
violation d'une forme ou d'une garantie de
l'intérêt privé demeure sans effet, lorsque
ceux en faveur de qui elles ont été intro-
duites ne les réclament point.

L'intérêt des absens ne l'exige même pas.
Tous les créanciers vérifiés avoient droit de
paroître à l'assemblée, s'ils ne se sont point
opposés, leur silence devient un acquiescement.

1244. Le refus d'homologation constitue de
plein droit en prévention de banqueroute, le
failli qui n'y seroit pas encore : il est renvoyé
devant le procureur du Roi, qui est tenu de
poursuivre d'office. Si, dans la suite, le failli

étoit acquitté, le tribunal de commerce ne seroit pas obligé, pour cela, d'homologuer le concordat ; il exerce, à cet égard, un pouvoir discrétionnaire, sauf au failli à user de la voie d'appel, comme nous le verrons plus bas.

Lorsque l'homologation est accordée, le tribunal déclare en même temps le failli excusable, et susceptible d'être réhabilité.

Com. 526.

1245. Le jugement d'homologation n'étant point rendu à la suite d'un débat judiciaire, ne peut pas être indistinctement attaqué par voie d'appel. Sans doute, ceux qui ont demandé cette homologation et ne l'ont pas obtenue, peuvent déférer le refus à la cour d'appel qui en apprécie les motifs, et n'a pas moins que le tribunal de commerce, droit de peser toutes les circonstances ; mais les créanciers contre qui cette homologation rend le concordat exécutoire, ne pourroient se rendre appelans, sous prétexte qu'elle auroit été accordée indûment et nonobstant les irrégularités, dès qu'ils n'ont fourni aucune opposition dans un temps utile, ou que leurs moyens ont été rejetés. Ce seroit une voie pour revenir contre le concordat après les délais : ils ne peuvent donc se pourvoir contre le jugement d'homologation que s'ils le prétendent nul en sa forme, ou s'ils articulent que l'homologation a été prononcée avant qu'il ait été statué sur leurs oppositions et au préjudice de la litispendance; encore l'appel ne nous sembleroit pas la voie admissible dans cette circonstance, puisque le jugement attaqué n'auroit point été contradictoire avec eux. Ils ne pourroient que former opposition comme dans le cas prévu, n. 1110, sauf à interjeter appel du jugement qui rejetteroit cette opposition.

Lorsque par suite d'une opposition, le jugement homologatif a été rétracté, le failli n'est pas irrévocablement privé du bénéfice du concordat; cet acte peut être représenté au tribunal qui a droit de statuer de nouveau sur l'homologation, lorsqu'on a réparé les irrégularités, ou après la décision des contestations, nonobstant lesquelles il avoit passé outre.

SECTION V.

Des suites de l'Homologation du Concordat.

1246. L'homologation met fin au dessaisissement et donne au failli le droit de reprendre l'administration de ses affaires et de son commerce.

Com. 525.

A cet effet, il doit faire signifier le jugement aux syndics, qui, sur cette signification,

sont tenus de lui rendre leur compte définitif
sans être obligés d'observer un intervalle
quelconque, qui laisse aux intéressés la
faculté d'attaquer l'homologation. Ce compte
est débattu et arrêté en présence du commissaire. En cas de contestation, le tribunal
de commerce prononce. Ils remettent également au failli les livres, papiers, et autres effets,
dont il leur donne décharge. Cet événement
fait alors cesser les fonctions des syndics,
ainsi que celles du commissaire, qui dresse
procès-verbal du tout.

Il pourroit toutefois arriver, d'après ce
que nous avons dit, n. 1244, que le jugement
d'homologation, quoiqu'exécuté, fût rétracté ou annullé par suite d'un appel postérieur à cette exécution. Quelque tort que
des créanciers prétendissent leur avoir été
causé par cette exécution, les syndics n'en
seroient point responsables, s'il n'y avoit
aucune faute ou aucun dol de leur part.

Quelquefois une des conditions du concordat est que le failli reprendra la direction
de ses affaires, et acquittera ses engagemens
sous la surveillance de commissaires de ses
créanciers, qui, le plus souvent, sont tous
ou quelques-uns des syndics provisoires.
Cette convention n'apporte aucun changement à ce qui vient d'être dit. Ce n'est
point en vertu de leur nomination par le

tribunal, mais par l'effet d'une délégation nouvelle et particulière, que ces personnes agissent.

1247. Par l'effet du concordat, le failli est pleinement libéré des dettes ou de la portion de dettes qui lui sont remises. En conséquence, il ne peut être ultérieurement inquiété à cet effet dans sa personne ou dans les biens qu'il viendroit à acquérir par la suite : les offres qu'il feroit de les payer malgré cette remise, ne produiroient d'obligation de sa part, en faveur des créanciers, qu'autant qu'elles auroient été acceptées en termes formels avant qu'il se rétracte.

Ce n'est qu'à l'égard des co-obligés solidaires du failli ou de ses cautions, que cette remise n'opère pas cet effet, comme nous l'avons vu, n. 223, car c'est précisément dans la crainte de n'être pas payé par un débiteur, qu'on exige des co-obligés ou des cautions.

Peu importe que le créancier ait consenti volontairement au concordat ; cela ne peut préjudicier en rien à son action contre la caution. En effet, ou la caution a formé opposition au concordat, ou non. Si elle n'y a pas formé d'opposition, c'est qu'elle a jugé qu'il étoit impossible de tirer meilleur parti du débiteur, et alors elle ne peut faire aucun reproche au créancier. Il en est de même si elle y a formé opposition et qu'elle en ait été déboutée ; il est alors jugé que le concordat est utile à la masse des créanciers. Si, au contraire, son opposition a été admise, le concordat est annullé, et l'adhésion du créancier devient alors une circonstance absolument indifférente.

Les codébiteurs ou cautions ainsi contraints de payer au créancier le complément de la dette, ne peuvent s'en faire acquitter par le débiteur. Ils subissent cette perte, comme y eût été forcé le créancier, s'il n'avoit pas eu de droits contre eux ; c'est la conséquence de ce qui a été dit, n. 1212.

1248. Le concordat ne nuit point aux hypothécaires pour ce qui tient à l'exercice de leurs hypothèques ; il est au contraire un titre en leur faveur pour être payés dans la proportion des chirographaires, sans préjudice de leurs droits sur les immeubles ; mais d'un autre côté, s'ils ont la contrainte par corps, l'effet du concordat est de leur ôter cette voie d'exécution, de la même manière qu'il l'enlève aux chirographaires.

L'homologation a un second effet, celui de convertir les créances chirographaires en créances hypothécaires, non pas en ce sens qu'elles concourent avec les hypothécaires qui les précèdent, mais en ce sens qu'elles deviennent hypothécaires vis-à-vis des créanciers postérieurs à l'ouverture de la faillite.

Cette hypothèque naissant du jugement d'homologation, est judiciaire; elle s'étend sur tous les biens présens et à venir du débiteur, mais elle n'a de rang que du jour de l'inscription, que les syndics, comme mandataires des créanciers, sont tenus de prendre, à moins de conventions contraires. Cette inscription est prise individuellement au profit de chaque créancier dénommé au procès-verbal d'admission des créances; ceux qui ne sont point comparus ont à s'imputer l'impossibilité dans laquelle sont les syndics de la prendre pour eux de la même manière. Néanmoins ce seroit une mesure convenable et de prudence, d'inscrire les créanciers inconnus pour les droits indéterminés que leur assure le concordat.

Civ. { 2171. 2134. }

Com. 524.

1249. L'effet du concordat ayant été d'abolir entièrement et absolument l'état de faillite et tous ses effets, si le débiteur manquoit par la suite à remplir ses obligations et cessoit de nouveau ses paiemens, cette position le constitueroit en une nouvelle faillite et ne feroit point revivre le dessaisissement produit par la précédente, ni les contraintes par corps qui existoient avant le concordat.

Ainsi les créanciers de la première faillite n'auroient aucun droit exclusif sur le mobilier qu'ils justifieroient avoir appartenu au failli avant le concordat et lui avoir été restitué par cet arrangement ; mais ils auroient tous à la même date sur tous les immeubles que le failli avoit alors ou qu'il auroit acquis depuis, une hypothèque judiciaire, placée immédiatement après la dernière des créances valablement inscrites de la première faillite.

1250. L'homologation rend le concordat obligatoire, même pour les créanciers qui, ayant droit d'y prendre part, ne l'ont pas consenti, encore qu'ils fussent absens et même inconnus. Le failli leur offrant l'exécution du concordat dans la proportion de ce qu'il reconnoît ou de ce qu'il est jugé leur devoir, toutes poursuites de leur part contre lui seroient mal fondées.

Il est obligé envers tout porteur de titres sur lui, sans pouvoir contester la vérité des créances admises, ou qu'il a portées en son bilan, qui devient un aveu écrit de sa part, sauf les exceptions du dol du créancier, ou d'une erreur, ou toutes autres qu'il auroit eues, indépendamment de son état de failli. Ainsi il ne peut opposer qu'elles n'ont pas été vérifiées, parce que la vérification n'est pas établie en sa faveur, mais dans l'intérêt des autres

créanciers. Vainement diroit-il que le procès-
verbal de vérification et d'affirmation ayant
été la base sur laquelle ont été fondées ses
propositions, et les engagemens qu'il a pris
ayant été le résultat de la comparaison des
dettes vérifiées , avec la totalité de l'actif,
ceux qui se présentent après coup sont présumés n'être pas créanciers sérieux. Ces
raisons ne seroient d'aucun poids. Un failli
ne peut ignorer ce qu'il doit, et puisque
nous avons vu, n. 1186, que le défaut d'affirmation dans les délais indiqués ci-dessus,
n'est pas une fin de non-recevoir absolue,
au profit de la masse, contre le créancier en
retard , à plus forte raison en est-il ainsi
quand le failli est rentré dans l'administration
de ses biens.

On sent qu'il n'en seroit pas de même de
celui qui auroit cautionné l'exécution du
concordat, s'il paroissoit qu'il n'a entendu le
cautionner que pour la somme des créances
vérifiées.

1251. Nous avons promis, n. 1104, d'examiner si, après la clôture d'un concordat,
on pouvoit encore s'occuper de fixer l'époque
d'ouverture de la faillite, soit parce que le
jugement déclaratif ne l'auroit pas fixée , soit
parce qu'il se présenteroit quelque motif de
la changer.

Ce cas ne peut que rarement se présenter
à l'égard des créanciers chirographaires ;
l'effet du concordat étant de restituer au failli
l'administration de sa fortune, et de faire
cesser la communauté d'intérêts de la masse
des créanciers, pour ne leur présenter d'autre
adversaire que leur débiteur, la date de la
faillite n'est plus importante ; quelles que
soient la date de l'obligation du failli, ou les
circonstances dans lesquelles elle ait été contractée ; les présomptions légales dont nous
avons parlé, n. 1131 et suiv., ne peuvent
être invoquées par lui; elles n'étoient que
dans l'intérêt des créanciers, les uns contre
les autres.

Le seul cas possible seroit celui où par le
concordat les créanciers se seroient réservé
certaines portions de l'actif, ou le bénéfice
présumé de quelqu'action révocatoire, et se
trouveroient, en attaquant des tiers, obligés
de discuter la véritable époque d'ouverture
de la faillite.

La question peut se présenter plus fréquemment entre des créanciers hypothécaires. Le concordat leur est étranger ; ils
peuvent continuer leurs poursuites sur les
biens, et lorsqu'il s'agira d'en partager le
prix suivant l'ordre des privilèges et hypothèques ; il sera quelquefois important de
juger si *tel* qui se dit hypothécaire n'a pas

acquis son hypothèque dans les dix jours antérieurs à l'ouverture de la faillite.

. La fixation du véritable jour de cette ouverture est, comme on le voit, d'une grande importance dans ces cas, et nous n'hésiterons point à croire qu'on ne puisse encore s'en occuper; savoir, si l'incident est élevé devant un tribunal civil, en renvoyant au tribunal de commerce, et si c'est devant ce tribunal, en décidant la question, comme toute autre semblable, d'après les règles données n. 1104, et suiv.

CHAPITRE IX.

Des Syndics définitifs et de l'Union.

1252. Les causes qui empêchent qu'il y ait un concordat sont au nombre de trois : 1.º la position du failli, qui ne permet pas d'user de cette voie, par exemple, s'il est déjà condamné pour banqueroute, ou si l'état de l'instruction et les présomptions qui en résultent sont telles que le commissaire s'oppose à ce qu'on délibère sur le concordat proposé ; 2.º si le concordat ayant été proposé et discuté, la majorité légale ne l'adopte pas ; 3.º si le concordat consenti régulièrement n'est pas homologué.

Il en est de même si le failli a, dès le moment même où sa faillite a été connue, pris le parti de faire cession de biens, suivant les règles que nous donnerons dans le titre sixième, ou s'il a eu recours à cette mesure, pendant les opérations de la faillite.

Les créanciers doivent, dans tous ces cas, former un contrat d'union. Il est impossible de supposer qu'ils s'y refusent, puisque c'est le seul moyen pour eux de se partager l'actif du failli.

Ce refus ne peut avoir une apparence de fondement, que dans le seul cas où ce dernier, pendant l'intervalle entre le rejet du concordat et l'assemblée où doit se former l'union, auroit trouvé des ressources pour payer ses créanciers, et seroit parvenu à les désintéresser tous par des sûretés ou autres moyens semblables, ce qui donneroit naissance à une question dont nous nous occuperons à la fin de ce chapitre. Il sera divisé en quatre sections.

SECTION PREMIÈRE.

Formation du Contrat d'union, et Nomination des Syndics définitifs.

1253. Les seuls créanciers admis et vérifiés peuvent concourir à la formation du contrat d'union ; mais il n'y a plus d'exclusion contre les hypothécaires et autres désignés, n ..., puisqu'il s'agit de prendre des mesures pour l'aliénation et la distribution du prix des biens du débiteur commun, auxquels ils n'ont pas moins de droits que les simples chirographaires. Le nombre des créanciers délibérant dans ce cas est indifférent; il ne s'agit plus de consentir des sacrifices, auxquels on ne peut condamner les refusans, qu'autant qu'une partie considérable des créanciers, le plus intéressés, les a jugés nécessaires. Il ne faut plus que prendre un parti sur l'intérêt commun, sans faire apporter aucun sacrifice conventionnel à qui que ce soit.

Par le même acte qui les constitue en union, les créanciers doivent procéder à la nomination de syndics définitifs. Nous n'avons, en ce qui concerne la forme de cette élection, rien à ajouter à ce qui a été dit, n. 1168; il nous suffit d'observer que les syndics provisoires peuvent être revêtus de cette qualité; que les élus, s'ils sont créanciers, ne peuvent refuser sans motifs légitimes dont le tribunal seroit appréciateur, parce qu'il s'agit de défendre les intérêts communs; et qu'enfin cette élection n'a pas besoin d'être confirmée par le tribunal.

Ils sont, du reste, révocables à la volonté des créanciers, sans qu'il y ait nécessité d'en faire juger les motifs.

Les créanciers doivent encore nommer pour

Com. 527.

recevoir toutes les sommes provenant des recouvremens, un caissier entre les mains de qui
tous les fonds de la faillite seront versés, qui
est, à cet égard, considéré comme un dépositaire, et ne peut s'en dessaisir que suivant les
règles dont nous parlerons ci-après.

1254. Le contrat d'union n'est pas soumis aux
conditions requises pour le concordat, et n'a pas
besoin d'être homologué, sauf à faire juger les
incidens, si quelque créancier contestoit l'exécution de cet acte, ou quelques opérations des
syndics.

Le juge-commissaire est tenu de rendre
compte de ces circonstances au tribunal, qui
prononce, comme dans le cas du concordat, Com. 531.
si le failli est ou non excusable, et susceptible
d'être réhabilité. Dar ; ce cas, le sauf-conduit
nous paroît devoir subsister ; les raisons d'hu-
manité et d'intérêt pour la masse, qui l'ont
fait accorder, restent les mêmes. Mais si le tribunal refuse de déclarer cette excuse, ou si
l'union a eu lieu par suite du rejet d'homologation du concordat, le failli est par cela seul
en prévention de banqueroute.

SECTION II.

De l'Administration des Syndics définitifs.

1255. Toutes les opérations de la faillite

devant être terminées par les syndics définitifs,
leurs fonctions sont, en général, de représenter la masse envers laquelle ils sont responsables de la même manière que nous avons vu
relativement aux agens et syndics provisoires.
Com. 528. Ils doivent recevoir, en présence du commissaire, le compte des syndics provisoires, dans
les vingt-quatre heures de leur nomination,
à moins que ce ne soient ces derniers qui aient
été nommés syndics.

Ils ont droit de procéder à la vérification du
bilan, ce qui les autorise à rechercher si quelques articles d'actif n'auroient pas été omis, si
quelques créances n'auroient pas été indûment
admises. Dans ce dernier cas, le créancier dont
ils contesteroient les droits ne peut leur opposer comme fin de non-recevoir qu'il a été
vérifié et qu'il a fait son affirmation; il n'y a
qu'un jugement passé en force de chose jugée,
qui feroit obstacle à cette nouvelle vérification.

Mais c'est aux syndics à prouver l'erreur ou
le dol par lesquels ils prétendroient qu'a été
causée l'omission ou l'injuste admission, tandis
que lors de la vérification des créances, qui a
fait l'objet du chapitre VI, c'étoit au créancier
à prouver les droits qu'il réclamoit.

Les syndics sont aussi les légitimes contradicteurs créanciers qui se présenteroient à la vérification après les délais indiqués, n. 1186;
enfin leur mission consiste à poursuivre, en

vertu du seul contrat d'union, et sans autres titres, la vente des meubles du failli, dans les formes dont nous avons déjà parlé.

1256. Sur ce mobilier, il est fait, même dans le cas où il y auroit prévention de banqueroute Com. 528. simple ou frauduleuse, distraction au profit du failli et de sa famille, des vêtemens, hardes et meubles nécessaires à l'usage de leurs personnes.

La proposition de cette remise appartient aux syndics, qui dressent l'état des objets, et proportionnent cette faveur aux circonstances et à la conduite du failli. L'approbation du commissaire suffit, sans qu'on ait besoin de recourir au tribunal.

Le failli peut également, pourvu toutefois qu'il n'y ait pas présomption de banqueroute, même simple, demander à titre de secours une somme sur ses biens. La quotité en est Com. 529. proposée par les syndics, et fixée par le tribunal, sur le rapport du commissaire, en proportion des besoins et de l'étendue de la famille du failli, et du plus ou moins de perte qu'il fait supporter à ses créanciers; mais jamais cette faveur ne peut aller jusqu'à lui accorder une jouissance d'immeubles en nature.

1257. Les syndics ont un caractère légal pour représenter la masse, sans que des autorisations ou délibérations spéciales ou le concours du failli soient nécessaires même pour plaider, ou pour interjeter appel.

Les significations de jugemens qui leur sont données, font courir les délais des recours dont ces jugemens peuvent être susceptibles, ce qui n'empêche pas qu'un créancier ne puisse à ses frais et risques les attaquer, comme on l'a vu, n. 981. Il ne faut pas néanmoins en conclure que s'il s'élevoit quelque contestation d'un créancier qui réclameroit une dette pour laquelle il seroit reconnu fondé et mis en certain rang, la décision rendue entre ce créancier et les syndics fût réputée chose jugée avec ceux au rang desquels il auroit été apporté quelque préjudice ou changement. Ce ne seroit plus là une affaire qui intéresseroit exclusivement la masse proprement dite, et le jugement n'auroit point l'effet de la chose jugée contre ceux dont l'intérêt particulier seroit de l'attaquer.

1258. Il peut y avoir lieu de convoquer l'union, c'est-à-dire, la totalité des créanciers vérifiés et affirmés pour délibérer sur certains objets importans, qui s'écartent de la nature des attributions des syndics. Dans ce cas, il est assez convenable que les convocations aient lieu par lettres à domicile, et avis dans les journaux. Les délibérations sont prises à la majorité absolue des voix.

Cette nécessité de convoquer les créanciers,

qui souvent se fait sentir aux syndics par pure
précaution, et afin de mettre leur responsabilité
à couvert, est même indispensable.

Si les syndics croient utile de traiter à forfait
des droits et actions dont le recouvrement n'auroit pas été opéré, et de les aliéner, l'autorisation du tribunal est requise, et le failli doit être
appelé à ce jugement, parce qu'il s'agit de com- Com. 563.
poser sur le montant de l'actif, dont la conservation l'intéresse toujours, puisque plus cet actif
produira de valeurs, et moins il redevra en
définitif.

Les syndics étant les mandataires de la masse,
lorsqu'ils déboursent quelques sommes, ils ont
droit d'en être payés avant quelque créancier
que ce soit, et s'ils sont condamnés à des dépens, la masse en est débitrice, sans qu'on
puisse les poursuivre, lorsque les deniers de la
faillite se trouvent insuffisans, à moins que le
jugement ne les ait, pour faute ou torts personnels, condamnés aux dépens en leur nom.

Mais il peut se faire que certaines opérations
des syndics obligent eux et la masse d'une manière plus directe et plus étendue.

Si une union de créanciers avoit pris ou
continué l'exploitation d'un établissement ou
d'une manufacture appartenant au failli, et que
les syndics eussent à cet effet contracté des engagemens, soit pour fournitures de matières
premières, soit pour causes semblables, les

créanciers seroient tous dans ce cas considérés comme indéfiniment responsables de tous les engagemens des syndics, et pourroient être poursuivis et condamnés comme des associés en participation, d'après les principes expliqués au titre second de ces sociétés.

SECTION III.

De la Distribution des Sommes recouvrées.

1259. La distribution des sommes que les recouvremens et le produit des ventes ont fait verser dans la caisse de l'union, doit occuper particulièrement les syndics.

On peut à cet égard considérer le mode de distribution des deniers produits par le mobilier ; le jugement des contestations qui y sont relatives ; la manière dont les paiemens s'effectuent, ce qui sera l'objet de trois paragraphes ; l'ordre du prix des immeubles étant soumis à des règles particulières, nous en traiterons dans un quatrième.

§. I.er

Comment est distribué le Prix provenant des meubles et autres recouvremens mobiliers.

1260. A mesure qu'il y a des deniers suffi-

Com. { 558. sans, les syndics doivent en faire la répartition
{ 559. entre les créanciers, suivant leurs droits. A cet

effet, ils sont tenus de remettre chaque mois au commissaire, un état de situation de la faillite, et des deniers existans en caisse. Ce magistrat ordonne, s'il y a lieu, une répartition, et en fixe la quotité.

Les sommes à distribuer se composent des recettes diverses qui ont été faites successivement par les agens ou syndics provisoires, et les syndics définitifs, et qui, versées d'abord dans le coffre à deux clefs, ou même déposées à la caisse d'amortissement, sont en définitif mises entre les mains du caissier de l'union.

Le recouvrement des divers articles de créances actives peut avoir donné lieu à des frais dont le remboursement n'auroit pas été Com. 558. fait par le débiteur, ou même à ce qu'on appelle des faux frais, c'est-à-dire, dépenses légitimes et utiles, mais qui n'entrent pas en taxe. La vente des meubles a dû occasionner des frais de commissaires priseurs ou huissiers, courtiers, droits de timbre, enregistrement ou autres; il est juste de les déduire sur chaque article de recette, de manière à ne présenter comme susceptible de répartition que ce qui reste de net.

On en prélève encore les secours qui doivent être accordés au failli, ainsi que nous l'avons dit, n. 1255.

Ces premiers prélèvemens établis, les syndics en font encore un pour toutes les dépenses d'administration dont ils justifient, et que le tribunal règle en cas de contestation; tels sont les frais généraux de conseils, plaidoiries, voyages, etc.; les dépens auxquels la masse a pu être condamnée envers des tiers.

Le paiement des créanciers privilégiés doit ensuite avoir lieu, conformément aux droits qui leur ont été reconnus à la vérification, d'après les règles données, n. 1191 et suiv.

Les syndics présentent l'état de ces dettes au commissaire, et comme il seroit possible que par quelques raisons d'équité ou inhérentes à la nature même des dépenses, certains paiemens eussent été autorisés par lui pendant l'administration des agens, ou syndics provisoires, on doit, pour régulariser les opérations, les reporter dans ce travail.

L'acquittement de ces sortes de créances ne peut présenter matière à difficulté. Il est rare que l'actif ne suffise pas. Si ce cas arrivoit, l'ordre dans lequel nous en avons traité est celui qu'on doit suivre pour établir la préférence, et les créances de la classe sur laquelle tombe l'insuffisance concourent entre elles.

Civ. 2097.

1261. Mais il peut y avoir plus de difficulté pour arriver à la collocation des créances privilégiées sur certains meubles : quelques règles suffiront.

Les objets frappés de ce privilège peuvent

Mais il peut arriver que les objets affectés à
un privilège aient été vendus par les soins et
les ordres des agens ou syndics, et leur produit
versé à fur et mesure dans la caisse à deux clefs
dont il a été parlé, n. 1160, et alors il y a
plus de difficulté. Elle peut être prévenue, si
les syndics, pour obtenir la libre disposition
des choses affectées au prêt, ont donné au
créancier qui se seroit rendu opposant à la
vente des choses affectées à son privilège, caution de la totalité de sa créance, celui-ci est
devenu créancier de la masse entière; quelle que
soit l'origine des deniers qui sont en caisse, ils
doivent être appliqués à son paiement avant
toute distribution. La caution qui le paieroit
auroit les mêmes droits par subrogation.

Mais le créancier peut n'avoir pas pris cette
précaution et avoir laissé, sans opposition, vendre
par la masse les objets affectés à son privilège.
On ne peut dire qu'il ait perdu ses droits; il se
fait alors une subrogation du prix, en raison
de ce que la vente de chaque chose a produit,
parce que ce n'est pas le même cas que celui
qui a été prévu plus haut. Il est possible sans
doute que les fonds perçus pour les différentes
causes que nous venons d'indiquer aient été
détournés ou appliqués à d'autres dépenses,
cette circonstance est tout-à-fait indifférente.
La loi n'a point exigé qu'il y eût autant de
caisses que de natures de recettes. La même

caisse doit tout contenir; mais l'origine de chaque versement est indiquée sur le livre du caissier, ou si ce livre n'est pas bien tenu, elle y peut être facilement suppléée, puisque nous avons vu, n. 1158, qu'aucune recette ne pouvoit être faite sans que la quittance des agens ne fût visée par le juge-commissaire, et que chaque semaine on devoit lui fournir un bordereau de situation de la faillite.

On aura donc dans ces différens cas à déterminer les objets sur lesquels doit porter le privilège, soit d'après la convention, soit par la nature des choses, conformément à ce que nous avons dit dans le chapitre sixième; la somme nette qu'aura produit le prix de leur vente, acquittera les créances privilégiées sur ces choses, et si elle est insuffisante, le créancier se présentera dans la contribution mobiliaire pour ce qui lui restera dû.

Cette collocation de privilèges particuliers est, au surplus, subordonnée à l'acquittement des privilèges généraux, comme nous l'avons vu, n. 942. Le créancier même nanti d'un gage ne peut exercer son droit sur le prix qui en provient, qu'après l'acquittement de ces privilèges. Mais néanmoins le créancier privilégié sur certaines choses pourroit exiger qu'avant d'en employer le prix à son préjudice, au paiement des privilèges généraux, on y consacrât d'abord le montant des recouvremens provenant de choses qui n'étoient frappées d'aucune affectation. C'est la conséquence des principes donnés, n. 956. A la vérité, si les valeurs de cette seconde espèce manquant, l'exercice des privilèges généraux, empêchoit que quelque créancier avec privilège trouvât de quoi être payé, il ne pourroit point se pourvoir par subrogation sur les immeubles, parce que les créanciers qui ont un privilège général ne sont pas admis à l'exercer indistinctement et selon qu'il leur plaît sur les meubles ou sur les immeubles; ils ne peuvent se pourvoir sur ces derniers que subsidiairement.

Civ. 2105.

1262. Il est possible que plusieurs créanciers se prétendent privilégiés sur le même objet et pour des causes différentes ; il est encore nécessaire d'établir l'ordre dans lequel le prix qui représente leur gage, sera distribué entre eux. Dans certains cas, la nature de la créance ne permet pas que plusieurs, pour des causes différentes, concourent ensemble; tels sont les droits du créancier engagiste, de l'aubergiste, du voiturier, etc. ; à cet égard, point de difficulté. Dans d'autres cas, où cette concurrence n'a rien de contraire à la nature des choses, s'il y a plusieurs prétendans pour la même cause, si, par exemple, plusieurs ont des indemnités pour faits de charge, le cautionnement est distribué entre eux par concurrence. Enfin, lorsque le fait n'établit pas la préférence de l'un sur l'autre, lorsque la nature des droits ne fonde point une concurrence entre les créanciers, on suit l'ordre dans lequel nous avons traité de ces privilèges.

§. II.

Comment les Contestations sur cette Distribution sont jugées.

1263. Lorsqu'il y a contestation, soit de la part des créanciers qui se plaindroient de n'avoir pas été colloqués comme privilégiés, ou de n'avoir pas été colloqués pour autant qu'ils croyoient y avoir droit, soit de la part de créanciers qui se plaindroient de la préférence injustement accordée à d'autres, ceux qui se trouvent lésés peuvent y former opposition. Il n'y a aucun délai fatal pour user de ce droit, puisque l'état, dont nous avons parlé, n. 1259, n'est point signifié.

La nature des choses indique assez comment on peut devenir non-recevable à se plaindre de n'avoir pas été colloqué, ou de ne l'avoir été qu'insuffisamment. Quant aux créanciers contestant une collocation, le fait qu'elle auroit été exécutée ne les rend pas non-recevables; s'ils la font révoquer, celui qui a indûment reçu doit restituer.

Le tribunal de commerce, si le privilège

26 *

prétendu ou contesté résulte d'une cause qui
soit de sa compétence, et, dans le cas contraire,
le tribunal civil prononce : les frais sont supportés par celui qui succombe.

Com. 458.

§. III.

Comment sont effectués les Paiemens.

1264. Le commissaire autorise le paiement
des privilèges non contestés ou maintenus, par
suite des jugemens sur les contestations dont
nous venons de parler, avec les premiers deniers
rentrés, selon la nature et l'espèce de la créance.

Com. 559.

La manière d'effectuer le paiement des
sommes afférentes à chaque créancier par l'effet des répartitions, est aussi prompte qu'éco-
nomique. Chaque intéressé est prévenu par
lettres et sans autre notification.

Com. 560.

Les paiemens ne peuvent être faits par le
caissier que sur la représentation du titre constitutif de la dette que le créancier retire du dépôt
où il auroit pu le placer dans le cas prévu,
n. 1160. Le paiement est énoncé sur ce titre,
et cette double précaution a pour objet d'empêcher que le créancier d'une dette solidaire
ne touche dans plusieurs faillites au-delà de ce
qui lui est dû. Le caissier obtient la décharge
des paiemens qu'il fait, par la signature que le
créancier donne en marge de l'état de répartition.

Com. 561.

On voit par là que des paiemens arbitrai-
rement faits par un caissier, sans remplir ces
formalités, ne seroient pas réguliers, et même
ce caissier qui auroit eu la facilité de verser à
quelques créanciers, fût-ce par autorisation
des syndics, des sommes quelconques, seroit
fondé à exiger qu'elles soient réintégrées. Il ne
suffit pas toujours, pour être à l'abri des répétitions, d'avoir eu le droit de demander ce qu'on
a reçu; il faut encore que le paiement ait été
fait par une personne capable d'aliéner ce qu'elle Civ. 1238.
donne en paiement. Or, le caissier d'une faillite
n'est qu'un dépositaire, à qui n'appartient pas
le droit de disposer à son gré des fonds qu'il a
entre les mains, et celui à qui il paye sans autorisation ne peut exciper de sa bonne foi, puisqu'il
ne sauroit ignorer la qualité et la mesure des
pouvoirs du caissier. En un mot, lorsque la
demande et le paiement sont assujettis à certaines règles, et à certaines formes; lorsque celui
qui a payé n'est pas précisément un débiteur
direct, mais le caissier d'une masse qui ne peut
disposer des fonds dont il est dépositaire, sans
les ordres du magistrat chargé de le surveiller,
le créancier qui a reçu de ce caissier, a reçu
irrégulièrement et doit rétablir les choses dans
leur état naturel.

§. IV.

De la Vente et de l'Ordre des Immeubles.

1265. Les fonctions des syndics définitifs sont encore de poursuivre, en vertu du contrat d'union, et sans autre titre, la vente des immeubles du failli, et sans qu'il soit nécessaire d'appeler ce dernier. Ils sont tenus de procéder à cette vente dans la huitaine, devant le tribunal civil, suivant la décision d'un avis du conseil d'état, approuvé le 9 décembre 1810 [1].

Com. 564.

Ils ne pourroient même, du consentement du failli, exiger que le tribunal renvoye la vente en l'étude d'un notaire, comme en ont le droit, dans le cas de saisie immobiliaire, les créanciers d'accord avec un débiteur maître de ses droits. C'est au tribunal seul qu'il appartient de prononcer ce renvoi, s'il le croit utile; comme lorsqu'il s'agit de vendre les biens des mineurs, auxquels on assimile ceux des faillis.

Pr. 747.

Com. 564.

Nous n'entrerons dans aucun développement sur les formes à observer, parce qu'elles sont étrangères aux tribunaux de commerce, nous nous bornons à observer que, pendant la huitaine qui suit l'adjudication, tout créancier même chirographaire, peut surenchérir du dixième de l'adjudication principale. Cette fa-

Com. 565.

---

[1] Bulletin des lois, 4.e série, n. 6145

culté ne nous paroît pas déroger à celle que le
droit civil accorde à toute personne, même non
créancière, de surenchérir d'un quart dans le Pr. 710.
même délai, car autrement, il y auroit moins
de précautions prises pour assurer la vente à juste
prix des immeubles d'un failli, que pour assurer
celle des biens de tout autre débiteur, puisque le
droit de surenchérir seroit limité seulement à des
créanciers, au lieu d'appartenir à toute personne.

Une action en expropriation, pourroit avoir
été commencée avant la nomination des syn- Com. 532.
dics définitifs, elle doit être poursuivie par
celui qui l'a intentée, suivant les formes déterminées par le code de procédure, sur les ventes
par suite de saisie immobiliaire, et les syndics
n'ont que le droit d'y intervenir.

1266. L'ordre du prix est fait suivant les
règles du droit commun, devant le tribunal
civil qui a prononcé l'adjudication.

Nous ne croyons pas devoir nous en occuper,
nous nous bornerons à développer une question
de grand intérêt sur le concours des créanciers
hypothécaires dans cette masse et dans la masse
chirographaire.

Il pourroit arriver que la distribution du
mobilier, précédant l'ordre du prix des immeubles, les créanciers hypothécaires eussent
pris part aux répartitions, en proportion de
leurs créances totales, comme nous l'avons dit

Com. {140. plus haut. Cela n'empêche pas que chacun d'eux
{541. ne soit colloqué dans l'ordre, comme s'il n'avoit
rien reçu. Mais lorsqu'il se présente pour être
payé du montant de son bordereau, on en
déduit la somme qu'il a reçue, dans la contribution mobiliaire; et le montant de cette déduction est porté, comme un nouveau recouvrement, dans les sommes qui doivent être
distribuées entre les chirographaires.

Si, au contraire, l'ordre des immeubles
Com. 539. précéde la distribution mobiliaire, le créancier
hypothécaire est colloqué dans son rang pour
toute sa créance, et ne vient prendre part à cette
dernière distribution, que pour ce qui n'auroit
pas pu être colloqué dans l'ordre par l'effet de
l'insuffisance du prix net des immeubles hypothéqués à cette même créance.

Si le créancier hypothécaire, après avoir été
employé dans la contribution mobiliaire, ne
touchoit à l'ordre des immeubles qu'une partie
de sa créance, par insuffisance du prix net de
ceux qui lui étoient hypothéqués, ses droits dans
Com. 542. la masse chirographaire sont définitivement
réglés d'après les sommes dont il reste créancier, déduction de ce qu'il a touché dans
l'ordre des immeubles; en conséquence, et
si les deniers qu'il a touchés, dans la distri-
tribution mobiliaire excèdent le dividende
qu'auroit dû y obtenir la partie de sa créance
qui n'a pas été payée par le moyen de l'ordre,

l'excédant de cette partie lui est retenu pour être versé, comme on l'a vu, dans la masse chirographaire.

1267. Des exemples rendront cette théorie plus sensible.

Le montant des dettes est de 600,000 francs, savoir, à cinq hypothécaires, ainsi qu'il suit :

A *Pierre* , cent cinquante mille francs, ci. . . . . 150,000 f.

A *Paul*, quatre-vingt mille francs, ci. . . . 80,000

A *Jacques*, soixante mille francs, ci.. . . 60,000 350,000 f.

A *Jean*, vingt mille francs, ci. 20,000

A *René* , quarante mille francs, ci. . . . 40,000

Et en dettes chirographaires, à deux cent cinquante mille fr., ci. . 250,000 f.

Total pareil, six cent mille fr., ci. 600,000 f.

I.ʳᵉ Hypothèse.

Les immeubles étant vendus 310,000 francs, avant que le mobilier ait pu être entièrement réalisé, l'ordre du prix en provenant, que nous supposerons réduit par le prélèvement des frais à 300,000 francs net, se fait avant que la contribution du mobilier ait pu avoir lieu.

Les trois premiers hypothécaires sont payés en entier, le quatrième ne reçoit que 10,000 francs sur sa créance, le dernier ne reçoit rien. Le mobilier est vendu, tous frais déduits, 150,000 francs.

On n'appelle et on n'emploie point dans la contribution mobilière les créanciers hypothécaires qui ont été colloqués en entier.

Jean qui n'a reçu que 10,000 francs, c'est-à-dire, moitié de sa créance, y sera compris comme créancier de 10,000 fr.

René, qui n'a point été colloqué, y sera compris pour la totalité de 40,000 fr. qui lui sont dus. Les chirographaires, montant à 250,000 fr., y sont compris de la même manière ; et comme le total de ce qui est à distribuer est supposé, tous frais prélevés, de 150,000 fr., moitié de 300,000 fr., à quoi se montent les créances à payer, chacun recevra 50 pour 100 de ce dont il sera créancier.

IIe Hypothèse.

Les deniers mobiliers sont distribués avant le prix des immeubles.

Les créanciers hypothécaires ayant tous, comme on l'a vu, n. 1264, droit d'y prendre part, et n'ayant encore rien touché sur leurs créances, viendront pour la totalité de ce qui leur est dû concurremment, au marc la livre, sur la masse mobiliaire.

La masse des créanciers venant à la contribution, sera de 600,000 fr. ; laquelle somme est quadruple du montant de l'actif mobilier que nous avons supposé être de 150,000 fr. Chaque créancier recevra donc un quart de ce qui lui est dû. Ainsi, les hypothécaires receyront, savoir :

Pierre trente-sept mille cinq cents francs, ci. . . . . 37,500 fr.

Paul vingt mille fr., ci. . . . 20,000

Jacques quinze mille fr., ci.. . 15,000

Jean cinq mille fr., ci.. . . . 5,000

René dix mille fr., ci. 10,000

Et les chirographaires soixante-deux mille cinq cents, ci. . . . 62,500

Total. . . . . 150,000 fr.

On voit que, dans cette hypothèse, les créanciers chirographaires n'ont que le quart de leur créance, au lieu de la moitié qu'ils recevoient dans la première.

Cette injustice sera réparée, lorsque les immeubles auront été vendus et que l'ordre en aura été fait. Au lieu de colloquer les créanciers hypothécaires, seulement pour ce qui leur reste dû, on les colloquera comme s'ils n'avoient rien touché : c'est-à-dire, Pierre, pour 150,000 fr. ; Paul, pour 80,000 fr., et ainsi de suite. Il s'ensuivra que les trois premiers toucheront la totalité de leur créance, encore que déjà la contribution mobiliaire leur en eût procuré le quart. Mais comme cela n'est pas juste, on leur fera déduction, lorsque la caisse de la faillite acquittera les borderaux de collocation délivrés à leur profit, du quart qu'ils ont perçu dans la contribution mobiliaire ; et ces sommes seront reversées dans la masse chirographaire, pour être la matière d'une nouvelle contribution.

Le quatrième créancier hypothécaire ayant touché seulement la moitié de sa créance dans l'ordre, ne reste chirographaire que pour l'autre moitié ; ce n'est que pour cette moitié qu'il auroit dû figurer dans la contribution mobiliaire ; on a vu, néanmoins, qu'il a figuré pour la totalité, et qu'il a reçu le quart de 20,000 fr., au lieu du quart de 10,000 fr., la retenue de 2,500 fr. lui sera donc faite sur son bordereau. Quant au dernier créancier hypothécaire, puisqu'il n'a rien touché dans l'ordre, il reste purement chirographaire pour la totalité.

Com. 543.

Les sommes reversées dans la masse chirographaire, par retenue sur les hypothécaires, comme il vient d'être dit, seront distribuées, et, par ce moyen, le résultat de la seconde opération se trouvera semblable à celui de la première.

SECTION IV.

De la fin de l'Union et de ses Effets.

1268. Lorsque la liquidation est terminée, les créanciers convoqués à la diligence des syndics,

Com. 562.

s'assemblent sous la présidence du commissaire. Les syndics rendent leur compte, qui est en même temps celui du caissier, dont le reliquat forme la dernière répartition, et à qui le dernier émargement sert de quittance définitive. Alors l'union est dissoute.

Il n'est pas douteux que le failli ne reste débiteur de tout ce que les créanciers n'ont pas reçu par l'effet des distributions. Mais ce principe incontestable laisse entrevoir plusieurs difficultés dans son application.

Le sauf-conduit et la défense d'obtenir ou d'exécuter contre lui des condamnations par corps, subsistent-ils ?

On ne peut se dissimuler que plusieurs des motifs qui ont donné lieu à cette faveur n'existent encore.

La même impossibilité de payer continue de frapper le failli ; car nous supposons qu'il ne lui est venu aucune nouvelle ressource, ou que s'il en a eu, elles sont entrées dans la masse dont la distribution est finie.

Nous ne croyons pas toutefois que le sauf-conduit et la défense d'obtenir des condamnations par corps subsistent après que l'union est terminée. La juridiction extraordinaire du tribunal de commerce, qui, dans tout autre cas, ne peut accorder de sauf-conduit, est finie avec les opérations de la faillite. Les demandes que des créanciers non payés, par quelque cause

que ce soit, quand même ils ne se seroient pas
présentés à la vérification, ne peuvent plus être
dirigées contre les syndics qui n'existent plus.
Le débiteur reste seul, et peut seul être poursuivi. Les tribunaux pourront, il est vrai,
prendre en considération qu'il n'a encore rien
Civ. 1244. acquis depuis que la faillite l'a entièrement
dépouillé, et lui accorder des délais, mais c'est
une grâce qui ne résulte plus de l'état de la
faillite. De même ceux à qui l'effet de leurs
poursuites sera de procurer quelque paiement,
ne seront point tenus d'en faire rapport au
profit des autres créanciers moins exigeans ou
moins habiles qu'eux, comme ils l'auroient été
pendant tout le temps qui a précédé la dissolution de l'union.

Il ne reste au débiteur qu'un moyen d'échapper à la contrainte par corps, c'est la cession de
biens dont nous parlerons dans le titre sixième.

1269. C'est ici le lieu d'examiner la question
indiquée, n. 1251., si, avant de s'unir, ou bien
au cours de l'union, les créanciers qui n'ont pas
pu, ou n'ont pas voulu faire un concordat avec
le failli peuvent s'arranger avec lui, et le réintégrer dans l'administration de ses biens.

Il ne faut pas se dissimuler que la loi garde le
silence le plus absolu à cet égard, que tout son
contexte semble s'y refuser, et avoir si bien
entendu que la faillite finissoit seulement à la

dernière distribution, qu'elle a donné aux créanciers défaillans le droit de se représenter jusqu'à ce moment, faculté dont ils seroient privés, si le failli étoit réintégré et si les distributions n'avoient pas lieu.

Néanmoins, s'il est vrai de dire que hors le moment de grâce, où se fait le concordat, la minorité n'est point obligée de céder à la majorité, il semble juste que les créanciers unanimes puissent prendre, avec leur débiteur, des arrangemens capables de diminuer leurs chances de perte.

Cette considération est toutefois balancée par d'autres qui ne sont pas moins puissantes. Le failli peut ne pas tenir son accord. L'état de faillite reprendra, puisqu'il n'aura point cessé légalement. Mais dans l'intervalle, il n'y aura point eu de surveillant sur sa conduite, point de garantie, par conséquent, pour les créanciers encore inconnus. Si les signataires doivent s'imputer d'avoir été trompés dans leurs espérances, ils n'ont pas eu droit d'exposer ainsi les droits des autres.

Cependant, si des créanciers se décidoient à donner unanimement des délais à leur débiteur, en lui rendant la disposition de sa fortune, si, faisant connoître au tribunal la justice de leurs motifs et l'avantage bien évident qu'ils en retirent, ils demandoient que le régime des syndics, ainsi que la surveillance du commissaire cessent, le tribunal, après s'être assuré de la sincérité de ces motifs, sur-tout que l'on n'a employé aucune mauvaise voie pour effrayer les créanciers et obtenir des consentemens qui n'auroient pas été parfaitement libres, pourroit faire cesser le dessaisissement et le régime des syndics.

Mais l'accord des créanciers vérifiés, même unanimes, ne peut produire cet effet, sans l'intervention du tribunal, avec d'autant plus de raison que lorsqu'il s'agit de vendre à forfait les créances de l'union, son approbation est nécessaire. Il est juste d'ailleurs que, dans le cas que nous examinons, il ait seul le droit de suppléer, par l'équité, au silence du législateur. Au surplus il ne doit se décider à cette mesure qu'en prenant des précautions pour les créanciers inconnus qui peuvent se présenter, en exigeant, dans leur intérêt, un cautionnement dont il déterminera la quotité et la durée.

CHAPITRE X.

De la Revendication.

1270. La revendication est l'action par laquelle on réclame une chose dont on se prétend propriétaire. Lorsqu'elle est exercée contre la masse des créanciers d'un failli, elle a pour objet d'en faire distraire certaines choses qui s'y trouvent, pour les attribuer exclusivement au revendiquant, soit qu'il les réclame comme n'en ayant jamais transféré, ni voulu transférer la propriété au failli; soit qu'après s'être dépouillé de la propriété de ces choses en faveur du failli, sous la foi qu'il en seroit payé, il veuille en faire résilier la vente, faute de paiement, et les recouvrer.

On voit en quoi la revendication diffère du droit dont nous avons parlé, que des créanciers privilégiés ont de faire distraire de l'actif les sommes produites par les objets sur lesquels ils avoient privilège, afin de se les faire attribuer spécialement.

L'époque de la faillite à laquelle la revendication peut être formée est indifférente. C'est une action qui peut, suivant que le préfère celui qui l'intente, être dirigée contre les agens, et les syndics provisoires, en se conformant aux règles que nous avons données, n. 1178, ou être retardée jusqu'à l'entrée en fonctions des syndics définitifs.

La nature de la convention ou de la négociation qui a fait passer la chose revendiquée dans les mains du failli, décide de la compétence dans ce cas. Quel que soit le tribunal qui en connoisse, les principes sont les mêmes.

Nous diviserons ce chapitre en deux sections; la première traitera de la revendication à titre de propriété; la seconde, de la revendication exercée par le vendeur non payé.

De la Revendication fondée sur un titre de propriété.

1271. Toutes choses dont on a la propriété, soit meubles, soit immeubles, sont susceptibles d'être revendiquées. Nous ne dirons rien ici des revendications d'immeubles qui ne peuvent jamais offrir une question commerciale.

La revendication suppose que le propriétaire réclame une chose dont le défendeur ne l'a pas dépouillé injustement, autrement il y auroit lieu à former une réintégrande qui n'est jamais, par sa nature, de la compétence des tribunaux de commerce, d'après les principes que nous avons donnés, n. 53.

Les cas principaux de revendication fondés sur le droit de propriété, sont : 1.º celle du propriétaire d'une chose qu'il a prêtée à usage au failli; 2.º celle de la personne qui à acheté du failli une chose dont elle n'a pas été livrée avant que la faillite fût déclarée; 3.º celle du déposant; 4.º celle du commettant.

On auroit pu, à la rigueur, comprendre dans cette nomenclature l'exercice du droit de reprise en nature, que nous avons vu, n. 1222, appartenir à la femme du failli, mais dès que nous l'avons fait connoître dans une place plus convenable, il est inutile d'en parler maintenant.

Les différens cas de revendication qui viennent d'être indiqués, seront l'objet des quatre paragraphes suivans.

§. I.er

De la Revendication des choses prêtées à usage.

1272. Lorsque le propriétaire d'un objet l'a prêté, à simple usage, à un failli, l'état de l'emprunteur ne doit point changer la nature des droits du prêteur. La bonne harmonie ne permet pas toujours qu'on se munisse d'écrits, ou même qu'on prenne des témoins, lorsqu'on fait des prêts de cette espèce, et s'il est juste de prévenir les fraudes, il est convenable aussi de ne pas exiger l'impossible des hommes de bonne foi. C'est aux agens ou syndics qu'est confié le soin d'apprécier les circonstances et de consentir, s'il y a lieu, la remise des choses réclamées, ou de la contester.

Il faut se reporter aux règles que nous avons données, n. 468, sur le prêt, afin de ne pas confondre un prêt de consommation qui ne peut jamais servir de fondement à une revendication, avec un prêt à usage qui ne suppose jamais dans le prêteur l'intention d'abdiquer sa propriété.

27 *

§. II.

Revendication d'objets que le Failli avoit vendus avant sa Faillite.

1273. Il peut arriver souvent qu'un commerçant ait vendu des marchandises par actes non suspects, et qu'avant l'enlèvement, ou l'expédition, il tombe en faillite. Pour connoître les effets que doit avoir une telle vente, il faut se reporter aux principes que nous avons expliqués, n. 272, et aux exemples pris précisément dans les faillites, que nous avons donnés.

Les syndics contre qui cette demande en revendication est faite, peuvent en contester l'existence, la validité ou la vérité, d'après les principes que nous avons expliqués.

Lorsqu'ils n'ont aucun moyen de se soustraire à la revendication, ils peuvent exiger l'exécution des engagemens correlatifs de l'acheteur, dans le cas où il s'en trouveroit encore qui n'eussent pas été exécutés. Par exemple, *Pierre* a vendu à *Paul* cent muids de bled, moyennant 12,000 francs, ou moyennant quelques autres charges, ou sous certaines obligations imposées à l'acheteur; soit que les cent muids de bled se trouvent dans la faillite, soit que ne s'y trouvant pas, l'acheteur soit réduit à une simple action, les agens ou syndics ont droit d'exiger de l'acheteur qu'il exécute ce qu'il a promis.

§ III.

Revendication de choses déposées ou données en nantissement.

1274. Le dépôt ne transmet point au dépositaire la propriété de ce qui lui est confié ; il en est de même du nantissement. La conséquence naturelle de ces principes est que le propriétaire des choses qu'il a confiées, à ces titres, au failli, puisse les revendiquer, en justifiant de ses droits, contre les agens ou syndics qui, à leur tour, peuvent combattre et discuter cette preuve.

Dans tous ces cas, les déposans et les emprunteurs sur gage doivent remplir, envers la masse, les obligations qui résultent du titre sur lequel ils se fondent, ou de la nature de la convention qu'ils invoquent.

Dans la rigueur du droit, le dépôt ne se présume point ; le détenteur d'un objet mobilier en est censé propriétaire, et c'est au réclamant de prouver sa propriété ; cependant les circonstances peuvent être d'un grand poids, et les présomptions contraires peuvent souvent combattre celles que nous venons d'indiquer. Civ. 2279.

Ainsi, un effet de commerce se trouve, en vertu d'un endossement irrégulier, dans le portefeuille d'un failli, il est reputé n'y être qu'à titre de simple procuration de l'endosseur ;

celui-ci peut, comme nous l'avons vu, n.º 356, s'opposer à ce que le paiement en soit fait à la masse des créanciers, et par conséquent le revendiquer. L'irrégularité de l'endossement apprend elle-même que le failli n'est pas propriétaire. Cette présomption légale, en faveur de l'auteur de cet endossement, peut néanmoins être détruite par les syndics, s'ils prouvent que réellement le failli en a compté la valeur.

Ainsi, souvent il arrive que des matières ou objets susceptibles de recevoir un travail, ont été remis dans cette vue à un ouvrier, et la preuve écrite n'en est pas requise, parce qu'on n'est pas dans l'usage de faire des écrits de ces sortes de dépôts.

Ainsi, un enfant majeur, ou mineur émancipé, peut être chez son père et avoir un mobilier propre; des commis, ou autres préposés peuvent être dans le même cas : ils ont droit de réclamer ces objets, et de les faire distraire de l'actif de la faillite, eu égard aux circonstances et aux usages du commerce.

On ne doit pas perdre de vue les principes donnés, n. 502, que, si le dépositaire, par abus de confiance, ou de ses droits, avoit vendu la chose qui lui a été remise à ce titre, et en avoit reçu le prix, le revendiquant ne pourroit prétendre au prélèvement d'une somme égale à ce prix, sur l'argent trouvé dans la faillite. Si ce dépositaire infidèle avoit, avec cet argent, acheté quelques titres de créances, tels que des actions, ou quelques objets corporels, le revendiquant ne pourroit davantage exiger qu'on lui en fasse la remise.

Mais si le prix des objets ainsi vendus indûment, n'étoit pas encore payé, le revendiquant pourroit s'opposer à ce qu'ils soient versés dans la masse, et se le faire délivrer par les acheteurs.

Il en est de même, en cas de nantissement, dont les effets se règlent, dans ces circonstances, de la même manière que ceux du dépôt.

Par suite de ces principes, si des marchandises achetées en participation par deux individus dont l'un seroit failli, se trouvoient dans les magasins de ce dernier, le participant non failli pourroit les revendiquer pour suivre seul les opérations de la participation, sauf à rendre compte aux créanciers du failli.

Les mêmes raisons s'appliqueroient au cas où le propriétaire de quelques marchandises lès auroit données à revendre pour en partager le profit, dans les cas prévus, n. 304, et suivant la distinction que nous y avons indiquée.

1275. Les dépôts d'espèces monnoyées présentent plus de difficultés pour la revendication, et précisément les cas en sont fréquens.

Si une somme a été remise, renfermée dans un sac cacheté, dans un coffre, avec ou sans indication d'emploi déterminé, peu importe,

le déposant qui pourra constater l'individualité
de ce dépôt, sera admis à le réclamer; car,
quoiqu'il soit vrai de dire que l'argent monnoyé
n'a pas de signes particuliers de reconnoissance,
la précaution de le renfermer lui a donné l'individualité nécessaire.

Mais si une somme a été remise à quelqu'un,
à découvert, sans aucun signe d'individualité,
quoiqu'à titre de dépôt, le déposant n'aura pas
de revendication, parce qu'il ne sera plus en
état de prouver que *telles* pièces sont précisément celles qu'il a déposées.

§. IV.

De la Revendication faite par un commettant.

1276. La revendication d'un commettant
peut avoir lieu dans deux cas, 1.º pour les
marchandises qu'il a envoyées à vendre,
garder en entrepôt, ou expédier; 2.º pour
les effets de commerce qu'il a remis afin d'en
faire emploi suivant ses instructions.

ART. I.ᵉʳ *Revendication de Marchandises envoyées en
Commission.*

1277. Celui qui consigne des marchandises, soit en entrepôt ou *transit*, soit pour
être vendues, peut, si le commissionnaire
tombe en faillite, les revendiquer, tant

qu'elles existent corporellement en tout ou en partie, chez ce dernier.

La grande complication des opérations commerciales laisse souvent de l'incertitude pour découvrir si le failli n'a pas reçu les choses à un titre qui lui en ait transmis la propriété. A cet égard, les preuves et les présomptions varient dans chaque contestation, et les tribunaux peuvent seuls les apprécier.

1278. Il n'est pas nécessaire, pour que le commettant exerce ce droit, que les marchandises n'aient subi en nature et quantité, ni changement, ni altération; il suffit qu'on puisse les reconnoître, et si, par quelque cause que ce soit, il ne s'en trouve qu'une partie, la revendication a lieu pour ce reste. Com. 581.

De même, le déplacement de ces marchandises ne seroit pas un obstacle à la revendication; elle auroit lieu pour celles qui se trouveroient dans quelques lieux de dépôt, ou même chez un correspondant à qui le commissionnaire failli les auroit à son tour envoyées soit en dépôt, soit pour en faire la vente, sauf les privilèges que ce dernier auroit pu acquérir.

Mais si le failli, abusant de la confiance qui lui a été accordée, avoit transmis la propriété, pour son intérêt propre, même à titre gratuit, à des tiers de bonne foi, le commettant ne pourroit plus exercer la revendication au préjudice de ces tiers, conformément aux principes expliqués, n. 502. De même, s'il les avoit donnés en gage pour ses affaires particulières, le commettant ne pourroit les revendiquer qu'en acquittant la dette dont elles sont la sûreté, sauf, dans tous ces cas, son recours contre le failli, même par voie criminelle.

1279. A plus forte raison, quand le commissionnaire a vendu les marchandises, d'après les ordres du commettant, celui-ci ne pourroit les revendiquer entre les mains des acheteurs, ou les empêcher de les enlever, si elles ne l'étoient pas encore. Mais le prix qui en est dû, est subrogé à la chose, et peut être revendiqué.

Com. 581.

Si les acheteurs le doivent encore, en tout ou en partie, le commettant peut leur signifier une opposition, pour empêcher qu'ils ne versent ce qu'ils doivent, dans la caisse de la faillite, et former demande pour qu'ils le versent entre ses mains

Les créanciers du failli ne pourroient exiger que ces sommes fussent payées à la masse, sauf au commettant à entrer en contribution. Ils n'auroient pas ce droit, même quand le commissionnaire failli auroit ré-

pondu du *décroire*. Cette circonstance particulière, ne change rien à la nature des
rapports respectifs, parce que le commissionnaire qui répond du *décroire*, n'acquiert
pas la propriété des marchandises.

Pour l'exercice de cette revendication,
le commettant à qui le failli n'auroit pas
remis ou adressé, à fur et mesure, les bor-
dereaux dont nous avons parlé, n. 562,
peut obtenir de compulser les registres de
ce dernier, pour connoître les acheteurs et
exercer ses droits. Il importe peu, dans ce
cas, que ces livres n'indiquent que le failli
lui-même comme vendeur, et ne désignent
point pour compte de qui il a opéré, pourvu
que les recherches et comparaisons des numéros d'entrée et sortie des divers objets,
le rapprochement des marques, les factures,
la correspondance, en un mot, les preuves
admissibles en matière commerciale, ou les
présomptions laissées à la sagesse des magistrats, offrent les moyens de vérifier si la
réclamation est fondée.

1280. On doit même conclure de ces
principes que le commettant pourroit revendiquer, dans la masse, les billets que
l'acheteur des marchandises auroit donnés
pour leur prix, au commissionnaire failli,
et qui se trouveroient, soit en portefeuille,

soit entre les mains de porteurs non propriétaires.

Mais si le tiers acheteur a payé le commissionnaire, le commettant est simplement
créancier dans la faillite, du prix que le
failli a touché. Il n'a aucun privilège sur
l'argent qui se trouveroit dans la masse,
quand même les plus exacts renseignemens
laisseroient présumer que cet argent est
provenu de cette vente; il ne pourroit y
avoir de modification à ce principe que dans
le cas extrêmement rare où des sacs d'argent
cachetés auroient été donnés par l'acheteur,
avec destination spéciale d'être remis au
commettant propriétaire des marchandises
vendues, ou que de toute autre manière ils
porteroient des signes et marques d'individualité capables de les faire reconnoître.

Néanmoins, si ce n'étoit que depuis l'ouverture de la faillite que l'acheteur eût payé
aux agens ou syndics, le commettant seroit
fondé à revendiquer le prix touché par la
masse, parce que, dans une faillite, c'est
l'époque de son ouverture qui fixe les droits
de tous les intéressés et que dès le jour de
cette ouverture, le commettant a été investi
du droit de revendiquer ce qui n'étoit pas
payé à cette époque.

1281. Il s'ensuit que, si le prix a été

employé dans un compte courant entre
l'acheteur et le commissionnaire failli, la Com. 581.
revendication n'a plus lieu au profit du
commettant. D'un côté les marchandises ont
été vendues, de l'autre, il n'a aucun droit
contre l'acheteur, qui a aussi bien payé de
cette manière que s'il eût donné une somme
effective d'argent, la compensation conventionnelle étant un mode parfait et régulier
de paiement; or, dès que le commissionnaire
failli a été payé, il n'a plus contre la masse
qu'un droit de simple créance.

Il semble toutefois que dans ce cas, il faut
que le compte courant entre l'acheteur et le
commissionnaire failli, soit réel; qu'il soit
composé d'un *crédit* et d'un *débit* réciproques:
car, si dans ce compte, simplement ouvert,
le failli n'étoit que *créditeur*, et n'avoit point
d'articles à son *débit*, qui eussent pu opérer
ou commencer une compensation, la fiction
par laquelle on suppose que le tiers acheteur
a payé le failli, céderoit à la vérité que ce
dernier n'a pas effectivement touché ce prix
par compensation, puisqu'elle exige le concours de deux dettes réciproques, et que ce
qui est dû par l'acheteur est précisément
le prix des marchandises du revendiquant.

1282. Mais l'inverse peut arriver; les
acheteurs peuvent n'avoir pas payé le com-

missionnaire failli, et celui-ci avoir soldé son commettant en ses propres billets ou traites, payables, soit avant, soit après l'époque du paiement des ventes qu'il a opérées : il pourroit même lui avoir fourni des effets par anticipation, et comme un à-compte sur le produit espéré des marchandises consignées. Nous avons prévu ce cas, n. 569. Cette position, qui se présente fréquemment, peut encore être compliquée par la circonstance que le commissionnaire répondoit du *décroire*.

Dans tous ces cas, si à l'époque de l'ouverture de la faillite, les billets ou effets de commerce du commissionnaire ne sont pas payés, ou même ne sont pas échus, le commettant peut, en les rendant à la masse, agir contre les acheteurs qui n'ont pas encore payé, comme dans le cas prévu, n. 1279.

On ne peut lui opposer qu'en recevant ainsi des effets de son commissionnaire, il a fait novation. Nous avons vu, n. 220, que la novation ne se présume pas. Les effets qu'il a reçus sont des titres conditionnels qui ne libéreront le commissionnaire de l'obligation de rendre les sommes à recevoir des acheteurs, qu'autant qu'ils seront acquittés. En les rendant à la masse, lorsque l'identité et la parfaite application au prix des marchandises en est avouée ou établie par les moyens admis dans le commerce, le com-

mettant est donc recevable à se faire payer
directement par ces mêmes acheteurs.

Mais s'il avoit quittancé purement et simplement le compte de ventes de son commissionnaire, et reçu de lui les billets ou
remises pour solde de ce compte ; par lequel
il lui abandonneroit les recouvremens sur
les acheteurs, c'est alors qu'il y auroit véritable novation.

1283. Ce droit du commettant de revendiquer le prix de ses marchandises vendues,
lorsque les acheteurs n'en ont pas fait le
paiement au commissionnaire, avant sa faillite, ne nous semble pas devoir être modifié, dans le cas où ces deux correspondans
auroient été en compte courant, même pour
diverses sortes de négociations, dans lequel
le prix desdites ventes auroit été porté au
crédit général du commettant. On ne pourroit
lui opposer que, par cet état de compte
courant, il est devenu créancier du commissionnaire seul. Cette situation ne nous
paroît pas changer leur qualité respective.
La loi ne reconnoît qu'un cas où la revendication d'un commettant doive cesser, et
la nature du contrat de commission commandoit cette règle ; c'est lorsque les acheteurs ont payé le commissionnaire, soit effectivement, soit fictivement, en compte

courant. Mais dès que rien ne prouve ou
ne fait présumer qu'ils aient payé le failli,
la subrogation du prix à la chose peut recevoir tout son effet sans aucun inconvénient.
L'état de compte courant entre le commissionnaire et le commettant ne change rien
aux droits de ce dernier, d'aller revendiquer
le prix de sa chose, entre les mains des tiers
qui le doivent encore, sauf à décharger d'autant le compte courant.

ART. II. *De la Revendication des effets de commerce*
envoyés en commission.

1284. Un commettant peut avoir fait au
failli directement, ou par l'entremise d'un
tiers, des remises en effets de commerce
ou autres titres de créances, dans l'intention
que celui-ci en fît le recouvrement et en em-
ployât le montant, suivant des dispositions
indiquées ou à indiquer. Des effets de même
nature peuvent avoir été confiés à un agent
de change, à un courtier, soit pour le négo-
cier, soit à tout autre titre de confiance.

Dans ces différens cas, celui qui a fait ces
remises est dans la même position que le
commettant qui a envoyé des marchandises
à vendre, et les règles que nous venons
d'expliquer reçoivent leur application, autant
que le permet la nature des choses.

Ainsi, celui qui a fait ces remises peut

réclamer les effets existans dans le porte-feuille du failli, et, à cet égard, on considère comme existans en portefeuille les effets qui se trouveroient entre les mains des tiers, revêtus d'endossemens irréguliers, ou sim-plement régularisés depuis l'ouverture de la faillite. Le commettant peut donc examiner à quel titre ces tiers sont devenus possesseurs desdits effets, et invoquer les principes que nous avons donnés, n. 346 et suiv.

A la vérité, par suite de ce que nous avons dit, si le failli en a transmis la pro-priété à des tiers de bonne foi, la revendi-cation ne peut leur nuire. Mais si le prix en est encore dû par eux, le commettant a droit de s'en faire payer, et même de réclamer dans la faillite les billets ou titres de créances donnés en paiement par ce tiers, lorsqu'il en existe, comme nous venons de le dire pour les marchandises.

1285. On voit par-là qu'il est important de bien distinguer si les effets revendiqués par le réclamant ont été endossés par lui d'une manière capable d'en transmettre la propriété, ou si l'endossement n'équivaut qu'à une procuration. Ce n'est que dans ce dernier cas qu'il peut y avoir lieu d'ap-pliquer ce que nous venons de dire.

S'ils avoient été endossés régulièrement

la présomption seroit que la propriété en
a été transmise au failli, et ce seroit alors
par les seules règles que nous donnerons
dans la section suivante qu'il faudroit se
décider.

Cependant les circonstances que nous
avons indiquées, n. 352, peuvent apprendre
que l'endossement, quoique régulier, n'étoit
qu'une simple procuration. Par exemple,
et ce cas n'est pas rare, le propriétaire
d'un effet de commerce peut avoir chargé
un ami d'en faire le recouvrement, à titre
de simple commission. Ce commettant pour
éviter des contestations, des exceptions de
la part du débiteur, moyens que celui-ci ne
seroit pas admis à opposer au tiers-porteur,
peut avoir rédigé son endossement *valeur
reçue comptant* ou *en compte*, quoiqu'il soit
bien établi et constant que l'effet n'étoit
entre les mains du failli qu'à titre de procuration; la masse de ce dernier qui n'a pas
plus de droit, qu'il n'en avoit lui-même;
ne peut se fonder sur ce que cet endossement a toutes les indications capables de
transférer la propriété, pour en conclure
que le failli soit véritablement propriétaire,
et c'est aux tribunaux à apprécier les preuves
qui sont à la charge du réclamant.

SECTION II.

Revendication du Vendeur non payé.

1286. Le droit qu'a le vendeur non payé de revendiquer les choses qu'il a vendues, est la conséquence et l'application de la clause résolutoire sous-entendue dans tout contrat synallagmatique. Civ. $\begin{cases} 1185. \\ 1654. \end{cases}$

Cette règle n'est pas moins applicable à celui qui a vendu des marchandises, qu'à celui qui a cédé par endossement des effets de commerce. Mais comme il y a quelques différences qui tiennent à la nature des choses, nous en ferons l'objet de deux paragraphes distincts.

§. I.er

Revendication des Marchandises vendues et non payées.

1287. Le vendeur qui n'a pas encore livré les marchandises qu'il a vendues n'a pas besoin du secours de la revendication; il peut les retenir jusqu'à ce qu'on l'ait payé. Civ. $\begin{cases} 1612. \\ 1613. \end{cases}$

Il ne faut pas entendre ici par *livraison* la transmission de propriété qui, dans plusieurs cas, a lieu suivant les principes expliqués, n. 272 et suivans, par la seule convention. Nous entendons par ce mot, le transport

28 *

Civ. 1604. de la chose en la possession de l'acheteur, ou de celui qui est chargé de la recevoir pour lui.

Ainsi, lorsqu'une coupe de bois a été vendue par un propriétaire à un commerçant qui depuis est tombé en faillite, le vendeur, quoique la seule convention ait rendu l'acheteur propriétaire, peut s'opposer à ce que l'exploitation soit commencée, ou si elle l'est, à ce que les bois soient enlevés avant qu'on ne le paye.

Ainsi, quoique la marchandise susceptible d'être comptée, pesée ou mesurée, soit aux risques de l'acheteur dès l'instant du compte, pesage ou mesurage, ou quelquefois même dès l'instant qu'elle a été marquée de signes individuels, si elle est restée dans les magasins du vendeur, celui-ci pourra, dans le cas où la faillite arriveroit avant l'enlèvement, s'opposer à ce qu'il ait lieu.

Ainsi, lorsque, par une clause particulière de la convention, le vendeur s'est obligé de faire transporter par ses soins la chose vendue dans le domicile ou les magasins de l'acheteur, ou dans tout autre lieu désigné par celui-ci, la marchandise ainsi en route n'est pas présumée livrée, et le vendeur, peut refuser de s'en dessaisir si on ne le paye, soit qu'il ait vendu ou non au comptant, puisque la faillite rend toutes les créances exigibles.

Il importeroit peu pour l'exercice de ce droit que l'acheteur eût vendu ces mêmes marchandises à un tiers, même sur facture et lettre de voiture, comme dans les cas qui seront prévus ci-après.

1288. Mais lorsque la marchandise a été livrée, le vendeur non payé, soit qu'il ait ou non accordé du terme, n'a droit de la revendiquer que tant qu'elle n'est pas encore entrée dans les magasins du failli ou dans ceux du commissionnaire chargé de la vendre pour le compte de ce dernier. Com. { 576. 577.

Il est donc important de savoir ce qu'on doit entendre par vendeur non payé. Les règles données précédemment nous semblent suffisantes ; et si, par exemple, le revendiquant avoit reçu des billets ou autres effets non-payés, par l'effet de la faillite, ou non-échus lorsqu'elle s'ouvre, il ne faudroit que s'assurer, suivant les principes expliqués, n. 220, s'il est intervenu novation. Ce n'est qu'autant qu'elle n'auroit pas eu lieu, que la revendication seroit admissible.

Il faut savoir aussi ce qu'on doit entendre par magasin de l'acheteur. Il est des marchandises de grand encombrement qui n'entrent jamais, à proprement parler, dans des magasins; elles sont déposées sur des emplacemens, quelquefois vagues et communs, jusqu'à ce qu'elles soient enlevées pour être conduites au lieu de la consommation, tels sont les blocs de pierre, de marbre, etc. Il est d'autres marchandises qui, ne pouvant être expédiées pour les magasins de l'acheteur que par certaines voies et en certaines saisons, restent long-temps sur les ports où le vendeur les a fait conduire, tels sont les bois de chauffage, de construction, etc.

A cet égard, il nous semble qu'on peut offrir une règle simple. Les emplacemens ou terrains publics ne sont point sans doute plutôt les magasins de l'acheteur que ceux du vendeur, mais les circonstances servent ici à lever l'incertitude. Si la manière dont la vente est faite a mis les marchandises aux risques de l'acheteur au moment même de la convention, sans que le vendeur se soit obligé de les transporter ailleurs, il est naturel de considérer le lieu où elle étoit placée comme devenu le magasin de l'acheteur. On peut appliquer cette règle à un navire dans lequel seroient des marchandises que le propriétaire vend sans déplacement. La livraison est réputée faite, dans ce cas, par le seul consentement; le vendeur perd tout droit de revendication, et c'est dans ce sens qu'il faut rectifier ce que nous avons dit,

Civ. 1606.

n. 811, sur le prêt à la grosse. Néanmoins si les marchandises devoient être pesées ou mesurées, ce n'est que du moment que cette formalité auroit été accomplie.

Si, après ce mesurage, le vendeur étoit tenu de les transporter ailleurs, l'emplacement continueroit d'être considéré comme son magasin, et non comme celui de l'acheteur. Si même, suivant les circonstances et l'usage des lieux, les marchandises, quoiqu'aux risques de l'acheteur, étoient destinées par lui à être transportées dans une autre ville ou dans des magasins autres que le port sur lequel la livraison s'est faite, leur existence sur ce port les feroit considérer comme des objets encore en route.

Mais une fois qu'elles sont dans un magasin de l'acheteur ou de son commissionnaire, chargé de vendre, encore bien qu'il les ait destinées à être transportées ailleurs, elles ne sont plus ce que nous entendons ici par marchandises en route.

On ne pourroit toutefois considérer comme magasin de l'acheteur ou de son commissionnaire, un entrepôt public dans lequel des marchandises auroient été déposées en route pour les vérifications, déclarations, acquittemens de droits, ou contestations relatives aux douanes, octrois et autres impôts indirects.

Cette exception s'appliqueroit encore au

dépôt momentané dans les magasins d'un commissionnaire chargé par le failli, soit de les lui expédier, soit de les conserver à sa disposition, si ce commissionnaire n'est pas en outre chargé de vendre pour le compte du failli.

Par suite des mêmes motifs, on ne pourroit opposer à la demande en revendication le fait de l'arrivée des marchandises dans les magasins du failli, depuis que la faillite est ouverte.

1289. Du reste, le revendiquant est tenu s'il a reçu quelqu'à-compte, si le prix lui avoit été réglé en billets ou effets, de les restituer. Il doit en outre indemniser l'actif du failli de toute avance faite pour le fret ou voiture, commission, assurance ou autres frais relatifs aux marchandises, et acquitter les sommes qui pourroient être dues pour les mêmes causes, sans aucune répétition contre la masse. C'est à lui de s'imputer la confiance qu'il a eue de vendre à crédit, et puisque, dans la rigueur du droit, la revendication pouvoit lui être refusée, il ne l'obtient qu'au moyen de ce sacrifice.

Com. 579.

1290. Le failli pourroit néanmoins avoir vendu ces marchandises sans fraude, sur facture et connoissement, ou lettre de voi-

ture. La revendication ne peut plus alors
avoir lieu au préjudice du tiers acheteur de Com. 578.
bonne foi, quand même les objets seroient
encore en route.

La vente sur seule facture ne suffiroit pas :
la facture n'a rien de commun avec le connoissement ou la lettre de voiture. La facture sert à établir les comptes entre le
vendeur et l'acheteur. Le connoissement ou
la lettre de voiture est le titre qui oblige
le capitaine du navire ou le voiturier à remettre la marchandise au réclamant : elle
seule complète la tradition feinte, puisqu'elle
donne titre pour exiger la remise ; il est
donc indispensable que la vente des marchandises en route soit faite sur l'un et l'autre
de ces titres.

A plus forte raison le vendeur qui, de
l'ordre de l'acheteur, auroit adressé les objets
vendus à un cessionnaire des droits de cet
acheteur, ne seroit plus fondé à les revendiquer s'il avoit connu cette cession.

On assimile à ce cas de vente la confis-
cation pour fraude encourue par le failli ;
le vendeur ne peut exercer de revendication
au préjudice du trésor public, conformément à l'art. 5 du titre XII de la loi du 22
août 1791.

1291. Il pourroit se faire que le failli,

au lieu de vendre les marchandises qui ne sont pas encore rendues dans ses magasins, les eût affectées à quelque dette privilégiée, au voiturier, pour frais de transport, à un commissionnaire pour ses avances, etc. Par exemple, des sels sont vendus à Nantes, par *Pierre*, à *Jacques* de Paris, à un crédit de six mois. Ils sont placés sur des bateaux, et adressés par ordre de *Jacques* à *Paul*, commissionnaire d'Orléans, qui fait des avances et prêts sur ces marchandises avant leur arrivée dans les magasins, mais sur connoissement ou lettre de voiture, comme on l'a vu, n. 587. *Jacques* fait faillite, et les sels n'étant encore qu'à Blois, *Pierre* les revendique. Il ne pourra exercer ce droit sans acquitter le privilège de *Paul*. C'est la conséquence de ce que nous avons dit n. 1287.

1292. Ce droit du vendeur cesse encore s'il peut y avoir le plus léger soupçon que les marchandises revendiquées ne sont pas iden- Com. 580. tiquement les mêmes que celles qu'il dit avoir vendues. En conséquence, la reven- dication ne peut être exercée qu'autant qu'il est reconnu que les balles, barriques ou enveloppes dans lesquelles les marchandises se trouvoient lors de la vente n'ont pas été ouvertes. Si elles étoient sous cordes et marques, il faut que ces cordes et marques n'aient point été enlevées ni changées. Néanmoins s'il en avoit été substitué d'autres par fraude, il nous semble que cette fraude étant prouvée, ce changement ne seroit d'aucune considération, à moins que des tiers de bonne foi n'en prissent droit.

Enfin, il faut que les marchandises n'aient subi aucun changement ou altération dans leur nature ou leur qualité. Cette altération, pour être un obstacle à la revendication, doit être du fait de l'homme; par exemple, si du bled a été converti en farine, de la laine en drap, ou même si des vins blancs et rouges ont été mélangés; mais si cette altération provenoit de la nature de la chose, ce qu'on peut appeler son *vice propre*, comme est l'évaporation qui diminue les liquides, ou comme seroit l'accident qui feroit aigrir du vin, la revendication n'en auroit pas moins lieu.

De même, des marchandises ne seroient pas censées avoir cessé d'être identiquement les mêmes, parce qu'une force majeure, ou autre cause quelconque, les auroit mélangées avec d'autres, s'il est possible de les reconnoître, ou si l'on peut appliquer les règles du droit civil sur la manière de satisfaire les divers propriétaires de choses confondues. Par exemple, les bois de différens propriétaires sont sur un port où l'on se dispose à les expédier, par flottage; avant que chacun ait apposé sa marque, une inondation enlève et confond les bois; lorsqu'ils sont retrouvés on procède à une répartition qui ne rend à personne identiquement ce qui lui appartenoit, mais ce qui est attribué à chacun est censé former ce qu'il possédoit, quoique probablement ce ne soient pas les mêmes pièces de bois.

Ce ne seroit pas encore un obstacle à la revendication que le changement de forme nécessairement prévu par la convention; par exemple, un propriétaire vend à un commerçant la coupe de 100 arpens de bois sur pied; l'exploitation sur le lieu n'est pas présumée avoir dénaturé cette marchandise.

1293. Dans tous les cas où le vendeur peut revendiquer, les syndics des créanciers ont la faveur de retenir les choses revendiquées, en payant au réclamant le prix total convenu entre lui et le failli.

Cam. 582.

Ce droit de suite du vendeur appartient à tous ceux qui, par des circonstances quelconques, seroient substitués à ses droits; ainsi le commissionnaire d'achats qui se trouveroit avoir payé le vendeur primitif, et n'auroit pas été couvert de ses avances ou de ses obligations par le failli, pourroit, comme on l'a vu, n. 562, dans tous les cas où nous avons dit que le vendeur en a le droit, revendiquer les marchandises qu'il a ainsi achetées et qu'il a payées, ou que par sa qualité de commissionnaire d'achats, il peut être tenu de payer.

1294. Il ne faut pas, au surplus, perdre de vue que ces principes sur le droit de suite et la revendication ne s'appliquent qu'aux opérations commerciales. Si donc il arrivoit qu'un commerçant fût débiteur du prix d'objets achetés pour son utilité particulière et personnelle, ou pour sa consommation de famille, en un mot, de choses qui ne seroient point du nombre de celles dont se compose son commerce, les privilèges et revendications établis par le droit civil devroient être observés sans restriction. On sent, par conséquent, combien il importe de reconnoître si une vente a été ou non acte de commerce. Nous ne pouvons que renvoyer aux notions que nous avons données, n. 5 et suivans.

§. II.

De la Revendication des Effets de Commerce cédés dont le Prix n'a pas été payé.

1295. Celui qui a transmis des effets de

commerce à un autre pour qu'il en devînt propriétaire, et qui n'en a pas encore touché le prix, est dans la même position qu'un vendeur de marchandises non-payé.

En faisant à sa position l'application exacte et rigoureuse de principes expliqués, n. 1286, il ne pourroit exercer aucune revendication dès l'instant que les effets qu'il a cédés seroient entrés dans le portefeuille du failli, qui peut, pour des objets de cette nature, être considéré comme ce que sont des magasins pour les marchandises.

Ainsi, l'accepteur d'une lettre de change causée *valeur reçue en un billet,* et qui auroit accepté sans avoir provision, ne pourroit pas revendiquer dans la faillite du tireur, le billet donné à celui-ci, par le preneur, ni se faire payer du prix que doit ce dernier, par préférence aux autres créanciers. Ce billet est le prix de la vente, que le tireur est censé avoir reçu, et qui appartient à la masse de sa faillite. Celui sur qui la lettre est tirée, en acceptant sans avoir provision, a suivi la foi du tireur, il n'y a pas de raison de le traiter mieux que les autres créanciers.

Ainsi, le preneur d'une lettre de change n'en ayant pas payé le montant, et le devant encore au moment de sa faillite, le tireur ne pourroit y revendiquer cette lettre, quand même elle se trouveroit dans l'actif du failli ; peu importeroit qu'elle exprimât la *valeur reçue en un billet* parfaitement désigné, et que le tireur offrît de le rendre identiquement.

1296. Mais ces règles sont modifiées lorsque la transmission des effets de commerce a eu lieu avec destination d'un emploi déterminé par le cédant. De quelque manière que l'endossement soit causé, si des preuves non suspectes établissent cette destination, etqu'elle n'ait pas eu son effet, le cédant peut exercer la revendication ; dans ce cas, celui à qui la transmission a été faite, est moins réputé acheteur que commissionnaire.

Com. 683.

1297. Lorsque cette transmission a eu lieu par voie de compte-courant quoique sans destination spéciale, les effets peuvent encore être revendiqués, si le réclamant n'étoit débiteur d'aucune somme envers le failli, à l'instant qu'il lui a fait les remises. On présume que, nonobstant le libellé de l'endossement, le failli n'en est pas devenu propriétaire, puisqu'il ne lui étoit rien dû quand il les a reçus. Mais la revendication cesse si, au moment de la remise, celui qui

Com. 584.

l'a faite devoit une somme quelconque au failli. Il n'a plus droit de les reprendre en nature, quand même il offriroit de payer ce qu'il doit pour qu'on lui laisse l'exercice de la revendication; il est présumé avoir voulu les donner en paiement de sa dette, sous la seule réserve de se faire rembourser de l'excédant; il n'est dès-lors que créancier ordinaire de cet excédant. Ce n'est plus comme commettant qu'il transmettoit les effets; le failli ne peut être, à son égard, considéré comme un commissionnaire. La qualité respective des parties a été fixée.

Si, au contraire, celui qui a fait les remises n'étoit que *créditeur*, s'il ne devoit rien encore à l'instant de cet envoi, peu importeroit que depuis l'époque des remises le failli lui eût fait des paiemens sur le montant recouvré, ou des avances sur ce qui étoit à recouvrer; c'est toujours en la même qualité de commissionnaire qu'il a pu seule avoir au moment des remises. La revendication est alors fondée, sauf à la masse des créanciers, à exercer son droit de rétention pour les avances faites par le failli, et jusqu'à concurrence d'icelles.

TITRE SECOND.

DES BANQUEROUTES.

1298. L<small>E</small> failli coupable de faute ou de dol, est, suivant la nature des faits, considéré comme banqueroutier simple ou frauduleux.

Ce titre sera donc divisé en trois chapitres. Le premier contiendra les règles communes à la banqueroute simple et à la banqueroute frauduleuse; dans les deux suivans, nous traiterons de chaque espèce de banqueroute.

CHAPITRE PREMIER.

Règles communes à toutes les Banqueroutes.

1299. Il importe peu que les caractères de la banqueroute ne se soient manifestés que depuis la faillite, ou qu'ils aient été reconnus et constatés en même temps que la cessation de paiemens.

Cette poursuite, comme celle de tout délit, peut être faite sur la plainte ou dénonciation des parties intéressés, c'est-à-dire, dans l'espèce, des agens ou syndics, au nom de la

Com. $\begin{cases} 588. \\ 595. \end{cases}$

masse, ou de tout créancier quelconque;
même sur la dénonciation d'une personne
I. C. 30. tout à fait sans intérêt.

Le plus souvent elle a lieu d'office à la
réquisition du ministère public. A cet effet,
les agens ou syndics de la faillite doivent
remettre au procureur du roi, un mémoire
Com. 488. ou compte sommaire de l'état apparent de la
faillite, de ses principales causes et circonstances, et des caractères qu'elle paroît avoir.

Sur cette communication, ce magistrat
peut, d'office, par lui-même ou par un de ses
substituts, se transporter au domicile du
Com. 489. failli pour assister à la rédaction du bilan, de
l'inventaire et des autres actes de la faillite
qui sont de nature à se faire à ce domicile;
prendre tous les renseignemens qui en résultent, et faire en conséquence les actes ou
poursuites nécessaires, le tout sans frais.

Mais lorsque les opérations susceptibles
d'être faites au domicile du failli sont
achevées, le procureur du roi n'est plus fondé
à assister à celles dans lesquelles nous avons
vu qu'étoit exigée la présence du juge-commissaire. C'est à ce magistrat qu'est confié le
soin de recueillir les preuves de la fraude et
de transmettre au ministère public les renseignemens nécessaires. En chargeant le juge-
commissaire de veiller à ce qu'il ne soit fait
aucun traité entre le failli et ses créanciers,

si l'examen des actes, livres et papiers donne quelque présomption de banqueroute, la loi suppose assez clairement que le procureur du roi ni son substitut n'assistent point aux assemblées.

Si, d'après les renseignemens qu'il a obtenus, le procureur du roi présume qu'il y ait banqueroute simple ou frauduleuse, il peut décerner contre le failli un mandat d'amener, de dépôt ou d'arrêt, et doit en donner connaissance, sans délai, au commissaire de la faillite, pour qu'il ne propose et que le tribunal n'accorde aucun saufconduit. Si néanmoins ce tribunal en avoit accordé un avant cet avertissement ou sans y avoir égard, le failli ne seroit pas, par ce motif, à l'abri des poursuites et de l'arrestation de la part du ministère public.

1300. Il existe une différence essentielle entre le cas où des parties privées font cette poursuite, et celui où c'est le ministère public. L'homologation d'un concordat, passée en force de chose jugée contre les plaignans, même malgré leurs oppositions, met fin à leur poursuite en éteignant l'action civile, qui est la seule que leur plainte, quoique dirigée au criminel, puisse leur procurer; tandis que si le ministère public veut poursuivre, ou d'office ou en suivant les erremens

29 *

de la plainte rendue par des parties pour lesquelles le concordat est devenu obligatoire, cette circonstance, ni celle que le tribunal de commerce auroit déclaré le failli excusable, ne pourroit être un obstacle à ses poursuites.

Il ne faut jamais confondre l'intérêt de la société à réprimer et punir les délits ou les crimes, avec les intérêts civils qui concernent les parties offensées, et sur lesquels elles peuvent transiger, sans arrêter l'action publique.

C'est par le même motif, qu'une poursuite en banqueroute peut avoir lieu, sans que le tribunal de commerce ait jugé qu'il y eût faillite; l'existence en est alors déclarée en même temps que celle du délit et par la même autorité, comme nous l'avons dit, n. 1094.

1301. Quel que soit le caractère que la banqueroute se trouve avoir, l'administration de la faillite n'éprouve aucun changement; et quand même le failli seroit poursuivi par contumace pour banqueroute frauduleuse, ses biens ne sont point régis au nom de l'état, suivant les règles déterminées dans les autres cas de contumace.

Com. 600.

Les actions et opérations qui ont fait l'objet du titre précédent restent séparées et indépendantes des poursuites qui ont pour but la punition du coupable. Seulement les syndics sont tenus de fournir au ministère public toutes les pièces, titres originaux, registres et autres renseignemens qu'il leur demande, pour s'éclairer sur les poursuites qu'il dirige. Com. $\begin{cases} 601. \\ 602. \\ 603. \end{cases}$ Pendant l'instruction, ces pièces restent déposées au greffe, sauf aux syndics à en prendre communication et même à s'en faire délivrer des extraits privés ou officiels qui doivent leur être accordés sans frais à leur demande ou réquisition.

La remise des originaux leur est faite après le jugement, à moins que les tribunaux ou cours criminelles n'aient ordonné le dépôt judiciaire de quelques-uns.

1302. Le failli pourroit être acquitté, mais cet événement ne seroit pas une raison qui dût faire infirmer le jugement par lequel le tribunal de commerce auroit refusé l'homologation du concordat; l'effet de cet acquittement n'est relatif qu'aux poursuites correctionnelles ou criminelles, et le failli qui auroit été relâché, rentreroit dans les liens de la contrainte par corps.

1303. A quelque requête que la poursuite ait été faite, les frais sont supportés par le failli s'il est condamné, et la masse est tenue de les acquitter, suivant les règles données

n. 1196 et 1207; mais s'il est absous, la masse
ne les supporte qu'autant que la poursuite
auroit été faite par les syndics; dans les autres
cas, le trésor public ou les créanciers qui ont
poursuivi individuellement, les acquittent.

1304. Les tentatives de banqueroute frauduleuse doivent être punies comme le crime
consommé, dans les mêmes cas où la tentative
de tout autre crime est punie. Il n'en est pas
de même de la tentative de banqueroute
simple, et dans le fait, il seroit assez difficile
de trouver des cas où ce genre de délit fût
possible.

CHAPITRE II.

De la Banqueroute simple.

1305. Indépendamment de la forme des
poursuites et de la différence des peines, la
banqueroute simple est distincte de la banqueroute frauduleuse, en ce que le banqueroutier simple n'est privé que de la faculté
de faire un concordat, mais que cet événement seul ne le rend point inadmissible au
bénéfice de cession, et à la réhabilitation;
avantages dont sont privés les banqueroutiers
frauduleux.

1306. C'est au tribunal de police correctionnelle du lieu dans lequel la faillite s'est ouverte, que la connaissance de ce délit appartient.

La gravité plus ou moins forte des fautes du failli, sert à déterminer quand il *doit* ou quand il *peut* seulement être poursuivi comme banqueroutier simple.

Des dépenses excessives, des pertes au jeu ou dans des opérations de pur hasard et d'agiotage, telles qu'on les a vues, n. 172; des reventes de marchandises à perte ou des emprunts considérables faits dans un temps où il ne pouvoit ignorer, d'après son inventaire, que son actif étoit de cinquante pour cent au-dessous de son passif; une émission de signatures de crédit ou de circulation pour une somme triple de son actif, donnent lieu contre lui à une présomption telle, qu'il faut nécessairement que les tribunaux examinent sa conduite; il *doit* être poursuivi comme banqueroutier simple.

Mais s'il n'a point des torts de cette nature, si l'on ne peut lui reprocher que des irrégularités dans sa conduite, il y a seulement *faculté* de le poursuivre, et la nécessité d'une mise en jugement ou d'une procédure publique n'est pas indispensable.

Le premier de ces cas est celui où le failli n'auroit pas fait la déclaration dont nous

Com { 586.
{ 587.

avons parlé, n. 1096; s'il prouve la pureté de
sa conduite, s'il montre que jusqu'au moment
où le jugement de déclaration de faillite a
été prononcé contre lui, à la requête de ses
créanciers, il conservoit un légitime espoir
de faire face à ses engagemens, par exemple,
d'emprunter sur ses immeubles, ou de recevoir une cargaison qui a péri à l'entrée du
port, etc., il ne sera pas juste de le déclarer
banqueroutier, et sur-tout de ravir à ses
créanciers la faculté de faire avec lui un
concordat, qui peut leur être plus avantageux
qu'une union.

Le failli qui ne s'est pas présenté aux agens
et syndics dans les délais fixés, n. 1153, peut
également, suivant les circonstances, être
ou n'être pas poursuivi comme banqueroutier;
il en est de même de celui qui n'exhibe pas
tous les livres qu'il devoit avoir, ou qui en
présente d'irrégulièrement tenus, pourvu
qu'il n'y ait pas dans cette irrégularité des
caractères de fraude.

En indiquant, n. 86, comment doivent
être tenus les livres des commerçans, nous
avons assez fait connoître ce qu'on devoit
considérer comme irrégularités; le défaut de
timbre n'est pas textuellement rangé parmi
les fautes de cette espèce, mais comme un
juge ne peut parapher que des livres timbrés,
il s'ensuit qu'un livre non timbré est néces-

appartient, dans l'état actuel de la législation française, aux cours d'assises.

Elle produit, lorsque l'accusé est condamné, tous les effets des condamnations pour les autres crimes attentatoires à la propriété d'autrui, et en outre elle prive le condamné des bénéfices du concordat, de la réhabilitation et de la cession de biens.

Com. {593. 594.   1310. On distingue les cas dans lesquels le failli *doit*, et ceux dans lesquels il *peut* être déclaré banqueroutier frauduleux.

Com. 593.   Le failli, prévenu d'avoir supposé des dépenses ou des pertes, ou de ne pas justifier l'emploi de toutes ses recettes; celui qui, chargé d'un mandat spécial, ou constitué dépositaire d'argent, d'effets de commerce, de denrées ou de marchandises, est prévenu d'avoir, au préjudice du mandat ou du dépôt, appliqué à son profit les fonds ou les valeurs qu'il a reçues; celui qui a caché ses livres; celui qui est prévenu d'avoir, en fraude de ses créanciers, acheté, sous le nom d'un autre, des immeubles ou des effets mobiliers, détourné des sommes d'argent, dettes actives, marchandises, denrées ou autres effets mobiliers, fait des ventes, négociations ou donations simulées, supposé des dettes passives, en faisant des écritures simulées, ou en se constituant débiteur sans cause ni valeur, par des actes publics, ou sous seing-privé; celui qui, séparé de biens, n'a pas rendu publique cette séparation; Com. 69. l'agent de change qui a fait faillite, *doivent* Com. 84. être nécessairement traduits devant la cour Pén. 404. d'assises, pour être jugés comme banque-routiers frauduleux.

Quant aux faillis qui n'ont pas tenu de livres, ou dont les livres n'offrent pas leur véritable situation active et passive; qui ayant obtenu un sauf-conduit ne se présentent Com. 594. pas à la justice, et sont dès-lors moins ex-cusables que s'ils n'avoient pu l'obtenir; qui ont contracté des engagemens de commerce, dans les dix jours précédant l'ouverture de Com. 445. la faillite, il est laissé à la prudence des juges de les poursuivre, ou non, en banqueroute frauduleuse.

1311. Quiconque est convaincu d'avoir fait une banqueroute frauduleuse est condamné aux travaux forcés à temps; les arrêts Pén. 402. rendus contre ces coupables et leurs com-plices, sont affichés et insérés dans les journaux, comme les jugemens rendus en fait de banqueroute simple.

L'acquittement d'une accusation de ban-queroute frauduleuse n'est pas un obstacle à ce que le failli ne soit condamné pour ban-queroute simple, si la procédure a constaté que les faits qu'on avoit cru présenter de la fraude, n'étoient que de simples négligences ou des imprudences.

1312. La complicité de banqueroute frauduleuse n'est pas moins coupable que le crime principal.

Les individus convaincus de s'être entendus avec le banqueroutier, à l'effet de frauder ses créanciers, sont réputés ses complices, condamnés aux mêmes peines et à réintégrer à la masse des créanciers les biens, droits et actions frauduleusement soustraits, et à payer à ladite masse, à titre de dommages-intérêts, une somme égale à celle dont ils vouloient la frustrer.

Com. { 596. / 599.

Nous avons déjà fait remarquer, n. 1166, qu'il y avoit une présomption légale de complicité contre les créanciers fictifs qui, lors de la vérification et affirmation de leurs créances, avoient persisté dans une fausse allégation. La même règle s'applique à ceux qui, ayant, de fait, concouru à quelques détournemens, se seroient prétendus légitimes propriétaires des choses détournées, lorsque les syndics les ont assignés pour en faire rapport à la masse.

Com. 566.   La qualité de la femme ne la met pas à l'abri des poursuites de la justice, si elle a détourné une portion quelconque de l'actif, où prêté son nom et son intervention à des actes faits par son mari, en fraude de ses créanciers.

Le crime de complicité de banqueroute ne pouvant exister que s'il y a banqueroute, il est évident que ce dernier doit être constaté avant tout; mais il ne s'ensuit pas que si le coupable de banqueroute n'étoit pas poursuivi par quelque cause que ce puisse être, ou même étoit déchargé d'accusation, il fallût en conclure l'impossibilité de poursuivre, ou la nécessité d'acquitter ceux qu'on prétendroit avoir aidé le failli à commettre le crime dont il a été accusé.

TITRE TROISIÈME.

DE LA RÉHABILITATION.

1313. Les lois qui, jusqu'à présent, règlent l'exercice des droits politiques, en excluent les personnes en état de faillite. L'acte qu'on nommoit constitution du 13 décembre 1799 (22 frimaire an 8)[1], que l'on peut considérer encore comme loi subsistante, puisque diverses ordonnances du Roi en ont rappelé quelques dispositions, porte, article 5, que

[1] Bulletin des lois, 3.me série, n. 1.

l'état de faillite suspend l'exercice des droits

Com. 614. de citoyen. D'un autre côté, nul failli, même déclaré excusable, ne peut se présenter à la bourse. Les règlemens ont étendu cette prohibition à quelques autres droits. L'objet de la réhabilitation est d'effacer cette tache et de rendre au failli tous les avantages dont il étoit privé.

1314. Elle est la seule voie pour y parvenir. Du moment que le jugement qui déclare le débiteur en faillite est devenu, à son égard, chose jugée, la qualité de failli a produit tous ses effets contre lui, et ne peut être effacée que par la réhabilitation. L'introduction qu'on voudroit essayer d'une rétractation de jugement, hors les cas expliqués, n. 1110 et suiv. ; seroit sans effet, quand même l'opposition au jugement qui déclare la faillite seroit formée par des créanciers, à l'égard desquels ce jugement n'auroit point encore l'autorité de la chose jugée : cette opposition ne pourroit, fût-elle admise, avoir d'effets qu'en faveur de l'opposant, et ne changeroit point le sort du débiteur envers qui cet état de chose jugée existe.

1315. Le bénéfice de la réhabilitation n'est point accordé aux stellionataires, aux indi-

vidus condamnés pour vol et escroquerie, Com. 612.
aux comptables tels que les tuteurs, administrateurs dépositaires qui n'ont pas rendu ou
soldé leurs comptes, aux banqueroutiers
frauduleux; mais cette rigueur ne s'étend pas
aux banqueroutiers simples, après qu'ils ont Com. 613.
subi la peine prononcée contre eux.

1316. Le failli qui se croit admissible à la
réhabilitation, ne peut en former la demande qu'après avoir acquitté intégralement
toutes les sommes par lui dues en principal
et même les intérêts à compter de l'échéance,
quoique le créancier n'ait formé aucune
poursuite pour les faire courir, parce que
l'état de faillite constituoit suffisamment le
débiteur en demeure, et que le silence du
créancier doit être plus attribué à la crainte
de faire des frais inutiles qu'à une renonciation à ses droits. Mais on ne doit pas perdre
de vue, dans ces cas, que la quittance du
capital fait supposer qu'il est libéré des in- Civ. 1908.
térêts.

Le failli doit adresser sa requête à la
cour dans le ressort de laquelle il est do- Com. $\begin{cases} 604. \\ 605. \end{cases}$
micilié, et y joindre les quittances et autres
pièces justificatives du paiement total des
dettes.

Le procureur-général à qui cette requête
est communiquée, en adresse des expédi- Com. 606.

tions certifiées au procureur du Roi près le tribunal de commerce du domicile du requérant. Si ce domicile n'étoit pas le même que celui qu'il avoit lórs de la faillite, une troisième expédition doit être adressée au président du tribunal de commerce dans l'arrondissement duquel cette faillite a eu lieu.

Com. 607. Chacun de ces magistrats est chargé de recueillir tous les renseignemens sur la vérité des faits exposés; en conséquence, il en fait afficher copie, tant dans la salle d'audience de son tribunal, qu'à la bourse et à la maison commune. Cette copie reste affichée pendant deux mois, et en outre elle est insérée dans les journaux comme l'est la déclaration de faillite.

Com. 608. Pendant ce délai, quiconque étoit, à quelques titres que ce soit, créancier du demandeur, à l'époque de sa faillite, et qui n'a pas été payé intégralement en principal, intérêts et frais, et toute autre partie intéressée, peut former opposition à la réhabilitation par un simple acte de déclaration reçu par le greffier, soit du tribunal civil, soit du tribunal de commerce, appuyé de pièces justificatives, s'il y a lieu. L'opposant pourroit même, si les délais étoient expirés, faire cette opposition au greffe de la cour d'appel.

. Cette déclaration doit contenir les causes d'opposition, et surtout établir ce que l'opposant prétend lui être encore dû par le failli. Ce droit ne va pas jusqu'à se rendre partie dans la procédure tenue pour la réhabilitation, parce que ce n'est point une affaire qui se plaide contradictoirement.

Le failli peut faire cesser l'effet de ces oppositions en payant les sommes réclamées, ou en faisant, au cas de refus, des offres et une consignation, ou en faisant juger qu'il n'est point débiteur de la somme prétendue, c'est-à-dire, qu'au cas où il n'eût pas failli, l'opposant n'auroit pas été fondé à lui demander la somme réclamée.

Après l'expiration des deux mois, les magistrats auxquels la demande a été renvoyée, transmettent, chacun séparément, au procureur-général, les renseignemens qu'ils ont obtenus, les oppositions qui ont été formées, et les notions particulières qu'ils peuvent avoir sur la conduite du failli. Ils y joignent leur avis; et le procureur-général fait rendre sur le tout un arrêt portant admission ou rejet de la demande. Si elle est rejetée, elle ne peut plus être reproduite. Si elle est admise, l'arrêt est adressé aux magistrats auxquels la demande a été communiquée pour l'instruction ; ils en font donner la lecture publique, et la font transcrire sur

Com. {609. 610. 611.

les registres de leurs tribunaux respec‐
tifs.

1317. On a vu, n. 1211, que les créan‐
ciers porteurs d'obligations solidaires sous‐
crites par plusieurs faillis, prenoient part
dans les distributions de toutes les masses;
il peut se présenter quelque difficulté sur la
manière dont les faillis devront ensuite pro‐
céder entre eux dans le cas de demandes en
réhabilitation. La combinaison et l'application
des principes exposés sur l'exercice des droits
des divers créanciers, peut la résoudre.

Pour indiquer le mode d'exécution à
adopter, nous employons l'exemple suivant.

Antoine est porteur d'une lettre de change
de 3000 francs; à l'échéance le tireur et les
endosseurs étoient en faillite.

Jacques, tireur, payant cinquante pour
cent, *Antoine*, porteur, reçoit 1500 francs,
qui sont émargés sur son titre, comme on
l'a vu, n. 1263; la faillite de *Jacques* débourse
donc ladite somme de. . . . . . . 1500 fr.

Jean, premier endosseur, paye
quarante pour cent; *Antoine* reçoit
donc de cette faillite, suivant les
formes ci-dessus. 1200

René, second endosseur, paye
vingt pour cent; *Antoine* reçoit

2700

ci-contre. . . . 2700 fr.

pour solde de sa créance, et dans les
mêmes formes que ci-dessus. . . . 300

Total de ce que reçoit *Antoine*,
égal à son titre.. . . . . . . 3000 fr.

Voilà donc ce porteur parfaitement désin-
téressé. Nous supposons qu'il a laissé le titre
de créance au syndic des créanciers de *René*,
dont la masse a effectivement un recours
à exercer contre les endosseurs précédens
et le tireur.

Maintenant, comment ce tireur et ces endosseurs faillis, en cas de réhabilitation,
procéderont-ils entre eux pour s'acquitter
les uns envers les autres ?

Pour y parvenir, il est indispensable d'établir que toutes les fois qu'*Antoine* a reçu des
dividendes, il a dû en donner quittance ; et
comme le titre original restoit dans ses mains
jusqu'à parfait paiement, il ne peut refuser
à chacun des tireur et endosseurs faillis, à
peine d'en répondre en son propre et privé
nom, les déclarations nécessaires.

Il ne faut pas perdre de vue aussi qu'*Antoine* étant payé, il ne s'agit plus que des
faillis entre eux ; or, le tireur est le principal
obligé, les autres qui suivent ne doivent
que dans le cas où ce tireur, et successivement ceux qui viennent après lui, sont entiè-

rement insolvables; de façon que le dernier endosseur ne doit qu'autant que ceux qui le précèdent ne paient pas.

Supposons à présent que *Jean*, premier endosseur, veuille se réhabiliter; il doit payer à *René*, second endosseur, les 300 francs que celui-ci a déboursés, et de plus les frais, s'il en a été fait, et les intérêts, ci. . . . . 300 fr.

Il avoit payé lui-même, en dividende, qu'il avoit distribués 1200

————

1500 fr.

Il devient créancier du tireur de ces 1500 francs qu'il recevra à l'époque où celui-ci voudra se réhabiliter, et comme nous avons supposé que ce tireur avoit payé quinze cents francs, ci. 1500

————

La dette sera éteinte telle qu'elle s'élève à. . . . . 3000 fr.

————

Si le tireur se réhabilite le premier, il doit payer avec frais et intérêts à *Jean*, la somme que celui-ci avoit déboursée, ci. 1200

A *René*, comme dessus, ci. . . 300

————

1500 fr.

Et moyennant la somme de 1500 francs qu'il avoit déjà payée, l'effet ci-contre. . . . 1500 fr.

se trouve soldé, ci 1500

Total égal . . 3000 fr.

Si *René* commence par se réhabiliter, il ne devra point payer à *Jean* les 1200 francs que celui avoit déboursés, non plus que les frais et intérêts, parce que tout ce qu'a payé cet endosseur, il le devoit à la décharge de *René*, envers qui il étoit garant ; de même, il ne devra rien rembourser au tireur, puisque celui-ci lui devoit garantie.

TITRE QUATRIÈME.

DES SUSPENSIONS DE PAIEMENS.

1318. La cessation de paiemens constituant la faillite, il ne paroît pas naturel que la simple suspension, si elle n'a pas été suivie d'une cessation effective, produise les mêmes résultats.

Un commerçant peut, après un embarras momentané, qui a donné lieu à quelques protêts ou à des poursuites, reprendre ses paiemens et satisfaire ceux qui l'ont poursuivi pendant cette gêne momentanée ; il ne seroit pas juste de le considérer comme failli.

Il peut même arriver qu'après la décla-

ration faite par le débiteur, et avant que le
jugement soit rendu, les créanciers aiment
mieux proroger les termes de ce qui leur est
dû, que de laisser rendre un jugement dont
l'effet sera de détruire tout le crédit de leur
débiteur.

Dans ces cas divers, ni le ministère public,
ni même des créanciers de sommes non exigibles, étrangers à ces arrangemens, ne
seroient fondés à prétendre que leur débiteur
a été et est resté en état de faillite.

Ainsi, les conventions d'attermoiement
faites collectivement ou individuellement,
dans ces circonstances, ne seroient pas soumises aux formalités exigées pour le concordat, ni susceptibles d'être attaquées par
l'un des accédans, sous prétexte que le débiteur auroit assuré de plus grands avantages à
un autre.

Ainsi, ni l'exigibilité générale des créances
que nous avons vu être l'effet de l'état de
faillite, ni la nécessité d'une réhabilitation,
ne nous semblent devoir être la conséquence
de l'état de gêne qu'a éprouvé le débiteur.

1319. Mais, si parmi les créanciers de
sommes échues, il s'en trouvoit qui ne vou-
lussent pas consentir cet attermoiement, ce
que nous avons dit, n. 1230, sur l'obligation de
la minorité de céder à la volonté de la majo-

rité, ne seroit plus applicable à cette sorte d'accommodement. Les refusans auroient incontestablement le droit d'exiger leur paiement par toutes les voies légales, sauf au tribunal à donner au débiteur qui lui paroîtroit mériter de l'indulgence, un délai pour s'acquitter, dans les cas où cette faculté ne lui est pas interdite. Ces créanciers pourroient même, en réunisssant à la circonstance que le débiteur ne les paie pas, celle qu'il a pris des arrangemens avec d'autres créanciers, prétendre qu'il doit être déclaré en faillite, et ce seroit au tribunal à prononcer suivant les règles exposées, n. 1110 et suiv.

On ne sauroit se fonder sur la distinction que, dans le langage usuel, il est possible de faire, entre *cesser* ses paiemens, et se borner à les *suspendre*, pour en induire qu'un commerçant qui éprouve l'impossibilité d'acquitter ses engagemens échus, par défaut de monnoie qu'il puisse offrir à ses créanciers, quoiqu'il possède en immeubles ou en marchandises, plus qu'il ne faut pour se libérer, ait droit de prétendre, contre ceux qui essayeroient de le faire déclarer en faillite, que son état est celui d'une simple *suspension* de paiemens; qu'en prouvant qu'il possède plus qu'il ne doit, il reste maître de tirer le meilleur parti de sa fortune, et que ses créanciers doivent être, pendant un certain temps, privés de la faculté de le poursuivre, pour obtenir le paiement de ce qu'il leur doit présentement échu.

La législation française actuelle n'admet plus les *répit, arréts de surséance, lettres d'état*, qu'autorisoit l'ordonnance de 1669, par l'effet desquels un débiteur obtenoit par grâce, de l'autorité royale, un sursis à toutes poursuites contre ses biens et contre sa personne, sans être déclaré failli, ni traité comme tel.

Elle n'a point tracé la marche à suivre dans le cas où le débiteur prétend n'être qu'en état de simple suspension de paiement. C'est annoncer suffisamment qu'elle ne reconnoît point cet état, qu'elle n'y attache aucun effet, comme elle en attache à l'état de faillite; et qu'à ses yeux, ne pas obtenir de termes de ceux qui ont droit d'en refuser, c'est être, à leur égard, en cessation de paiemens.

TITRE CINQUIÈME.

DE LA DÉCONFITURE.

1320. La définition que nous avons donnée de la faillite, n. 1091, apprend que cet état ne peut jamais convenir à ceux qui, ne faisant pas leur profession habituelle d'exercer des actes de commerce, deviendroient, même par suite d'opérations commerciales auxquelles ils se seroient livrés momentanément, dans l'impossibilité de satisfaire à leurs engagemens. Cette position est appelée *déconfiture*. Nous allons dans un premier chapitre, faire voir à quels caractères on peut reconnoître cet état; dans le second, les effets qu'il produit.

CHAPITRE PREMIER.

Des Caractères de la Déconfiture.

1321. La déconfiture est la position du non commerçant qui se trouve par l'accumulation de condamnations ou de poursuites dirigées contre lui, hors d'état de payer ce qu'il doit.

Dès qu'une personne n'est pas du nombre de celles qu'on peut, d'après les règles données, n. 77 et suiv., déclarer commerçans, l'exercice qu'elle auroit fait antérieurement d'une profession commerciale, si elle l'a abandonnée, si elle a cessé toute espèce de commerce, ne seroit pas un motif pour appliquer à son insolvabilité les règles de la faillite.

Indépendamment de cette différence tirée

de celle des personnes qui peuvent devenir insolvables, la faillite diffère extrêmement de la déconfiture. La première est un état de *cessation de paiemens*, sans distinction s'il provient d'une insolvabilité réelle et absolue, ou seulement d'un *embarras* momentané. Quel que soit l'actif d'un commerçant, fût-il dix fois au-dessus de son passif, s'il cesse de payer, il est *failli*. Au contraire, s'il est exact dans ses paiemens, si, par un crédit toujours soutenu, il fait constamment honneur à ses engagemens, dût-il dix fois plus qu'il ne possède, il n'est pas en état de faillite.

Mais qu'un simple particulier laisse rendre contre lui des condamnations, ne paie personne, quoiqu'il ait des meubles ou immeubles, il ne sera pas *déconfit*, car ses créanciers peuvent le saisir, l'exproprier. Il n'y a *déconfiture* que là où la discussion de tous les biens ne produit pas l'acquittement de toutes les dettes.

Ainsi le commerçant est *failli* lorsqu'il n'a plus de crédit, quand même il auroit plus de biens que de dettes, ce qui n'est pas impossible. On a vu des commerçans avoir un million d'immeubles et au plus 300,000 fr. de dettes, et faillir parce qu'ils ne payoient pas aux échéances. Le non-commerçant est *déconfit* lorsqu'il n'a pas autant de fortune que de dettes.

CHAPITRE II.

Effets de la Déconfiture.

1322. La déconfiture ne dessaisit point le débiteur, de l'administration de ses biens et ne frappe d'aucune présomption légale de nullité les emprunts, ventes, hypothèques et autres dispositions.

Elle dissout toute espèce de société; elle met fin au mandat; elle ôte au débiteur déconfit la faculté de réclamer le bénéfice du terme et rend exigible, même le capital d'une rente constituée; elle prive l'acheteur du droit d'exiger la délivrance de ce qui lui a été vendu s'il ne donne caution; elle rend exigibles les créances de la femme commune; elle donne à la caution du débiteur, le droit d'agir contre lui avant d'avoir payé; le créancier qui a accepté une délégation sur une personne en déconfiture, et qui, par la suite, décharge le délégant, ignorant la déconfiture du délégué, peut exercer son recours contre le premier, nonobstant la décharge qu'il a consentie. Tous ces effets sont communs à la faillite.

Civ. $\begin{cases} 1276. \\ 1446. \\ 1613. \\ 1865. \\ 1913. \\ 2003. \\ 2032. \end{cases}$

Mais les autres principes du droit commun ne sont point modifiés par cette position du débiteur déconfit; ses créanciers n'ont droit de le priver de sa liberté qu'autant qu'il y

auroit des contraintes par corps prononcées
contre lui; ils ne peuvent le poursuivre
devant les tribunaux correctionnels ou les
cours d'assises, pour le désordre de ses affaires, l'imprudence de sa conduite, l'excès
de ses dépenses, le scandale de ses profusions
ou de ses dissipations, qu'autant que, par
quelque fraude prouvée, il leur auroit porté
préjudice; ils n'ont pas le droit de s'unir
pour administrer ses biens et les vendre, de
manière à se partager le gage commun, si
le débiteur n'y consent : la saisie et l'expropriation sont leur seule ressource; et lors
même qu'ils sont unis, l'unanimité est nécessaire dans les délibérations qu'ils prennent;
les règles du droit commercial qui, dans de
semblables circonstances, admettent la majorité à dicter des loix à la minorité, ne
peuvent être suivies.

Il n'y auroit point à rechercher d'après
quelles preuves et quelles circonstances on
déterminera l'époque à laquelle la déconfiture a commencé, parce que cette fixation
est inutile, chacun des créanciers exerçant
ses droits d'après les obligations souscrites à
son profit, quelqu'en soit la date, si elles ne
sont pas déclarées nulles.

1323. Ce n'est pas que des créanciers ne
puissent dans une telle circonstance, cri-

tiquer des aliénations ou tous autres actes que le débiteur saisi de toutes parts et poursuivi en expropriation forcée, auroit consentis. Mais au lieu d'appliquer les présomptions légales qui feroient prononcer cette nullité de plein droit, et par le seul fait que les actes seroient voisins du jour que l'insolvabilité s'est manifestée, il faudroit articuler et prouver la fraude de celui avec qui les actes auroient été passés. On ne pourroit appliquer que les règles du droit civil, telles que nous les avons présentées, n. 1226 et suivans. Les présomptions légales qu'a établies le droit commercial, seroient sans effet ; on ne pourroit faire usage que de celles qui sont laissées à la conscience du juge, et qui, si elles peuvent être admises en cette matière, même dans les cas où la preuve testimoniale Civ. 1352. n'est pas admissible, doivent du moins être précises, concordantes et vraisemblables.

TITRE SIXIÈME.

DE LA CESSION DE BIENS.

1324. LA cession de biens est en général l'abandon qu'un débiteur fait de tous ses biens à ses créanciers. Cette voie n'est point Civ. 1265.

spéciale au commerce, le droit civil l'a
établie en faveur de tous les débiteurs,
quelle que soit leur profession.

Civ. 1266.
Com. 566.

Elle est volontaire ou judiciaire : ce sera
l'objet de deux chapitres.

CHAPITRE PREMIER.

De la Cession de Biens volontaire.

1325. La cession volontaire est celle que
les créanciers acceptent volontairement. Les
effets en sont réglés par les conventions pas-
sées entre eux et le débiteur. Ainsi on peut
arrêter par une des clauses d'un concordat,
que le failli fera cession de ses biens, et
cette circonstance ne change rien à tout ce
que nous avons dit sur cet acte. La cession,
dans ce cas, est considérée comme volontaire,
parce que, d'un côté, le débiteur l'a offerte,
et de l'autre, les créanciers dont la majorité
légale auroit pu laisser au failli tous ses biens,
en lui accordant remise sur ses dettes, et
même des délais pour s'acquitter, malgré le
refus de la minorité, a pu, à plus forte raison,
se contenter d'un abandon des biens de
ce même failli.

Civ. 1267.
Com. 567.

La cession volontaire rentre donc dans la
classe des attermoiemens et arrangemens que
rien n'interdit, mais auxquels personne ne

peut être contraint, à moins que toutes les
formalités prescrites pour précéder le concordat et le faire homologuer ne se ren-
contrent. Si, au contraire, tous sont d'accord
pour accepter la cession, aucune de ces
conditions n'est requise.

Le jugement des contestations auxquelles
donneroit lieu l'interprétation de quelque
clause de l'acte contenant cette cession,
seroit rendu suivant les règles communes,
et l'inexécution du contrat feroit rentrer les
parties intéressées dans les droits dont elles
ne se seroient départies, que sous la foi de
cette exécution. Ainsi, dans le cas où des
créanciers viendroient à prouver que le
failli a retenu quelques-unes des choses qui
devoient être comprises dans la cession, ils
peuvent la faire annuller.

1326. Cette cession, quoique volontaire,
n'est point une vente s'il n'en résulte pas
formellement que le débiteur ait eu l'intention de faire, et les créanciers d'accepter
une dation en paiement; hors ce cas elle
ne dépouille pas le débiteur de sa propriété;
seulement il n'est plus maître d'en disposer
malgré eux, et la bonne foi de celui à qui
il auroit vendu depuis cet événement ne
valideroit pas la vente. La propriété repo-
sant toujours sur sa tête, s'il mouroit ses

héritiers en seroient saisis de plein droit,
sauf l'action des créanciers, pour les contraindre à exécuter l'engagement du débiteur
ou à payer; ils seroient considérés, pour
toutes les suites et charges de cette transmission, comme propriétairess de ces biens.

Il faut en conclure que si, avant la vente
commencée, le failli trouvoit le moyen de
satisfaire tous ses créanciers, il rentreroit
dans ses biens; si, par quelqu'événement
extraordinaire, les biens étoient vendus pour
un prix excédant ce qu'il doit, ce qui en
resteroit lui appartiendroit exclusivement.
Les créanciers n'ont que le droit de les faire
vendre, et jusque-là d'en percevoir, par
imputation sur leurs créances, les fruits qui
ne s'immobilisent pas comme dans la saisie
immobiliaire.

Enfin la vente de ces biens n'est assujettie
qu'aux formes convenues entre le débiteur
et les créanciers, et lorsqu'elle a eu lieu
par adjudication, elle n'est pas sujette à la
surenchère dont nous avons parlé, n. 1264.

CHAPITRE II.

De la Cession judiciaire.

1327. Le plus souvent le failli qui n'a pu
réussir à faire un concordat est réduit à

employer la ressource d'une cession judiciaire.

On peut la définir, un bénéfice accordé par
la loi au débiteur de bonne foi, de faire à Civ. 1268.
ses créanciers, même malgré eux, l'abandon
de tous ses biens, sans autre réserve que
ceux qu'il auroit pu réclamer dans le cas
prévu, n. 1265, afin d'obtenir par ce moyen
la liberté de sa personne.

Tout débiteur, commerçant ou non, a
cette faculté, nonobstant toute convention
contraire. Mais la faveur accordée à certaines
créances, ou la nature particulière des causes
qui leur ont donné l'existence, fait quelquefois que le bénéfice de cession ne produit
aucun effet contre le créancier placé dans
cette classe.

1328. Ce bénéfice n'étant accordé *qu'au
débiteur malheureux et de bonne foi*, celui
qui le réclame doit prouver ces deux choses;
ce n'est point ici le cas où la bonne foi est
présumée; le débiteur ne pouvant obtenir
cette grâce qu'à la charge de prouver qu'il
en est digne.

Ainsi, tous ceux auxquels on peut reprocher de la fraude, en sont exclus; telles Civ. 1270.
seroient les personnes jugées en banqueroute
frauduleuse. Quant au failli coupable de
banqueroute simple, il n'est pas, de droit,

privé de cette faveur : il peut n'être qu'im-
prudent, et non de mauvaise foi ; c'est donc au
tribunal à apprécier les faits sur lesquels sa
condamnation a été fondée. Des spéculations
hasardées peuvent en effet donner lieu à déclarer un débiteur en banqueroute simple et
cependant ne pas exclure la bonne foi ; au
contraire, des pertes au jeu, dans l'agiotage,
par le luxe, tout en ne donnant lieu qu'à
déclarer en banqueroute simple, semblent
exclure la bonne foi et ne peuvent guères
laisser au failli l'espoir de la prouver.

Le bénéfice de cession est également refusé aux étrangers, sans distinction de la
bonne ou mauvaise foi qu'on reconnoîtroit
dans leur conduite ; mais on ne range pas
dans ce nombre un étranger ayant un établissement en France, avec permission du
Gouvernement.

Pr. 905.
Com. 575.

Cette exception n'entraîne pas de réciprocité, et un Français est admissible à la
cession de biens contre un étranger, pourvu
que cette cession soit faite devant des tribunaux français ; car celle qu'un tribunal
étranger auroit admise, quoiqu'en faveur
d'un Français, ne seroit d'aucune considération en France, tant qu'elle n'y auroit
pas été rendue exécutoire.

Pr. 546.

1329. Indépendamment de ce cas général

dans lequel la conduite du débiteur est considérée envers tous ses créanciers, il peut
arriver, comme nous l'avons dit plus haut,
quelques circonstances dans lesquelles un
créancier puisse s'opposer à ce qu'on admette
la cession de biens à son égard, sans que ces
mêmes motifs militent en faveur des autres :
ainsi un comptable, pour le reliquat de ses
comptes, un dépositaire, pour la restitution
de la chose déposée, ne jouit pas du bénéfice Pr. 905.
de cession envers le créancier de ce compte, Com. 575.
ou de ce dépôt; mais il peut y être admis à
l'égard des autres dont la créance n'est pas
fondée sur la même cause.

On peut même étendre ce principe au cas
où une condamnation auroit été prononcée
pour vol simple ou escroquerie, envers une
seule personne, si ce délit ne paroissoit
point avoir entaché le reste des opérations
du débiteur; par exemple, aux stellionataires,
c'est-à-dire, à ceux qui ont vendu un immeuble, comme libre d'hypothèque, quoi- Civ. 2059.
qu'il en fût grevé, ou bien qui ont vendu ou
hypothéqué, pour leur intérêt, l'immeuble
qui ne leur appartenoit pas; et pour choisir
les exemples, dans le droit commercial, à celui qui auroit assuré ou fait assurer des choses
dont il connoissoit l'arrivée ou la perte. Com. 368.

1330. Le failli qui peut et veut obtenir le

bénéfice de cession, est tenu de former sa
demande à cet effet au tribunal civil de
son domicile, quand même toutes ses dettes
seroient commerciales. Cette demande est
communiquée au procureur du roi, et insérée
dans les journaux, en la même forme que
le jugement qui déclare l'ouverture de la
faillite. Elle ne suspend l'effet d'aucune poursuite, pas même de la contrainte par corps
sauf au tribunal à ordonner, parties appelées,
qu'il y sera sursis : par conséquent un failli ne
peut, s'il est arrêté, obtenir provisoirement
sa liberté, sous prétexte qu'il a une demande
en cession pendante devant le tribunal où il
est poursuivi; à plus forte raison il ne pourroit
réclamer sa liberté incidemment, à une
demande portée devant un tribunal, autre
que celui du domicile du débiteur.

1331. La cession de biens ne tient point
tellement au système de la législation sur
les faillites, qu'un commerçant soit non-recevable à en réclamer le bénéfice, pour n'avoir
pas rempli les conditions de déclaration dont
nous avons parlé, n. 1095; car le défaut
d'exécution de cet article ne donne que la
faculté de poursuivre le failli comme banqueroutier simple. Mais le débiteur est tenu
de déposer au greffe du tribunal son bilan,
ses livres et ses titres actifs.

1332. Si la demande du débiteur est admise, il doit faire cette cession en personne, ses créanciers présens ou dûment appelés, à l'audience du tribunal civil, qui l'a admise; s'il existe un tribunal de commerce dans l'arrondissement, il doit la réitérer à ce tribunal, et s'il n'y a pas de tribunal de commerce, à la maison commune du même domicile, un jour de séance. Dans ce dernier cas, sa déclaration est constatée par le procès-verbal de l'huissier, qui est signé du maire. S'il est détenu, le jugement qui l'admet au bénéfice de cession, ordonne son extraction de la maison d'arrêt, à l'effet de faire ces déclarations.

Pr. {901. 902.
Com. 571.

Dans tous les cas, ses noms, prénoms, profession et demeure sont insérés dans des tableaux à ce destinés, placés dans l'auditoire du tribunal de commerce de son domicile, ou du tribunal qui en fait les fonctions, dans le lieu des séances de la maison commune, et à la bourse.

Pr. 903.
Com. 573.

1333. Les effets de la cession judiciaire sont, à l'égard de la propriété, les mêmes que ceux de la cession volontaire. En ce qui concerne les droits des créanciers contre le débiteur, elle leur attribue le pouvoir de vendre les biens, avec les formes requises dans les faillites; et quoique faite

Com. 574.

Pr. 904.

Com. 568. malgré eux, elle a pour effet d'opérer la décharge de la contrainte par corps, pour toutes dettes antérieures à cette cession, et même de procurer l'élargissement du débiteur, s'il étoit déjà détenu.

Mais elle ne le libère que jusqu'à concurrence de la valeur des biens abandonnés; s'il lui en survient d'autres, il est obligé d'en faire encore cession, et ainsi de suite, jusqu'à parfait paiement.

1334. Ce seroit donc aux tribunaux à voir quels délais il leur paroît convenable d'accorder à un débiteur industrieux qui, dans la vue de faire subsister sa famille, essayeroit de reprendre le commerce, et dont il ne seroit pas juste d'arrêter les efforts par des poursuites et saisies journalières que feroient ses anciens créanciers non satisfaits. A cet égard, on agiroit comme dans le cas prévu, n. 1267.

FIN DU TROISIÈME VOLUME.

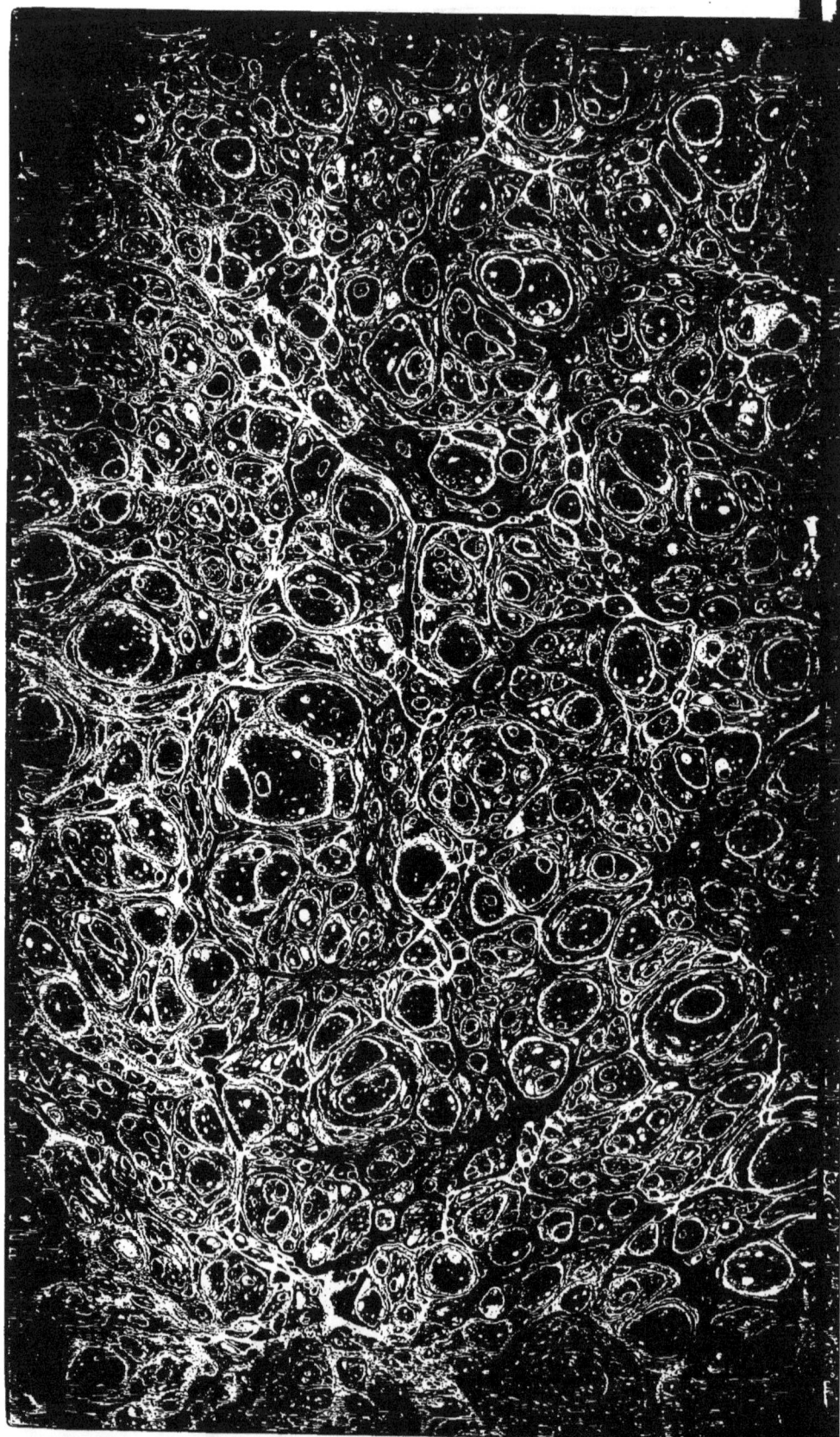

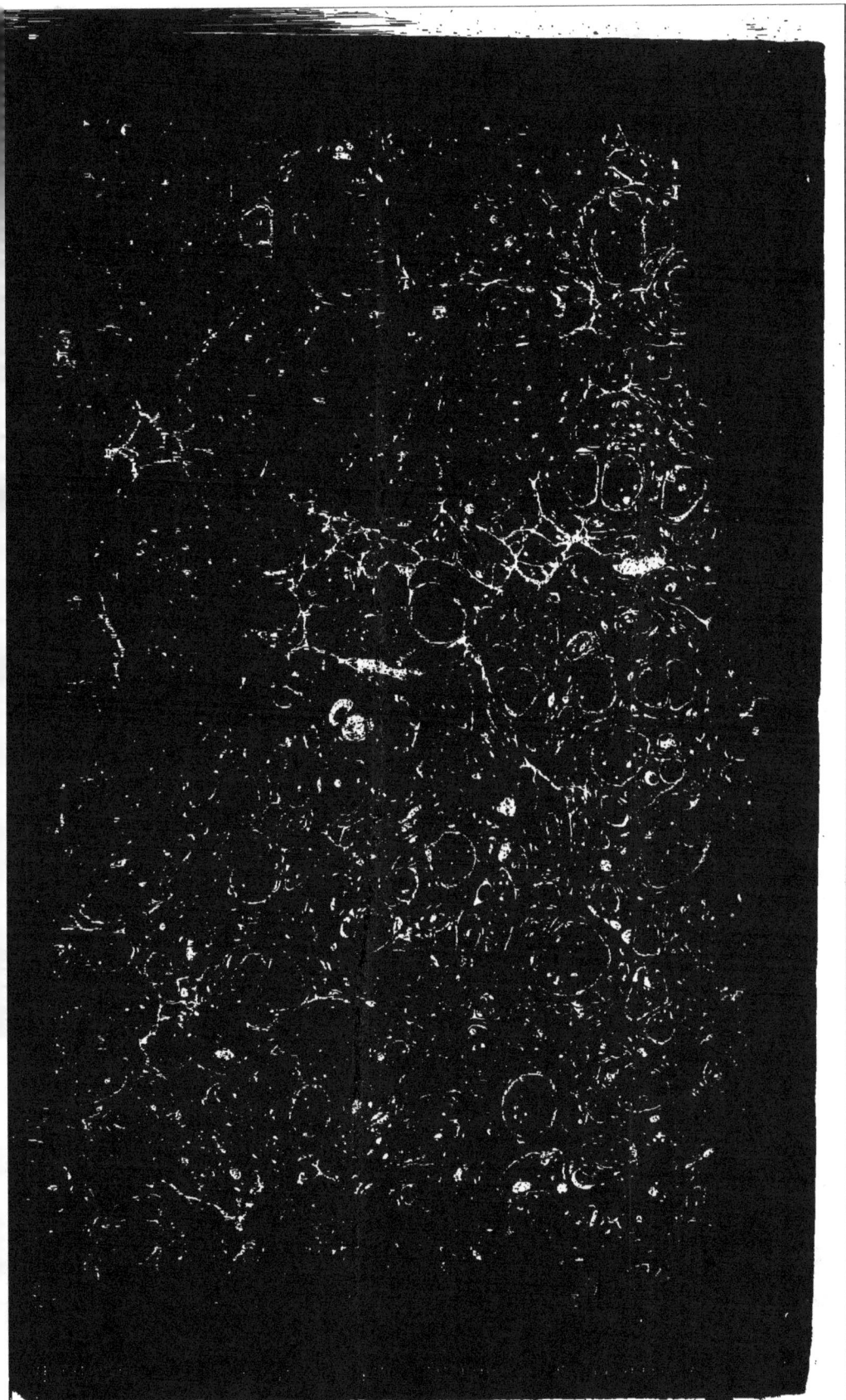